GAIA REISEN

Wanderführer mit 75 Touren

Bodensee

AUTORIN

Raphaela Moczynski

Die Diplomgeografin lebt seit einigen Jahren in Tirol, ihre Leidenschaft sind die Berge. Die Autorin ist seit vielen Jahren im Verlagsbereich tätig und hat an etlichen Atlanten, Bildbänden und Satellitenbildkalendern mitgearbeitet sowie Wanderführer über Gröden, das Ötztal und Pitztal und den Fernwanderweg E5 verfasst.

VORWORT

Ein See, drei Länder, eine traumhafte Bergkulisse im Süden, eine von Obstbäumen und Wein geprägte Hügellandschaft, geschützte Feuchtgebiete mit einer vielfältigen Vogelwelt, historische Städte und schöne Fachwerkorte im ruhigen und stillen Hinterland machen aus der Bodenseeregion eine Art Gesamtkunstwerk. Angesichts der Größe des Sees überrascht es nicht, dass die Region voller naturräumlicher und kultureller Gegensätze, aber genauso vieler Gemeinsamkeiten ist.

Dank des milden Klimas, das die Region der großen Wasserfläche verdankt, herrscht am Bodensee fast schon eine südländische Atmosphäre: Im Frühjahr verwandeln sich die Obstbäume rund um den See in ein Blütenmeer, im Sommer lädt der See zum Baden ein, im Herbst leuchten die Weinberge und Laubwälder in den schönsten Herbstfarben.

Die Bodenseestädte mit ihren historischen Altstädten, aber auch die kleinen Ortschaften mit ihren hübschen Fachwerkhäusern und gepflegten Gärten laden zu kulturellen Entdeckungstouren ein, die sich oft mit einer schönen Wanderung verbinden lassen.

Trotz der Größe der Bodenseeregion kann man auch von einem Urlaubsort aus viele schöne Touren unternehmen. Zum einen bieten die Bodenseeschiffe eine perfekte Möglichkeit, relativ schnell von einem zum anderen Ufer zu wechseln, zum anderen gibt es hervorragende Bahn- und Busverbindungen, vor allem auf Schweizer Seite.

Genießen Sie Ihre Tage am und rund um den Bodensee!

INHALT UND TOURENÜBERSICHT

AUFTAKT

ANHANG

km	h	hm	hm								
5,7	1:45	312	312	✓	✓		✓	✓	✓	✓	✓
6,5	2:10	463	463	✓	✓			✓	✓	✓	✓
8,5	3:00	190	190	✓	✓		✓		✓		✓
9,3	2:10	160	160	✓	✓		✓		✓	✓	✓
15	4:15	155	155	✓	✓		✓		✓		✓
14	4:00	195	195	✓	✓		✓		✓		✓
13	3:30	110	110	✓	✓		✓		✓		✓
19	5:00	130	130	✓	✓		✓	✓	✓	✓	✓
11,4	2:30	70	70	✓	✓		✓		✓	✓	✓
14	3:30	25	25	✓	✓		✓		✓		✓
18,5	4:30	75	75	✓	✓		✓		✓		✓
9,5	3:00	80	80	✓	✓		✓				✓
10,5	3:15	285	285	✓	✓		✓				✓
12	3:30	265	265	✓	✓		✓		✓		✓
8,5	2:45	180	180	✓	✓		✓				✓

INHALT UND TOURENÜBERSICHT

km	h	hm	hm								
12,5	3:45	210	210	✓	✓		✓				✓
11	3:45	215	215	✓	✓		✓				✓
10,5	2:45	55	55	✓	✓		✓		✓	✓	✓
17	4:30	110	110	✓	✓		✓		✓	✓	✓
13	4:00	240	240	✓	✓		✓			✓	✓
10	2:30	60	60	✓	✓		✓		✓	✓	✓
13	3:45	55	55	✓	✓		✓		✓		✓
14	4:00	330	330	✓	✓		✓	✓	✓		✓
15	4:00	60	60	✓	✓		✓		✓		✓
16	4:15	100	100	✓	✓		✓		✓		✓
15	3:45	15	15	✓	✓		✓			✓	✓
17	4:15	30	30	✓	✓		✓		✓	✓	✓
15,5	4:00	120	120	✓	✓		✓		✓	✓	✓
10	3:15	170	170	✓	✓		✓		✓		✓
16,8	4:45	150	150	✓	✓		✓		✓		✓
13	3:15	70	70	✓	✓		✓		✓	✓	✓
10	2:45	155	55	✓	✓		✓		✓		✓
17,8	4:45	10	10	✓	✓		✓		✓		✓
16	4:15	110	110	✓	✓		✓		✓		
11,8	3:30	100	100	✓	✓		✓		✓		✓
14,5	5:00	220	220	✓	✓		✓		✓		✓

INHALT UND TOURENÜBERSICHT

km	h	hm	hm								
13	3:45	435	435	✓	✓		✓		✓	✓	✓
11	3:00	315	315	✓	✓		✓				✓
8,5	3:30	655	655	✓	✓	✓	✓	✓			✓
11,6	3:35	732	732	✓	✓		✓	✓			✓
9	3:45	320	320	✓	✓		✓		✓	✓	✓
13	4:30	715	715	✓	✓		✓				✓
7,4	3:05	829	829	✓	✓	✓	✓	✓			✓
6,7	2:40	263	263	✓	✓		✓				
15	4	5	5	✓	✓		✓		✓	✓	✓
10	2:45	10	10	✓	✓		✓		✓	✓	✓
14	3:30	10	10	✓	✓		✓		✓	✓	✓
4,4	1:00	48	48	✓	✓		✓		✓	✓	✓
4,3	1:10	61	61	✓	✓		✓		✓		✓
7,4	2:10	196	196	✓	✓		✓		✓	✓	✓
10,4	2:50	138	138	✓	✓		✓		✓	✓	✓
6,5	2:15	220	220	✓	✓		✓		✓		✓
10,7	3:35	203	203	✓	✓	✓	✓		✓		✓
9	2:30	140	140	✓	✓		✓		✓		✓
11	3:15	215	215	✓	✓		✓		✓		✓
12	3:30	205	205	✓	✓		✓		✓		✓

INHALT UND TOURENÜBERSICHT

SCHWEIZER BODENSEE-HINTERLAND

APPENZELLER LAND

km	h	hm	hm	P							
21,5	5:30	10	10	✓	✓		✓		✓	✓	✓
9,5	2:30	10	10	✓	✓		✓		✓	✓	✓
11,5	3:00	55	55	✓	✓		✓		✓		✓
17	4:30	45	45	✓	✓		✓		✓		✓
16	4:00	55	55	✓	✓		✓		✓		✓
6,5	2:15	385	385	✓	✓		✓	✓			✓
10,8	3:00	45	45	✓	✓		✓		✓	✓	✓
10,2	2:40	340	330	✓	✓		✓		✓	✓	✓
10,7	2:40	180	180	✓	✓		✓		✓	✓	
7,6	2:10	155	155	✓	✓		✓		✓		✓
8,3	2:05	275	275	✓	✓		✓	✓			✓
11	2:40	140	190	✓	✓		✓		✓		✓
3,9	1:10	89	80	✓	✓		✓		✓		✓
8,8	2:40	160	260	✓	✓		✓				✓
4,3	1:45	130	130	✓	✓		✓		✓	✓	✓
6	2:30	400	400	✓	✓		✓	✓			✓
7,3	2:20	202	381	✓	✓		✓		✓	✓	✓
9,6	2:45	371	371	✓	✓		✓	✓	✓		✓
7,5	2:25	275	275	✓	✓		✓	✓	✓		✓

GEBIETSÜBERSICHTSKARTE

Bad Saulgau
Habsthal
Bolstern
32
Schussenried
Renhardsweiler
Winterstettenstadt
Füramoos
Oberessendf.
Mühlhausen
Tafertsweiler
Mottschieß
Ostrach
Boms
Hochberg
Musbach
Otterswang
Haslach
Aulendorf
Ebersbach-
Michelwinnaden
Eichstegen
Schloss
Bad Waldsee
30
Unterschwarzach
Haisterkirch
Königseggwald
Hoßkirch
Altshausen
Unterwaldhausen
Blönried
Waldbeuren
Riedhausen
Reute
Hittisweiler
Bad Wurzach
Guggenhausen
Ebenweiler
Fleischwangen
Wolpertswende
Gaisbeuren
Denkingen
Pfrungen
Deutsche Fachwerkstraße
Echbeck
Mochenwangen
Altdorfer Wald
Roßberg
Wilhelmsdorf
Fronreute
Hattenweiler
Illmensee
Blitzenreute
Baindt
Eintürnen
Immenried
Linzgau
Zogenweiler
Deutsche Alleenstraße
Bergatreute
Wolfegg
Heiligenberg
Hasenweiler
Baienfurt
20
Bauernhaus-mus.
Frickingen
Horgenzell
Berg
Weingarten
Hintermoos
Rötenbach
Wittenhofen
Ravensburg
Schlier
Kißlegg
Salem
Urnau
Vogt
19
Gehrenberg
Bavendorf
Weißenau
Waldburg
Leupolz
Mühlhofen
Hefigkofen
33
Karsee
Wangen-N.
6
8
Markdorf
Grünkraut
32
Eschach
23
Oberteuringen
25
Wangen-West
Meersburg
Bodnegg
Ratzenried
Ittendorf
30
Minimundus
30
Amtzell
5
Wangen im Allgäu
21
Ailingen
Meckenbeuren
Schnetzenhausen
FDH
96
E54
Immenstaad am Bodensee
Tettnang
Haslach
22
Manzell
24
28-29
Wohmbrechts
Hergatz
Tannau
629
Friedrichshafen
31
Neukirch
36
12
26
32
Neuravensburg
32
Opfenbach
Eriskirch
Langnau
13
Lindenberg im Allgäu
Bodensee
254
Oberdorf
Kressbronn a.B.
Kesswil
27
Langenargen
Weißensberg
4
Weißensberg
395
34
Uttwil
59
Nonnenhorn
31
Bodolz
35
3
Sigmarszell
37
Scheidegg
Amriswil
Romanshorn
Wasserburg (B.)
Hörbranz Markt
Möggers
Lindau (B.)
33
Lindau
2
1
Hörbranz-Lochau
Neukirch
Eichenberg
Arbon-W
1
Arbon
Pfänder 1064
Langen
Bregenz
39
40
Doren
Roggwil
60
Rorschach
38
Bregenz-Weidach
Arbon-Süd
Steinach
Rheineck
Hard
45
9
Kennelbach
3
61
85
63
Lauterach
41
Wolfurt
Langenegg
69
Waldkirch
Wittenbach
Goldach
1
47
Höchst
46
12
Wolfurt-Lauterach
Schwarzach
St. Gallen
E60
Rheineck
Rorschacherberg
86
St. Margrethen
Alberschwende
Heiden
Au
14
Andwil
Rehetobel
62
75
Berneck
2
Lustenau
42
Bödele
80
71
73
74
Oberegg
Reute
Au
18
Dornbirn-Süd
70
Widnau
Widnau
Schwarzenberg
Kloster
Speicher
Trogen
Rebstein
Balgach
Dornbirn
Teufen
Diepoldsau
190
Herisau
Bühler
Altstätten
Kriessern
Kriessern
23
Rappenlochschlucht
Stein
Gais
Schlatt
13
4
Hohenems
43
Waldstatt
(942)
Mäder
Altach
Ebnit
Mellau
Appenzell
Eichberg
Koblach
29
Götzis
Götzis
Hoher Freschen
72
Eggerstanden
Oberriet
Oberriet
5
Rhein
Klaus
Appenzell
Brülisau
Lienz
E43
A14
44
2004
Damüls
Ebenalp 1640
1795
36
Sulz
Üble Schlucht
Furkajoch

Das „Schwäbische Meer" ist nach dem Genfer See und dem Plattensee der drittgrößte See Mitteleuropas. Der Bodensee weist jedoch eine Besonderheit auf, ist er doch kein kompakter See, sondern gliedert sich in den Obersee (der von Bregenz bis in die Gegend von Meersburg reicht, nordwestlich davon jedoch Überlinger See genannt wird) und den durch den „Konstanzer Trichter" davon abgetrennten Untersee, der seinerseits den Gnadensee, den Zeller See (Bucht von Radolfzell) und den Rheinsee umfasst.

Noch komplizierter wird es bei den Zuflüssen: Von Süden strömt der in den Schweizer Bergen entspringende Alpenrhein in den Obersee, den er bei Konstanz als Seerhein wieder verlässt, um nur 4 km weiter den Untersee zu speisen. Diesen verlässt er bei Stein am Rhein, um als Hochrhein weiter Richtung Basel zu fließen. Schon nach 16 km muss ein Höhenunterschied von 16 m überwunden werden. Der Rheinfall bei Schaffhausen ist eines der großen Naturwunder der Schweiz. Seerhein und Alpenrhein vermischen sich übrigens kaum mit dem Seewasser und durchfließen den Obersee bzw. den Untersee auf gleichbleibenden Bahnen.

So faszinierend das Ufer ist, an dem sich schon die stein- und bronzezeitlichen Pfahlbauer wohlfühlten: Seinen eigentlichen Reiz erhält der Bodensee erst durch sein Hinterland am Nordrand der Alpen, genauer gesagt an der Scheidelinie zwischen Ost- und Westalpen. Erst das Zusammenspiel von meerähnlicher Wasserfläche und imposanter Alpenkulisse mit dem sanft gewellten Hügelland auf Schweizer wie deutscher Seite, den Weinbergen, Obstplantagen, Streuobstwiesen, malerischen Dörfern und Städten macht die Bodenseeregion zu einem so einzigartigen landschaftlichen Gesamt-„Kunstwerk".

Drei Länder – ein See

Besser kann man das internationale Gewässer nicht beschreiben. Vom gesamten Uferumfang hält Deutsch-

Herbstlich gefärbte Rebhänge zwischen Meersburg und Hagnau.

Die Bregenzer Bucht mit Bregenzerwaldbergen.

land mit 173 km den Löwenanteil, gefolgt von der Schweiz (72 km) und Österreich (28 km). Am deutschen Nordufer haben jeweils die Landkreise Lindau (Bayern) sowie Konstanz und der Bodenseekreis (Baden-Württemberg) einen Anteil. Die südlichen Uferzonen teilen sich die Schweizer Kantone Schaffhausen, Thurgau und St. Gallen, der Südosten liegt im österreichischen Bundesland Vorarlberg.

Obersee

Zunächst ein paar Fakten: Der Obersee ist 46 km lang und 14 km breit und bis zu 252 m tief. Sein mittlerer Spiegel liegt bei 395,5 m Meereshöhe, variiert aber um bis zu 1,5 m wie etwa im „Wasser-Notstandsjahr" 2003, als er bei knapp 394 m lag. Er kann aber nach schwerem Hochwasser oder einer starken Schneeschmelze auch schon mal auf 397 m ansteigen. Die Seewölbung (infolge der Erdkrümmung) liegt zwischen Bregenz und Konstanz bei 44 m, zwischen Friedrichshafen und Rorschach bei 12,3 m. Komplett zugefroren war der See zuletzt im Februar 1963 – Seegfrörne heißt dieses inzwischen selten gewordene Naturschauspiel.

Kurzporträt Bodensee

Fläche: 536 km^2
Durchschnittliche Tiefe: 85 m
Tiefste Stelle: 254 m
Durchschnittliche Höhe über dem Meeresspiegel: 395 m
Uferlänge: 273 km
Wichtigste Zuflüsse des Obersees: Bregenzer Ach, Leiblach, Argen, Schussen, Rotach, Seefelder Aach, Stockacher Aach, Aach (bei Arbon), Steinach, Goldach und Alter Rhein
Wichtigster Zufluss des Untersees: Radolfzeller Aach

Das Dörfchen Horn auf der Halbinsel Höri (Untersee).

Seine Entstehung verdankt der Obersee dem eiszeitlichen Rheingletscher. Sein Seebecken wurde durch das mehrmalige Vorstoßen des Gletschers ausgeräumt, auch tektonische Verwerfungen spielten eine Rolle.

Untersee

Der Untersee hat eine Gesamtfläche von 62 km², sein mittlerer Seespiegel liegt mit 395,11 m und damit 22 cm unter dem des Obersees. Er ist im Mittel 13 m tief, seine maximale Tiefe erreicht er bei 45 m. Insgesamt ist sein Ufer 87 km lang. Seine charakteristische Form verdankt der Bodensee dem Untersee mit den vier „Bodenseefingern" und dem ihn umgebenen glazial geprägten Moränenland.

Der nördlichste und zugleich flachste Unterseefinger ist der **Markelfinger Winkel**, an den sich südöstlich der **Gnadensee** anschließt. Er reicht bis zum Damm der Insel Reichenau. Beide werden im Norden vom Bodanrück begrenzt. Zwischen Markelfinger Winkel und Zeller See liegt die Halbinsel Mettnau. **Der Zeller See** wird im Süden von der Halbinsel Höri begrenzt. Der **Rheinsee** ist der südlichste Teil des Untersees und zieht sich von der Spitze der Höri hinüber zur Insel Reichenau und weiter bis Konstanz, im Südwesten endet er bei Stein am Rhein. Von seinem Südufer steigt der Thurgauer Seerücken an. Durch seinen fjordartigen Charakter zwischen der Halbinsel Höri und dem Seerücken hat der Rheinsee einen ganz eigenen Charakter.

Seerhein

Verbindendes Glied zwischen Obersee und Untersee bzw. Rheinsee ist der nur 4 km lange Seerhein, ein im Becken des Bodensees liegender Fluss. Er ist der Abfluss des Obersees und zugleich der wichtigste Zufluss des tiefer liegenden Untersees. Der Seerhein durchströmt eine Niederung, die am Ende der letzten Kaltzeit trocken fiel (der Seespiegel sank damals um 10 m). Der seeähnliche Charakter ist

Abendstimmung am fjordartigen Überlinger See.

noch im nördlich des Flusses liegenden Wollmatinger Ried erkennbar.

Das Hinterland des Bodensees

Von West nach Ost folgen mehrere ganz unterschiedliche Natur- und Kulturlandschaften aufeinander, auf deutscher Seite sind das der Hegau, der Linzgau, das oberschwäbische Moränenland, auf österreichischer Seite das Vorarlberger Bergland und das Rheintal und auf Schweizer Seite das Appenzellerland und der Thurgauer Seerücken.

Der Hegau

Der von alten Vulkanstümpfen geprägte Hegau erstreckt sich vom Hochrhein im Süden bis zur Donau im Norden. Am Schnittpunkt zweier tektonischer Störungslinien lagen einst 12 aktive Vulkane. Deren aus Basalt und Phonolit bestehende Kegel sind heute zwischen 640 und 870 m hoch und ragen rund 400 m aus dem Umland auf. Das sogenannte „Hegauer Kegelspiel" bildet die markante Kulisse des Untersees. Auf neun Kegeln erinnern die Ruinen einstiger Burgen und Festungen an unruhigere Zeiten. Drei von ihnen – Hohentwiel, Hohenkrähen und Mägdeberg – werden im Buch vorgestellt.

Der Linzgau

Der im Westen auf Höhe von Überlingen beginnende, im Süden vom Bodensee und im Osten von der Schussen begrenzte Linzgau ist eine von der Eiszeit überformte flachwellige Hügellandschaft mit eiszeitlichen Drumlins (Hügeln), Teichen, Bächen und Tobeln (kleinen Schluchten). In dieser Kulturlandschaft liegen hübsche Dörfer, Obstplantagen und Weinberge. Zu den Hauptsehenswürdigkeiten zählen Schloss Salem und Schloss Heiligenberg sowie die Wallfahrtskirche Birnau. Und da der Linzgau gen Norden bis auf 700 m ansteigt, genießt man unterwegs immer wieder herrliche Blicke über den Bodensee bis hin zu den Alpen.

Blick auf Schloss Montfort, dem Wahrzeichen von Langenargen.

Oberschwäbische Drumlinlandschaft
Das von Rotach, Schussen und Argen durchflossene Hinterland des württembergischen Oberseeufers zwischen Immenstaad und Kressbronn wird vom oberschwäbischen Moränenland bestimmt. Weiher, Bäche und Moore prägen hier das Landschaftsbild. Daran schließt sich gen Osten ein kleines, ans Westallgäu grenzendes hügeliges Stück Bayern an.

Vorarlberger Bergland
Südöstlich der Leiblach steigt unvermittelt das Vorarlberger Bergland an, sein bekanntester Gipfel ist der Pfänder. Das Pfändermassiv markiert zugleich das östliche Ende der Allgäuer Alpen. Als Hausberg von Bregenz thront der Pfänder über dem Obersee und bietet dank seiner exponierten Lage nicht nur eine grandiose Aussicht über den See, sondern auch noch auf weit über 200 Alpengipfel. An das Pfändermassiv schließen sich nach Süden die Ausläufer des Bregenzerwaldgebirges an, Staufen und Hirschberg sind zwei Gipfel, die im Buch vorgestellt werden.

Rheintal
Die Gipfel des Bregenzerwaldgebirges begrenzen nach Westen hin das Rheintal, das auf Höhe von Hohenems mit 10 km seine größte Ost-West-Ausdehnung erreicht. Das Tal wird vom Alpenrhein durchflossen, der seit seiner Regulierung (um 1900 und 1920) begradigt und von Dämmen eingefasst ist. Dennoch gilt der Alpenrhein auch heute noch als größter Wildbach Mitteleuropas. Durch Hochwasser und Schneeschmelze verändert er immer wieder sein Mündungsgebiet; durch die angeschwemmte Sedimentfracht kommt es zu einem jährlichen Landzuwachs in der Größenordnung von 2 bis 3 ha – im 20. Jh. waren es in Summe 2 km². Seit den 1970er Jahren versucht man dem entgegenzuwirken und hat die Dämme um rund 5 km in den See hi-

Blick vom Panoramarestaurant Karren auf Dornbirn und Bodensee.

nein verlängert. So soll die Sedimentfracht in tiefere Bereiche des Sees gelenkt werden. Zwischen Altem Rhein (ein Teil des alten Flussbettes vor dem Durchstich bei Fußach) und Dornbirner Ach wurde das Naturschutzgebiet Rheindelta ausgewiesen, ein international bedeutendes Feuchtgebiet. Östlich des Deltas münden Dornbirner Ach und Bregenzer Ach in den See.

Schweizer Bodensee-Hinterland
Wer kennt sie nicht, die Bilder des jenseits des Bodensees aufragenden Liechtensteiner und Schweizer Alpenpanoramas? Auch auf Schweizer Bodenseeseite prägen sie das Landschaftsbild. Die Appenzeller Alpen sind die nordöstlichen Eckpfeiler der Westalpen, die beiden bekanntesten Bergmassive sind der Alpstein (mit Säntis und Hohem Kasten als bekanntesten Gipfeln) und die Churfirsten. Das sich davor erstreckende Appenzeller Voralpenland ist eine wenig bewaldete Hügellandschaft mit Bergwiesen, über die verstreut einzelne Höfe liegen. Von seinen Bergen und Höhenrücken aus genießt man wahlweise schöne Blicke nach Norden zum Bodensee, nach Osten auf die Vorarlberger Gipfel und das Rheintal oder nach Süden zum berühmten Alpsteinmassiv.

Thurgauer Seerücken
Zwischen Romanshorn im Westen und dem Stammerberg bei Stammheim zieht sich ein stark bewalderter, von Ost nach West verlaufender Höhenrücken. Im Westteil erreicht er meist Höhen um die 600 m, seine höchste Erhebung liegt bei 721 m in der Nähe von Salen-Reutenen. Nach Osten hin fällt er auf 450 m ab, nach Süden hin wird er durch das Tal der Thur begrenzt. Das im Vergleich zum Bodenseeufer dünn besiedelte Gebiet ist ländlich geprägt, der Obstanbau dominiert. Wem es in Ufernähe zu lebhaft zugeht, findet hier die gewünschte Ruhe.

Touristeninformationen

Die nachfolgend genannten Fremdenverkehrsämter und Tourismusinformationen informieren online und z. T. auch vor Ort über die Bodenseeregion.

Länderübergreifend

Internationale Bodensee Tourismus
Konstanz
Tel. +49 (0)7531/909 40
www.bodensee.eu

Deutschland

Deutsche Bodensee Tourismus
Friedrichshafen
Tel. +49 (0)7541/37 834 34
www.echt-bodensee.de

Bodensee.de Tourismus Marketing
Ravensburg
Tel. +49 (0)751/29 55 21 51
www.bodensee.de

Bodensee-Linzgau Tourismus e. V.
Salem (Schloss Salem)
Tel. +49 (0)7553/91 77 15
www. www.bodensee-linzgau.de

Hegau Tourismus e. V.
Singen
+49 (0)7731/852 62
www.hegau.de

Tourismus Untersee e. V.
Gaienhofen
+49 (0)7735/91 90 55
www.tourismus-untersee.eu

Österreich

Bodensee-Vorarlberg-Tourismus
Bregenz
Tel. +43 (0)5574/43 44 30
www.bodensee-vorarlberg.com

Schweiz

Appenzellerland Tourismus AI
Appenzell
Tel. +41 (0)71/788 96 41
www.appenzell.ch

St. Gallen-Bodensee-Tourismus
St. Gallen
Tel. +41 (0)71/227 37 37
www.st.gallen-bodensee.ch

Thurgau Bodensee
Amriswil
Tel. +41 (0)71/414 11 44
www.thurgau-bodensee.ch

Zürcher Weinland
Kleinandelfingen
Tel. +41 (0)52/317 47 14
www.zuercher-weinland.ch

SchaffhauserLand
Schaffhausen
Tel. +41 (0)52/632 40 20
www.schaffhauserland.ch

Bodensee-Rundwanderweg

Der 259 km lange Rundwanderweg führt einmal um den See und bietet ein Fülle an landschaftlichen und kulturellen Überraschungen. Die Strecke lässt sich in 13 Tagesetappen einteilen, die je nach Lust und Laune auch einzeln begangen und per Schiff, Bahn und Bus vernetzt werden können. Die Markierung stellt einen nach rechts gerundeten Pfeil um einen blauen Punkt dar; in der Schweiz werden die einzelnen Etappenziele auf gelben Wegweisern angegeben.
www.bodenseefreunde.de
www.fernwege.de/d/bodensee/

SCHWIERIGKEITSGRADE

■ LEICHT
Leichte Touren, zumeist deutlich unter 20 km Länge und mit maximal 400 Höhenmetern. Die Wege sind fast durchweg bequem begehbar, seltene steilere Strecken sind nur kurz. Oft gut geeignet für Familien mit Kindern.

■ MITTEL
Mittelschwere Touren auf überwiegend gut begehbaren Wegen; meist mehrere, aber zumeist keine allzu langen oder steilen Anstiege; Strecken zum Teil über 20 km, auch kürzere Touren mit mehr Höhenmetern. Teilweise für Familien mit Kindern ab 10 Jahren geeignet.

■ SCHWER
Anspruchsvolle Touren aufgrund der Streckenlänge und der zu bewältigenden Höhenmeter, die eine entsprechende Kondition verlangen.

HINWEIS
Gehzeiten und Schwierigkeitsbewertungen können nur Richtwerte sein. Objektive Faktoren wie das Wetter und individuelle Voraussetzungen gilt es zu berücksichtigen!

EINKEHRMÖGLICHKEITEN
Da sich die Öffnungszeiten saisonal und regional sehr unterscheiden, sollte man sich vorab über Übernachtungs- und Einkehrmöglichkeiten informieren. Weitere Infos auf S. 259.

MEINE LIEBLINGSTOUR

Hundwiler Höhi
Die Wanderung hinauf auf die Hundwiler Höhi (Tour 72) ist typisch für Wanderungen im Appenzellerland. Über weite Strecken geht es mehr oder weniger steil über die Bergwiesen – wenn man Glück hat mit der Fernsicht, genießt man die ganze Zeit über einen herrlichen Blick auf das Alpsteinmassiv. Hier grasen die Kühe, die die Milch produzieren, aus der dann Schweizer Köstlichkeiten wie Schokolade und Käse hergestellt werden!

MEINE HIGHLIGHTS

1

4

1: Klosterinsel Reichenau
Die Wanderung entlang des Ufers bietet herrliche Ausblicke zum Festland und alte Kirchen, die UNESCO-Weltkulturerbe sind.
→ Tour 09, Seite 48

2: Von Lindau nach Wasserburg
Vom Leuchtturm, dem Wahrzeichen der Inselstadt Lindau, geht es ins malerische Wasserburg.
→ Tour 33, Seite 115

3: Der Pfänder
An Tagen mit exzellenter Fernsicht zieht es einen unweigerlich hinauf zum Pfänder!
→ Tour 39, Seite 132

4: Die Sandplatte
Eine versteinerte Meeresküste am Unterlauf der Bregenzer Ach. Die Felsen sind im Sommer ein beliebter Bade- und Abenteuerspielplatz. → Tour 45, Seite 151

5: Der Rheinfall
Von Schloss Laufen wandert man einen Dreiviertelkreis um den Wasserfall, der sich aus jeder Perspektive anders präsentiert.
→ Tour 49, Seite 164

2

3

5

Frühling in Sipplingen.

HOHENTWIEL • 690 m

Festungsruine mit grandioser Aussicht

5,7 km 1:45 h 312 hm 312 hm

START | Singen am Hohentwiel, Bahnhof Singen Landesgartenschau, 435 m, oder gebührenfreier Parkplatz Landesgartenschau [GPS: UTM Zone 32 x: 486.996 m y: 5.289.722 m]
CHARAKTER | Gemütliche Wanderung auf Teerstraßen, Wirtschaftswegen und Pfaden.

Die Stadt Singen trägt ihre Hauptsehenswürdigkeit demonstrativ im Namen. Die imposante Festungsruine thront auf einem erloschenen Vulkankegel. Die Wanderung bietet nicht nur herrliche Ausblicke auf die Vulkanberge des Hegau, sondern ist gleichzeitig auch eine kleine Lehrstunde in Geschichte und Geologie, verläuft der Weg doch in Teilen auf dem rund um den Vulkan führenden Vulkanpfad.

Gestartet wird entweder am **Bahnhof Singen Landesgartenschau** 01 oder am gleich daneben liegenden Parkplatz Landesgartenschau. Vom Bahnhof bzw. Parkplatz aus folgen wir

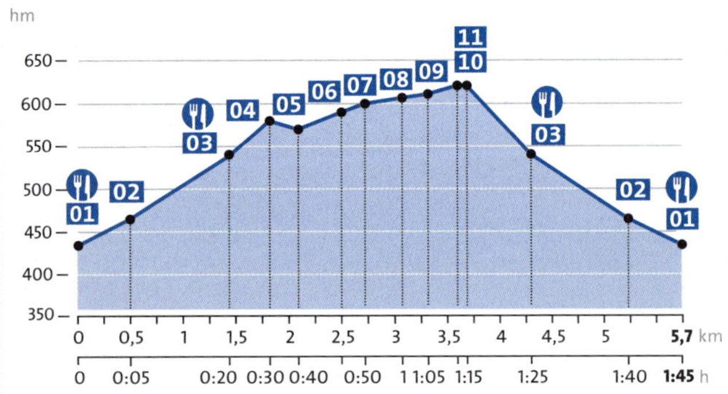

01 Bahnhof Singen Landesgartenschau, 435 m, 02 Widerholdweg, 464 m, 03 Domäne Hohentwiel, 541 m, 04 Infotafel „Feuer und Eis", 579 m, 05 Infotafel, 572 m, 06 Weggabelung, 594 m, 07 Wegweiser „Unterm Alexandertor", 600 m, 08 Infotafel, 606 m, 09 Weggabelung, 608 m, 10 Karlsbastion, 622 m, 11 Alexandertor, 620 m

Festungsruine Hohentwiel

Mit 9 ha Fläche ist Hohentwiel die größte Festungsruine Deutschlands, errichtet auf einem Vulkanschlot, von dem aus die Festungsbewohner alle Bewegungen in der Ebene beobachten konnten. Burg Hohentwiel war im Besitz schwäbischer Herzöge, dann Eigentum der Zähringer, ab dem 16. Jh. im Besitz der Württemberger, die sie zu einer uneinnehmbaren Staatsfestung ausbauen ließen. Mit Erfolg, denn sie hielt im Dreißigjährigen Krieg fünf Belagerungen Stand. Napoleon ließ sie schließlich schleifen.

Bei einem Festungsrundgang auf eigene Faust bekommt man einen guten Eindruck von der gewaltigen Größe der Anlage. Am höchsten Punkt stehen Reste des Fürstenschlosses und der wieder aufgebaute Kirchturm, der heute als Aussichtsturm bestiegen werden kann. Öffnungszeiten: 1. April – 15. Sept. tägl. 9–19.30 Uhr; 16. Sept. – 31. Okt. tägl. 10–18 Uhr, 1. Nov. – 31. März tägl. 10–16 Uhr
www.festungsruine-hohentwiel.de

der Schaffhauser Straße ein kurzes Stück nach links und biegen dann hinter dem Hotel Widerhold rechts in die Hohentwielstraße ein – die Wegweiser sind kaum zu übersehen. Nach 800 m kommen wir zu einer blauen Infotafel über das Natur- und Landschaftsschutzgebiet und biegen dort rechts in den anfangs parallel zur Teerstraße verlaufenden **Widerholdweg** 02 ein. Der Weg führt den bewaldeten schattigen Hang stetig ansteigend bergauf und quert einmal die Fahrstraße.

Der Festung nähern wir uns quasi über den Hintereingang, denn links vom Hotel-Restaurant Hohentwiel kommen wir auf dessen Terrasse an und sind nun auf dem Gelände der **Domäne Hohentwiel** 03. Hier kann man im Hotel-Restaurant einkehren oder ein kleines Museum (mit einem Modell der Festung) besuchen. Im Museumsgebäude werden auch die Eintrittskarten für den Festungsbesuch verkauft.

Vor der eigentlichen Festungsbesichtigung wandern wir zunächst einmal spiralförmig um diese herum und folgen dafür den Wegweisern des Vulkanpfads und des Premiumwanderwegs „Hohentwieler“. Beide Wege führen an den Hofgebäuden der Domäne vorbei hinaus auf die Felder. Richtung Norden fällt der Blick auf den Vulkankegel Hohenkrähen (siehe Tour 2) und die davor verlaufende A 81, die aber zwischen Hohentwiel und Staufen im Tunnel geführt wird. Ein breiter Fahrweg verläuft an landwirtschaftlichen Gebäuden vorbei und zwischen Feldern und Schafweiden hindurch um einen linker Hand liegenden Hügel herum.

Über die Entstehungsgeschichte des Vulkanschlots informiert die **Infotafel „Feuer und Eis“** 04. Weit reicht der Blick und bleibt an den anderen Vulkankegeln des Hegaus hängen. Bald darauf passieren wir eine zweite **Infotafel** 05 des Vulkanspfads, die über die Bedeutung der Schafbeweidung für das Naturschutzgebiet informiert. Nun wandern wir nach Nordosten direkt auf die Festung zu. Wir passieren die **Weggabelung** 06 (die uns auf dem Rückweg zum Museum und Restaurant zurückführt) und kommen nun zum **Wegweiser „Unterm Alexandertor“** 07.

Vor dem Schild biegen wir rechts auf einen kleinen Pfad in ein Wäldchen ein. Er führt in einem sanften Bogen nach Südwesten – mit weitem Blick ins Umland. Schon bald wandern wir wieder über offene Wiesen und passieren eine weitere **Infotafel** 08, auf der wir etwas über die Anfänge der Burg Hohentwiel und die Heilpflanze Ysop erfahren.

Auf dem nächsten Wegabschnitt lässt sich gut erkennen, wie die Festungsbauer die natürlichen Gegebenheiten für den Bau der äußeren Mauern genutzt haben:

Die Festungsruine ist erreicht und beeindruckt durch ihre Größe.

Festungsmauern und natürlicher Fels scheinen miteinander zu verschmelzen.

Bei der nun folgenden **Weggabelung** 09 (Hohentwiel-Wintervariante) bleiben wir auf dem Weg, während der Vulkanpfad nach rechts Richtung Tal abzweigt. Vorbei an einem Rastplatz mit Bank und schönem Blick über Singen hinweg zum Bodensee nähern wir uns nun wieder der Festung und erreichen diese über einen steinigen Pfad und eine durch die dicken Mauern führende Treppe. Wir sind nun in der **Karlsbastion** 10, die Teil der 1735 errichteten Verteidigungsanlagen ist. Hier befindet sich auch ein zweites Kassenhäuschen.

Innerhalb der Festung gibt es keinen festgelegten Rundgang, der Weg zum höchsten Punkt, dem Kirchturm, ist aber dennoch vorgegeben. Beim Weg hinauf bieten sich abermals grandiose Blicke in den Hegau. Vom Kirchturm, der bestiegen werden kann, genießt man dann einen freien 360-Grad-Blick über den Bodensee bis zu den Alpen.

Nach dem Festungsbesuch verlassen wir die Festung über das Drehkreuz neben dem Kassenhäuschen an der **Karlsbastion** 10, halten uns dann aber rechts und verlassen die Festung durch zwei Tunnel und das **Alexandertor** 11. Über eine Teerstraße geht es zum **Wegweiser „Unterm Alexandertor“** 07, dort rechts und beim **Wegweiser** 06 nochmals rechts. Die steil abfallende Straße führt hinunter zur **Domäne Hohentwiel** 03 und dem Hotel-Restaurant. Zurück geht es über den Widerholdweg zum **Bahnhof** bzw. **Parkplatz** 01.

Blick durch einen Torbogen der Festung zum Hohenkrähen.

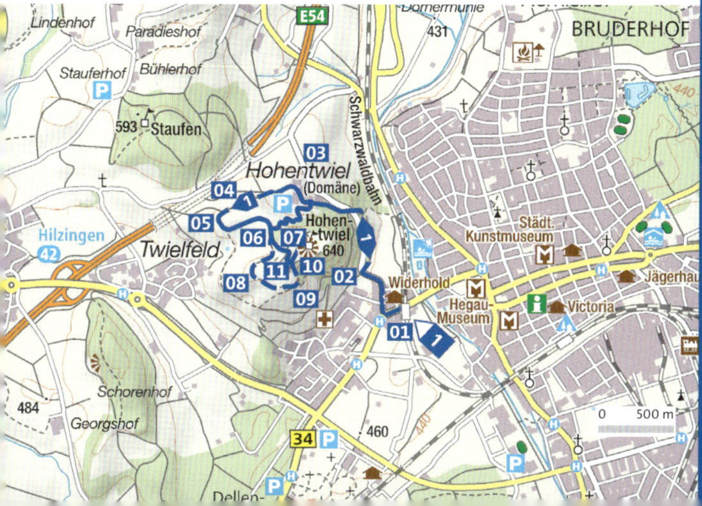

RUINE HOHENKRÄHEN UND RUINE MÄGDEBERG

Zu zwei Vulkanen des „Hegauer Kegelspiels“

6,5 km 2:10 h 463 hm 463 hm

START | Gebührenfreier Wanderparkplatz Hohenkrähen, 452 m [GPS: UTM Zone 32 x: 486.831 m y: 5.294.042 m]
CHARAKTER | Am Anfang ein steiler Waldpfad, sonst breite Wirtschaftswege und zum Ende hin relativ viel Teerstraße.

Die abwechslungsreiche Wanderung führt zu gleich zwei der neun mit einer Burg gekrönten Hegauer Vulkankegel, dem Hohenkrähen und dem Mägedeberg.

Gestartet wird am hervorragend ausgeschilderten **Wanderparkplatz Hohenkrähen** 01 unterhalb der Burgruine Hohenkrähen. Eine Unterführung leitet zum Radweg, dem wir für wenige Meter nach links folgen, um sogleich den gelben Schildern des Wegweisers „Unterm Hohenkrähen“ folgend nach rechts abzubiegen. Vom Fahrweg zweigt wenige Meter später ein schmaler Waldweg nach rechts ab, der sehr steil durch Gestrüpp bergauf führt. Im Som-

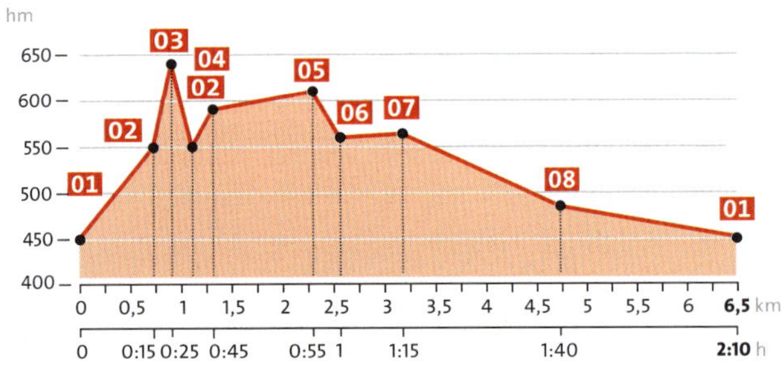

01 Parkplatz Hohenkrähen, 452 m, 02 Lichtung, 550 m, 03 Burgruine Hohenkrähen, 643 m, 04 Landwirtschaftlicher Feldweg, 593 m, 05 Katzenbuckel, 610 m, 06 Kreuzung Mägdeberger Hof, 561 m, 07 Ruine Mägdeberg, 664 m, 08 Radweg, 485 m

Hohenkrähen

Rund 200 m überragt der Vulkankegel des Hohenkrähen seine Umgebung. Auf dem Kegel befindet sich die Burgruine Hohenkrähen, von deren Mauern aus man eine tolle Aussicht auf Hohentwiel, Mägdeberg und den westlichen Teil des Bodensees genießt.

Ende des 12. Jhs. wurde die Höhenburg errichtet, im Dreißigjährigen Krieg niedergebrannt und ist seitdem eine Ruine. Botanisch interessant ist der alte Lindenbestand an den Hängen, in denen eine der größten Siebenschläferpopulationen Deutschlands lebt.

Blick zum Hohenkrähen vom Radweg aus.

mer nicht wirklich ein Vergnügen, kämpft man doch unterwegs gegen Bremsen und sonstige Plagegeister an. Der Pfad endet schließlich an einer **Lichtung** 02, an der man nach rechts zur schon sichtbaren Burgruine abbiegt.

Eine große Infotafel informiert über die Entstehungsgeschichte der Burg Hohenkrähen. Durch einen Torbogen gelangen wir zu zwei gelb gestrichenen Gebäuden, die im Privatbesitz der Pfadfinderschaft Grauer Reiter sind.

Nun wird es fast ein bisschen alpin, denn oberhalb des linken Gebäudes führt die weitere Aufstiegsroute nun ein kurzes Stück über blanken Fels, ist aber hervorragend durch Seile versichert und daher problemlos zu überwinden. Die **Ruine Hohenkrähen** 03 selbst ist stärker eingewachsen als beispielsweise die Hohentwieler Festung, bietet aber immer noch einen schönen Ausblick hinunter nach Schlatt und hinüber zu den

Beim Abstieg von der Ruine ist das Ziel Mägdeberg schon zu sehen.

Weit reicht der Blick über die Felder zum Katzenbuckel (rechts mit Kreuz) un

Vulkankegeln Hohentwiel und Mägdeberg.

Wieder bei den Pfadfindergebäuden, verlässt man die Burg durch den Torbogen und wandert geradeaus über die **Lichtung** 02 auf den Wegweiser zu, der die Richtung zur rund 2 km entfernt liegenden Ruine Mägdeberg weist. Kurz geht es durch ein Wäldchen und vorbei an ein paar Obstbäumen, dann erreicht man einen **landwirtschaftlichen Feldweg** 04, der zwischen sanft gewellten Feldern zum schon gut zu sehenden Mägdeberg führt. Den kleinen Abstecher auf den von einem Kreuz gekrönten **Katzenbuckel** 05 rechts des Weges sollte man sich wegen des Überblicks nicht entgehen lassen. Eine Gedenktafel erinnert an einen Verstorbenen, dem zu Ehren das Kreuz errichtet wurde.

Wieder auf dem Fahrweg geht es bergab zur **Kreuzung Mägdeberger Hof** 06 unweit des Bauernhofes. Hier biegen wir nach links zum Mägdeberg ab. Eine Teerstraße führt zum Parkplatz mit Infotafeln zur Burggeschichte. Durch den Wald leitet ein schmaler Pfad die restlichen Meter hinauf zur **Burgruine Mägdeberg** 07. Auch hier ist der Blick nicht mehr so frei, wie er sicher zu Zeiten der intakten Burg einmal war.

Zurück am Parkplatz gibt es nun zwei Varianten: Entweder wan-

ewaldeten Mägdeberg (links).

dert man auf dem Hinweg zurück zum Wanderparkplatz oder aber folgt der Teerstraße vom Parkplatz aus talwärts.

Wir entscheiden uns für die zweite Variante und wandern die Zufahrtsstraße hinunter, bis wir auf den **Radweg** 08 stoßen, dem wir rechts Richtung Hohenkrähen folgen.

Einmal abgesehen davon, dass man den kompletten Rückweg auf einer Teerstraße und parallel zur Bundesstraße wandert, ist der Weg vorbei an Obstplantagen und Feldern durchaus reizvoll und bietet nochmals eine andere Perspektive auf den markanten Vulkankegel.

Mit dem Erreichen der Unterführung schließt sich der Kreis und man ist zurück auf dem **Wanderparkplatz** 01.

HEIDENHÖHLEN • 590 m

Spritztour über die Hans-Kuony-Quelle

8,5 km · 3:00 h · 190 hm ↗ · 190 hm ↘

START | Stockach, Bushaltestelle an der Hauptschule in der Tuttlinger Straße (Parkplatz), 500 m
[GPS: UTM Zone 32 x: 500.924 m y: 5.300.182 m]
CHARAKTER | Kleine Steigungen. Ausreichend beschilderte Wirtschafts-, Forstwege und Pfade.

Unser kleiner Ausflug zu den Heidenhöhlen nutzt im Bereich der Hans-Kuony-Quelle einen Abschnitt des Stockacher Quellenerlebnisweges „Wanderung zur Kuony-Quelle" (es gibt noch einen zweiten zur Friedensquelle). Die beiden Themenwege erschließen dem Wanderer die geheimnisvolle Welt der „tausend Quellen" der Stockacher Aach.

Wir gehen in **Stockach** 01 von der Hauptschule in der Tuttlinger Straße zur nahen evangelischen Kirche. Richtung Zoznegg haltend achten wir auf die Abzweigung der Höhenstraße. Von dieser wechseln wir in die Straße „Am Schwärzbach". Vom Ortsende senkt sich der Hauptwanderweg 9 (ein Wirtschaftsweg) in eine Wiesenmulde, wo er von einem sanft steigenden Waldweg abgelöst wird. Am gemächlich dahinplätschernden Bach aufwärts kommt man zu einem Wegedreieck. Dort biegt man links in den ebenfalls mit rotem Balken markierten Forstweg ein, von dem ein Pfad zur **Hans-Kuony-Quelle** 02 abzweigt, einer natürlichen Hangquelle. Der kleine Quellsumpf bringt eine für diese Biotopform spezifische

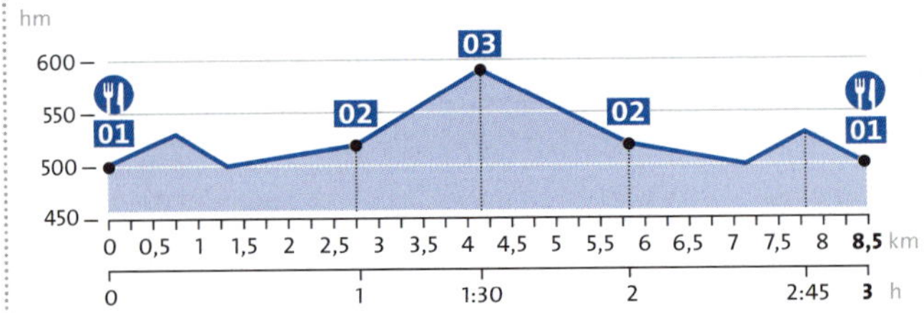

01 Stockach, Bushaltestelle, 500 m, 02 Hans-Kuony-Quelle, 520 m, 03 Heidenhöhlen, 590 m

Flora und Kleintierwelt hervor. Nach einer kurzen Holztreppe queren wir im Stadtteil „Berlingerweg“ die nach Zoznegg führende Kreisstraße und genießen auf dem nun steigenden, geteerten Wirtschaftsweg die schöne Aussicht über die wellige Waldlandschaft des östlichen Hegaus.

Ein Waldweg leitet uns zu einem Steilhang, an dem wir nun auf einem Wanderweg entlang wandern und dabei die Eingänge zu den **Heidenhöhlen** 03 entdecken. Die ersten beiden dieser auch Heidenlöcher genannten Glaukonitsandstein-Öffnungen, von denen nicht alle erreicht werden können, sind durch einen gebückt begehbaren, längeren Gang verbunden. Wer Kinder dabei hat, wird diese so schnell nicht wieder von diesem versteckt liegenden Erlebnisreich oberhalb des Stadtteils Zizenhausen trennen können.

Römische Münzfunde lassen darauf schließen, dass diese künstlich

Im Stockacher Zentrum.

angelegten Höhlen mit ausgehauenen Sitzgelegenheiten auf die Römerzeit zurückgehen.

Zurück nach **Stockach** 01 bietet sich kein alternativer Wanderweg an.

DAS NORDUFER DES UNTERSEES

Entlang des schmalsten Bodenseefingers

9,3 km | 2:10 h | 160 hm | 160 hm

START | Hemmenhofen, Bushaltestelle in der Dorfstraße im östlichen Ortsteil (Parkplatz), 400 m
[GPS: UTM Zone 32 x: 497.456 m y: 5.279.923 m]
CHARAKTER | Einfache Anstiege. Kurze Dorfsträßchen und gut bezeichnete Wirtschaftswege.

Fast stromartig schmal schiebt sich der Untersee als südwestlicher Bodenseefinger zwischen den Schiener Berg und den Thurgauer Seerücken. Am Startpunkt dieser Panoramawanderung, dem alten Fischerdorf Hemmenhofen, erinnert das Museum Haus Dix an den berühmten Maler Otto Dix.

Der blaue Punkt des Bodensee-Rundwanderwegs lenkt bei der **Bushaltestelle** 01 in der Dorfstraße von **Hemmenhofen** zur Torkelgasse und kurz vor der Schiffsanlegestelle westlich in die Uferstraße. Dorfauswärts führt ein Wanderweg ein Stück direkt am Untersee entlang. Vis-à-vis liegt der Thurgauer Seerücken.

Am etwas erhöht stehenden **Schloss Marbach** 02 vorbei geht es zügig zwischen der Höristraße und einem lang gezogenen Naturschutzgebiet mit Obstplantagen nach **Wangen** 03, wo das erste Pfahlbaudorf zum Vorschein kam.

Gleich am Ortsbeginn schlägt der Rundwanderweg einen Haken ans Seeufer und verläuft weiter zum Campingplatz. Diesen verbindet der Seeweg mit der Schiffslände,

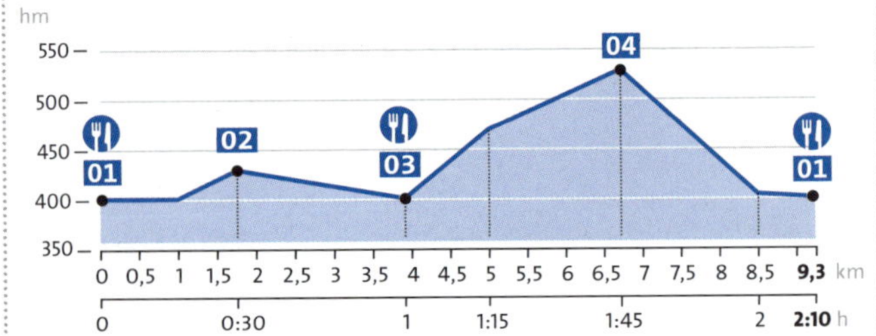

01 Hemmenhofen, Bushaltestelle, 400 m, 02 Schloss Marbach, 430 m, 03 Wangen, 402 m, 04 Kreuzung, 527 m

Von der Solarfähre auf dem Untersee schweift der Blick zum Schiener Berg mit Schloss Marbach.

die sich bestens als Tourenunterbrechung eignet. Die gelbe Raute leitet, anfangs auf der Straße „Zum Schienerberg", später auf dem sogenannten Hohlweg, ins Oberdorf von Wangen. Der zum Dreiländereck beschilderte Panoramaweg, ein anfangs geteerter Wirtschaftsweg, steigt zwischen Feldgehölzen zu Obstkulturen an. Zwischendurch gibt es flache Abschnitte, an einer Kreuzung dem mittleren folgen. Herrlich sind die Ausblicke über den Bodensee.

Nach einem Forstwegstück biegen wir an einer **Kreuzung** **04** talwärts in ein quer laufendes Wirtschaftssträßchen ein. Am Sonnenhof vorbei schlendern wir über Grünland, das Thurgauer Städtchen Steckborn auf der anderen Seeseite immer im Blick, zurück zur **Bushaltestelle** in **Hemmenhofen** **01**.

MISTBÜHL • 555 m

Aussichtsreicher Rundweg „Mittlere Höri“

15 km 4:15 h 155 hm 155 hm

START | Gaienhofen, Bushaltestelle an der Kirche (Parkplatz), 425 m [GPS: UTM Zone 32 x: 498.452 m y: 5.280.829 m]
CHARAKTER | Wander- und Wirtschaftswege, ruhige Sträßchen.

Unser abwechslungsvoller Höri-Rundweg besticht durch seinen herrlichen Blick zum Schweizer Ufer des schmalen Untersees. Er führt über weite Strecken am meist bewaldeten Seeufer eines Naturschutzgebietes entlang, bietet einige schöne Badebuchten und einen Vogellehrpfad.

Nur ein Katzensprung ist es von der **Kirche Gaienhofen** 01 zur Schiffsanlegestelle. Nach dem Strandbad Horn trifft man im Gaienhofener Ortsteil Horn ein. Gleich zu Beginn, im Bereich Hornstaad, legt die **Höri-Fähre** 02 an. Die Tafel „Moos“ weist auf einen Wirtschaftsweg, der uns zur Spitze der Halbinsel Höri über die Uferwiesen des Zeller Sees nach **Gundholzen** 03 bringt. Dort zeigt das Schild „h 3“ in die Lanzengasse. Auf Teerstraße bergauf wandernd, rückt die Insel Reichenau ins Bild.

Ein Gehsteig leitet zum Grillplatz beim **Wasserturm Horn** 04 im Landschaftsschutzgebiet Schiener Berg. Von seiner Plattform schaut man von Radolfzell mit dem Zeller See über den Bodanrück in die Allgäuer Alpen und den Bregenzerwald. Man folgt nun einem ruhigen Höhensträßchen, bis die bekannte Markierung auf einen Feldweg

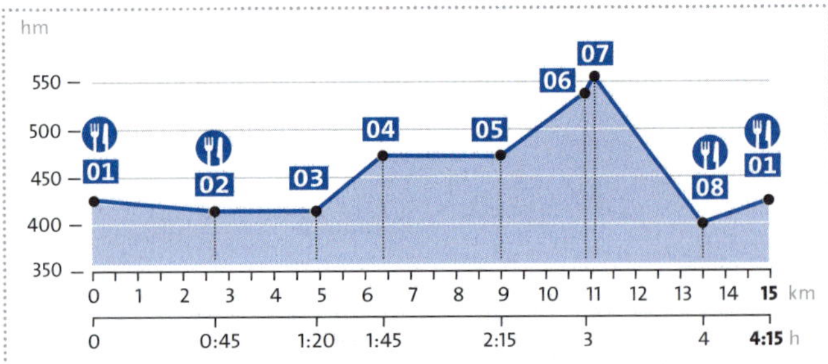

01 Gaienhofen, Kirche, 425 m, 02 Höri-Fähre, 415 m, 03 Gundholzen, 417 m, 04 Wasserturm Horn, 475 m, 05 Balesheim, 470 m, 06 Honisheim, 540 m, 07 Aussichtspunkt Mistbühl, 555 m, 08 Hemmenhofen, 400 m

Hornstaad am Untersee.

deutet. Nach einer Wiesenmulde mit Tümpeln taucht das Konstanzer Münster am Horizont auf.

Die Route kreuzt die Kreisstraße und benützt dann das verkehrsfreie Sträßchen an den zwei Höfen von **Balesheim** **05** vorbei; durch ein Waldstück bergan nach **Honisheim** **06**. Wir spazieren in den abgeschiedenen Weiler und folgen einem Feldweg hinauf zum **Aussichtspunkt Mistbühl** **07**.

Weiter geht es über die Bergkuppe und danach auf einem Forstweg, später Pfad am Grillplatz Schöne Aussicht vorbei, hinunter nach **Hemmenhofen** **08**, wobei zuletzt ein Wirtschaftsweg eine verschlossene Höhle passiert. Am Ortsbeginn achten wir auf den Wegweiser „Gaienhofen“ und bummeln durch die Hangsiedlung, bevor ein Feldweg zur Schulenburg-Rast führt. Auf einem Pfad treffen wir wieder in **Gaienhofen** **01** ein.

ÜBER IZNANG NACH WEILER

Erholungswanderung am Zeller See

14 km | 4:00 h | 195 hm | 195 hm

START | Moos, Bushaltestelle am nördlichen Ortsanfang (Parkplatz), 398 m [GPS: UTM Zone 32 x: 495.070 m y: 5.286.048 m]
CHARAKTER | Leichte Anstiege. Meist beschilderte Wirtschafts- und mitunter schlechte Feldwege, verkehrsfreie Sträßchen.

Höri wird auch als die „Halbinsel der Dichter und Maler" bezeichnet. Das Panorama im Westen bestimmen die Hegau-Vulkanberge. Die hügelige Natur- und Kulturlandschaft am Zeller See, frei von Industrie und Hauptverkehrswegen, begeistert immer aufs Neue.

▶ Man nimmt beim nördlichen Ortsanfang von **Moos** 01 die Dorfstraße und folgt dann stets dem Symbol des Bodensee-Rundwanderwegs. Der erholsame Spaziergang auf einem anfangs geteerten Wirtschaftsweg, auch Naturlehrpfad, führt an der von einem Gehölzstreifen gesäumten Schilfzone (Naturschutzgebiet) des Zeller Sees entlang nach **Iznang** 02. Ein ganz kurzer Abstecher leitet zum Landesteg mit Blick nach Radolfzell.

Am Strandbad orientiert man sich am Wegweiser „Blatt" (h 2). Nach Queren der Landstraße geht es ein unbedeutendes Stück zurück ins Dorf, wo man wieder auf dieselbe Markierung stößt. Über Obstanlagen wandern wir auf einem Wanderweg bergwärts und schwenken in einen querlaufenden, asphaltierten Wirtschaftsweg ein, der bald in einen Feldweg wechselt. Wenig später tauchen wir in

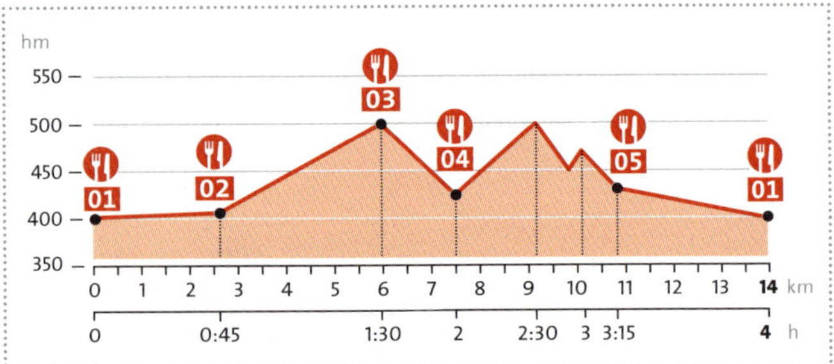

01 Moos, 398 m, 02 Iznang, 405 m, 03 Anhöhe Blatt, 497 m, 04 Weiler, 423 m, 05 Bankholzen, 431 m

Niedrigwasserstand im Yachthafen von Moos.

einen stillen Mischwald ein. Von der Verzweigung am Waldende ist es rechts hinauf nicht mehr weit zur **Anhöhe Blatt** 03.

Abermals rechts in einen zwischendurch wieder geteerten Wirtschaftsweg einbiegend, gelangen wir zu einer Aussichtsbank mit Flurkreuz. Vor uns erscheinen urplötzlich die bewaldeten Vulkanberge des Hegaus am Horizont. Talwärts wandernd achten wir bei der Schützenstube auf die Bezeichnung „h 2“ und gelangen über Obstwiesen nach **Weiler** 04.

Zurück im Tal folgen wir auf einem verkehrsfreien Sträßchen weiterhin der gewohnten Wanderroute. Hinter einem einzelnen Bauernhof zweigt geradeaus ein etwas verwachsener Feldweg mit kleinem Aufstieg ab. Anschließend geht's kurz auf einem Waldweg bergab und nach einem letzten Gegenanstieg auf einem Pfad hinunter nach **Bankholzen** 05.

Unsere Markierungstafeln lenken in die Hegaustraße und am Ortsende auf ein Wirtschaftssträßchen, das uns um den Mooswald herum über die Uferwiesen der Radolfzeller Aach wieder zurück zur Haltestelle in **Moos** 01 bringt.

Deponie
Rickelshausen
398
NSG
Naturschutzgebiet
Langes Los
Seerose
Zur Schmiede
Stadtmuseum
RADOLFZELL
am Bodensee
404
395
NSG
Yachthafen
Schiff
Moos
01
02
03
04
05
6
Moos-
wald
404
Seewiesen
NSG
Iznang
Höristraße
Seehof
Unterwiesen
Ried
Bankholzen
Zum Sternen
Bettnang
Weiler
Blatt
Mösle
504
462
427
NSG
Steinhalde
Schlossbühl
ehem. Kloster
Grünenberg
Brandmösle
Balesheim
Lange Eichen
Langenmoos
686
Honisheim
Gaggenb
Bitzefelsen
Hohes Holz
Hohhalde
Hörim
0 500 m
Obersalen
Rammental
Hemmen

RUND UM DEN MINDELSEE

Naturidyll bei Radolfzell

13 km 3:30 h 110 hm 110 hm

START | Markelfingen, Bahnhof mit Parkplatz, 398 m
[GPS: UTM Zone 32 x: 500.128 m y: 5.287.398 m]
CHARAKTER | Kleine Steigungen. Meist gut bezeichnete Forst-, Wirtschafts- und Wanderwege, kurze verkehrsfreie Sträßchen.

Einer Sage nach „putzen" zentnerschwere Riesenwelse die Tiefen des von der Würmeiszeit in einem Gletscherzungenbecken zurückgelassenen Mindelsees auf dem Bodanrück. Tatsache ist, dass der von teilweise steilen Ufern eingefasste See einmal mehr als doppelt so lang war wie heute. Dank des Schutzgebietes und der verkehrsfreien Lage konnte sich in den verschiedenen Lebensräumen eine spezielle Pflanzen- und Tierwelt mit beispielsweise rund 180 Vogelarten, 400 Schmetterlings- und 600 Käferarten erhalten. Selbst für Fußgänger sind aber nur das Südufer und die Nordwestbucht erreichbar.

Beim Bahnhof in **Markelfingen** 01 richten wir uns nach dem Wegweiser „Mindelsee" und nehmen an der Ampelkreuzung die Oberdorfstraße. Am Mühlbach entlang schlendern wir unter der Bundesstraßenbrücke hindurch. Nach kurzem Straßenstück bringt uns ein mit dem Zeichen des Bodensee-Rundwanderwegs markierter Forstweg zum Mindelsee.

Der schöne Mischwald zieht sich bis ans Ufer des lang gezogenen Gewässers. Auf einem Wanderweg leitet der Weg durch das Niedermoor-Verlandungsgebiet im Osten, bevor man nach der Querung des **Krebsbaches** 02 auf

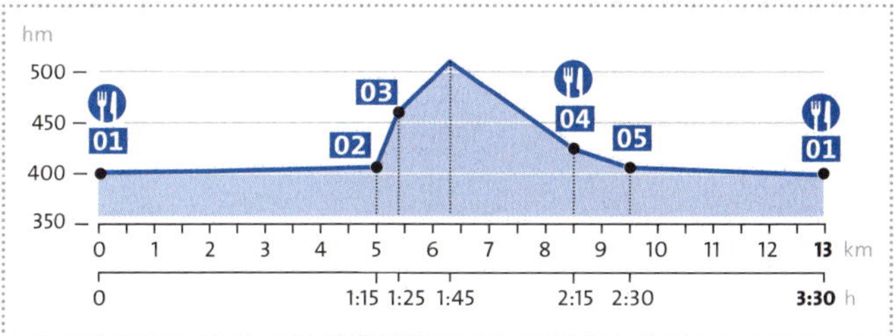

01 Markelfingen, 398 m, 02 Krebsbach, 408 m, 03 Hirtenhof, 460 m, 04 Möggingen, 425 m, 05 Mindelsee-Ried, 406 m

Genusswandern durch stimmungsvolles Mischgehölz.

einem Wirtschaftsweg über einen Wiesenhang mit Hangquellmoor zum **Hirtenhof** 03 kommt.

Von einem Anliegersträßchen schwenken wir wenig später auf den mit rot-weißer Raute bezeichneten Wolfsgrundweg ab, einen nochmals leicht steigenden Forstweg. Bald nach dem höchsten Punkt öffnet sich der Wald. Am Horizont grüßen die markanten Hegauberge. Der nun abfallende Wirtschaftsweg wechselt an einer Kreuzung geradeaus in einen undeutlicher werdenden Feldweg.

In **Möggingen** 04 erfährt der Wanderer in einer Ausstellung des Naturschutzzentrums in der früheren Mögginger Mühle mehr über das Schutzgebiet Mindelsee. Nach der Kirche folgt man der Mindelseestraße. Der anfangs geteerte Wirtschaftsweg führt ins ausgedehnte **Mindelsee-Ried** 05, wo ein kleiner **Abstecher** zu einem herrlich abgelegenen Badeplatz führt.

Für das Finale nach **Markelfingen** 01 wählen wir die stillere Route über die Leimäcker, was noch einen klitzekleinen Gegenanstieg kostet.

NACH HEGNE UND WOLLMATINGEN

Auf dem Bodensee-Rundweg

19 km 5:00 h 130 hm 130 hm

START | Allensbach, Bahnhof mit Parkplatz, 400 m
[GPS: UTM Zone 32 x: 505.161 m y: 5.284.571 m]
CHARAKTER | Harmlose Steigungen. Meist gut bezeichnete Wirtschafts- und Forstwege.

Allensbach zählt zu den ältesten Orten am Bodensee. Dies beweisen entdeckte Pfahlbauten und eine ganze Reihe keltischer Grabhügel. Hier, im Bereich des Gnadensees, verläuft der Bodensee-Rundwanderweg ein Stück im verschwiegenen Hinterland, beschert aber dennoch hübsche Ausblicke über den vielgestaltigen Westteil des Schwäbischen Meeres mit der Insel Reichenau.

▶ Vom **Bahnhof** 01 die ansteigende Hafnerstraße wählend, lenkt das Symbol des Bodensee-Rundwanderwegs in die Mühlengasse. Gleich nach der Bundesstraßenunterführung gehen wir eine Steintreppe bergauf, schwenken links in einen geteerten Wirtschaftsweg ein und orientieren uns, erneut ansteigend, wieder an der gewohnten Markierung.

Vom obersten Haus gelangt man auf einem Feldweg zum Rastplätzchen auf dem **Röhrenberg** 02. Herrlich ist die Aussicht über die Reichenau zum Thurgauer Seerücken, zum Gnadensee, Zeller See und Untersee sowie nach Konstanz.

Nun geht's über eine gemütliche Waldwegschleife talwärts. Ein

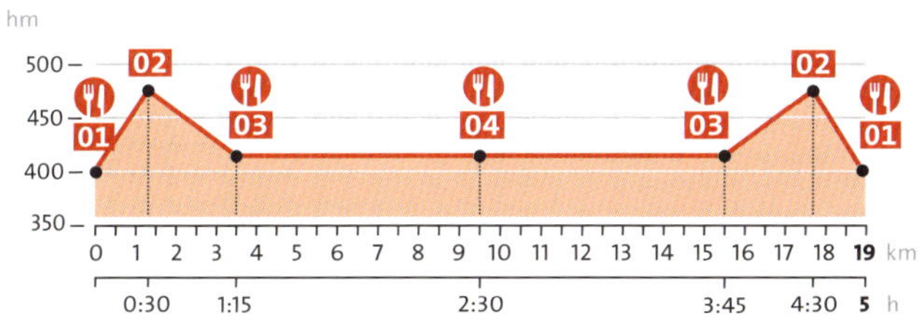

01 Allensbach, Bahnhof, 400 m, 02 Röhrenberg, 473 m, 03 Hegne, 417 m, 04 Wollmatingen, 416 m

Kirche in Wollmatingen.

Stück folgen wir einem Waldlehrpfad, dann kommen wir auf einem Wirtschaftsweg nach **Hegne** 03.

Zum gleichnamigen Kloster, ehedem ein Schloss (einst Sommersitz der Konstanzer Bischöfe, seit 1892 Kloster), gehören unter anderem ein Altenheim, eine Pädagogische Schule und ein Gästehaus.

Ein flacher Forstweg entführt den Wanderer daraufhin wieder in die Waldeinsamkeit. Auch nach einer längeren Lichtung können wir erneut in vollen Zügen die würzige Waldluft genießen. Die zuverlässige Bezeichnung lässt keine Orientierungsprobleme aufkommen.

Nach Überqueren der Ortsumgehungsstraße treffen wir im Konstanzer Stadtteil **Wollmatingen** 04 ein. Das stattliche Dorf mit dem hübschen, schlanken Kirchturm empfängt uns mit guter Gastronomie. Als Rückweg wählt man vorzugsweise den Hinweg auf dem Bodensee-Rundwander-

Blick nach Allensbach von Mitterzell auf der Insel Reichenau.

weg. Als Alternative für weniger Konditionsstarke besteht natürlich auch die Möglichkeit der Busrückfahrt. Und falls die Zeit reicht, können wir in **Allensbach** 01 noch dem empfehlenswerten Heimatmuseum am Rathausplatz einen Besuch abstatten.

KLOSTERINSEL REICHENAU

Gemüse und Weltkulturerbe

11,4 km 2:30 h 70 hm 70 hm

START | Gebührenpflichtiger Parkplatz in Oberzell, 402 m
[GPS: UTM Zone 32 x: 506.008 m y: 5.281.694 m]
CHARAKTER | Flache, naturbelassene Wege, z. T. auch Teerstraßen.

Die Insel Reichenau wird von den Einheimischen auch die Gemüseinsel genannt – warum, wird auf der Wanderung, die um einen Großteil der Insel führt, schnell deutlich: Gewächshäuser, Gemüsefelder und Blumenfelder säumen den Weg. Berühmt ist die Insel aber auch für ihre mittelalterlichen romanischen Kirchen, die von der UNESCO zum Weltkulturerbe ernannt wurden.

Die Rundwanderung startet am **Parkplatz Oberzell** 01 unterhalb der Kirche St. Georg. Ein kleines eintrittsfreies Museum neben dem Parkplatz zeigt auf Fotos die acht Wandbilder des um 1000 gemalten Bilderzyklus von St. Georg. Die **Kirche St. Georg** 02 selbst steht auf einem kleinen Hügel. Zum Schutz der Fresken können diese nur noch im Rahmen von täglich zwei halbstündigen Führungen besichtigt werden. Auf einer großen Schautafel werden die konservatorischen Gründe für die Schließung ausführlich erklärt.

Links der Kirche folgen wir der Beschilderung des Inselrundwegs

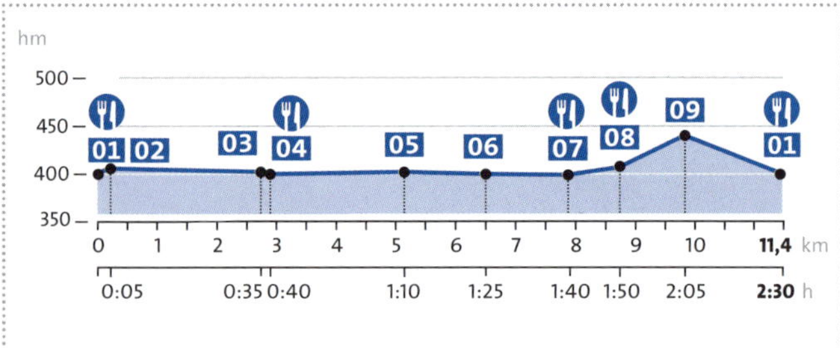

01 Oberzell, Parkplatz, 402 m, 02 Kirche St. Georg, 406 m, 03 Münster St. Maria und Markus, 404 m, 04 Yachthafen, 399 m, 05 Kirche St. Peter und Paul, 404 m, 06 Campingplatz Sandseele, 399 m, 07 Schiffslände, 397 m, 08 Schlossstraße, 409 m, 09 Hochwart, 439 m

Gemüsegarten im Bodensee

Die Insel Reichenau ist 4,5 km lang und 1,5 km breit und ist mit einer Fläche von 4,3 km^2 die größte Bodenseeinsel. Es gibt drei Ortschaften: Oberzell, Mittelzell und Niederzell, daneben aber auch viele Weiler und Häusergruppen. Auf der Insel herrscht ein für den Gemüseanbau hervorragendes Klima. Die Seefläche wirkt temperaturausgleichend, der Föhn beschert hohe Temperaturen, die Zahl der Sonnentage ist hoch. So sind pro Jahr bis zu drei Freilandernten möglich. Vor allem Familienbetriebe – insgesamt 90 Betriebe – bewirtschaften 80 ha Freilandflächen und 40 ha Gewächshäuser. Feldsalat, Salate, Gurken und Tomaten sind die wichtigsten Anbaufrüchte.

über die Seestraße, vorbei an schmucken Häusern, Blumenfeldern und vielen Gewächshäusern.

An einem dreieckigen Platz weisen rote, auffallende Schilder den Weg zum Münster, der nächsten kulturellen Station. Er führt über die Hermanus-Contractus-Straße zwischen Feldern hindurch zum **Münster St. Maria und Markus** 03. Auch hier finden sich schöne Fresken im Inneren der Kirche. Es lohnt sich auch, einen Blick auf das historische Gebäudeensemble samt Kräutergarten zu werfen.

Rechts der Hermanus-Contractus-Straße liegt der hübsche **Yachthafen** 04 der Segelschule Insel Reichenau. Am Ende seines Parkplatzes verlässt der Inselrundweg nun endlich den Asphalt und führt am Nordufer entlang Richtung Niederzell.

Nicht immer hat man freien Blick auf den Bodensee und den dahinter aufragenden Bodanrück, der Schilfgürtel verhindert dies. Dafür entschädigt an heißen Tagen das Strandbad Reichenau auf halber Strecke nach Niederzell.

Das Münster St. Maria und Markus in Mittelzell.

Zwischen Gemüsefeldern: St. Peter und Paul an der Nordspitze der Insel.

Groß ist die Insel nicht und so ist schon bald die Nordwestspitze der Insel mit der Ortschaft Niederzell und einer weiteren Welterbestätte erreicht: die **Kirche St. Peter und Paul** 05. Auch sie liegt auf einem Hügel, zu dem man nach links in die Fischergasse abbiegt. Ein kleines Museum neben der Kirche bietet interessante Hintergrundinformation zur Kirche, aber auch zur Insel und ihren wirtschaftlichen Säulen Gemüseanbau, Weinanbau und Fischerei.

Nach der Besichtigung geht es auf gleichem Weg wieder hinunter zum Uferweg, der in diesem Abschnitt ausschließlich Fußgängern vorbehalten ist. Die Spitze der Insel lässt sich leider nicht betreten, denn sie liegt hinter Mauern auf einem Hotelgelände. Vom Inselrundweg bietet sich dennoch ein hervorragender Blick in den Hegau, auf den Gnadensee und den Zellersee und zum Bodanrück.

Kurzzeitig läuft man nun auf der geteerten Niederzeller Straße bis zum Hinweisschild „Ferienappartment Bernhard“, dort führt rechts der markierte Weg über den Parkplatz und zwischen Wohnhaus und Gewächshaus hindurch zum Seeufer bzw. auf einen Pfad, der nun zwar wieder am Ufer entlang, aber etwas unromantisch zwischen Gewächshaus und Hecke verläuft. So geht es nun immer weiter: Eine aussichtsreiche, aber abgesperrte Privatbucht nach der anderen, dazwischen Hecken, Büsche und linker Hand Gewächshäuser. Dort, wo man zwischen Wohnhäusern hindurchwandern muss, sind teilweise Fußgänger-Symbole auf den Teer gemalt.

Dann ist der **Campingplatz Sandseele** 06 mit Liegeflächen und Kiosk erreicht. Hier hat man einen schönen Blick über den See zum Schiener Berg. Der Uferweg verläuft nun meist nah am Wasser durch Mittelzell, biegt nach Südosten ab und führt direkt zur **Schiffslände** 07. Hier legt die Solarfähre ans gegenüberliegende Schweizer Ufer nach Mannenbach ab.

Hinter den Bootsstegen verlassen wir das Ufer und nehmen den ersten Weg links hoch und biegen gleich wieder nach rechts in den Thurgauer Weg. Dem folgen wir bis zu seiner Einmündung in die **Schlossstraße** 08. Links abbiegend laufen wir auf ihr bis zur Kreuzung mit der Unteren Rheinstraße. Hier befindet sich eine Haltestelle des Inselbusses. Ein unübersehbarer roter Wegweiser zeigt den Weg zum Aussichtspunkt Hochwart, der über die Spiegelbergstraße führt. Dort, wo diese auf die Hochwartstraße trifft, biegt man nach rechts und an der übernächsten Straße nach links ab.

Die **Hochwart** 09 ist der höchste Punkt der Insel und überragt diese um ganze 40 m. Am höchsten Punkt steht inmitten von Weingärten der kleine Hochwart-Turm mit einer Werkgalerie. Entsprechend grandios ist der Panoramablick über die Inselkirchen, die Gemüsefelder, die gleißendweißen Gewächshäuser und die Weinberge.

Bei guter Fernsicht schaut man über das Schweizer Ufer im Süden auf die Alpen; im Osten sieht man Konstanz und das Naturschutzgebiet Wollmatinger Ried, im Westen die Halbinsel Höri und die Vulkankegel des Hegaus.

Die aussichtsreiche Hochwart.

Nun geht es zurück zum Parkplatz. Dafür nehmen wir den Fahrweg zwischen den Reben im Südosten des Turms, biegen aber gleich nach links und dann in die nächste Straße rechts ab. An der Kreuzung biegen wir nach rechts auf den Tellerhofweg ab und folgen diesem bis zu den Gewächshäusern. Zwischen den Gewächshäusern hindurch führt die St.-Georg-Straße zurück zum **Parkplatz** 01.

KONSTANZER TRICHTER

Bummelei zur Geburtsstätte des Seerheins

14 km | 3:30 h | 25 hm | 25 hm

START | Konstanz/Staad, Bushaltestelle am Fähranleger (Parkplatz), 400 m [GPS: UTM Zone 32 x: 515.751 m y: 5.281.014 m]
CHARAKTER | Gut bezeichnete, steigungsfreie Promenaden- und Forstwege sowie Pfade.

Unser gepflegter Seespaziergang führt zur Spitze des Bodanrücks und weiter zum Konstanzer Hafen.

▶ Vom **Fähranleger** **01** in **Staad** folgen wir kurz der ansteigenden Bundesstraße, bis das Bodensee-Rundwandersymbol in die Straße „Felchengang“ weist.

Nach einem Doppelhaken zum Ortsende führt der Wanderweg durch die ufernahen Parkanlagen mit ihren prächtigen Badebuchten, unterwegs genießt man schöne Ausblicke über die Breitstelle des Überlinger Sees. Am Wasserwerk Konstanz vorbei und durch ein kleines Waldstück schlendernd erreicht man an der Landnase das geräumige **Freibad Horn** **02** mit separatem Naturistenstrand.

Die stets recht aussichtsreiche Seepromenade führt uns anschließend zum Konstanzer Stadtteil Petershausen und vorbei an der Bodensee-Therme Konstanz. Nach Umrundung der Halbinsel Eichhorn stößt man in einem Wäldchen auf einen renaturierten Uferstreifen und kommt an der **Wohnanlage** **03** vorbei, bei der

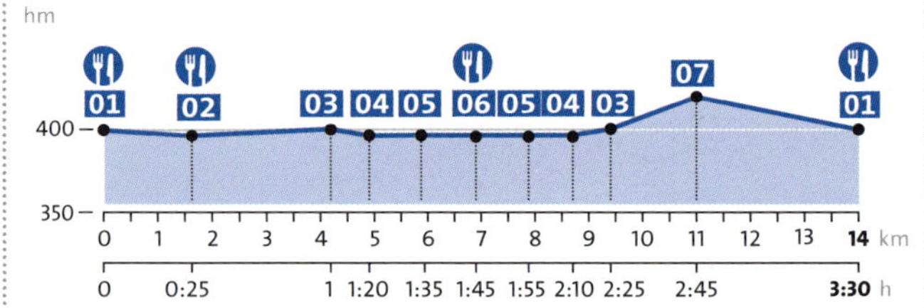

01 Staad, Fähranleger 400 m, **02** Freibad Horn, 397 m, **03** Wohnanlage, 399 m, **04** Yachthafen 397 m, **05** Brücke über den Seerhein, 397 m, **06** Konzilgebäude, 397 m, **07** Lorettowald, 420 m

man auf dem Rückweg in den Lorettowald abbiegt.

Ab dem **Yachthafen** **04** folgt man der prächtigen Seestraße und überschreitet wenig später in der Bucht des Obersees die **Brücke über den Seerhein** **05**.

Im Stadtkern von Konstanz passieren wir dann das ehemalige Dominikanerkloster, heute das Steigenberger Inselhotel, und kommen zum Stadtgarten. Gleich darauf ist am Hafen mit der stolzen Imperia und dem **Konzilgebäude** **06** unser Ausflugsziel erreicht.

Paradiesischer Strand südlich von Staad.

Falls nicht erst noch eine sehr zu empfehlende Stadtbesichtigung ansteht, begeben wir uns zunächst auf gleichem Weg zurück nach Petershausen. Nach der Tennisanlage und vor der **Wohnanlage** 03 folgen wir dem See-Rundwanderweg, queren bei der Bushaltestelle „Rosenau“ die Eichhornstraße und gelangen geradeaus zu einem Forstweg durch den alten **Lorettowald** 07, der im weiteren Verlauf zum Waldlehrpfad wird.

Beim **Freibad Horn** 02 stößt man wieder auf die bekannte Route zurück nach **Staad** 01.

Konstanzer Prachtmeile: Schöne Häuser im Stil des Historismus und des Jugendstils (um 1900 erbaut) schmücken die Seestraße.

VON WALLHAUSEN ZUR INSEL MAINAU

Promenieren am Überlinger See

18,5 km | 4:30 h | 75 hm | 75 hm

START | Wallhausen, Bushaltestelle am Hafen (Parkplatz), 400 m [GPS: UTM Zone 32 x: 510.086 m y: 5.288.237 m]
CHARAKTER | Nahezu steigungsfreie Wirtschafts- und Anliegersträßchen.

Der Bodensee-Rundwanderweg verläuft zwischen dem Konstanzer Stadtteil Wallhausen und der Blumeninsel Mainau meist unweit des Überlinger Sees entfernt. Wer gemütliche Promenadenspaziergänge liebt, ist hier genau richtig. Es gibt keine Steigungen zu bewältigen, dafür weite Ausblicke ans gegenüberliegende Ufer nach Überlingen und Uhldingen.

▶ Am schönen **Hafen von Wallhausen** 01 weist ein Schild die Richtung zur Mainau. Das Zeichen des See-Rundwanderwegs dirigiert am Ortsende auf eine Anliegerstraße. Wir durchstreifen ein kleinräumiges Naturschutzgebiet und passieren den Campingplatz Klausenhorn. Schon bald tauchen die ersten Häuser von **Dingelsdorf** 02 auf, wo wir uns weiter vom blauen Punkt leiten lassen. Auf einem Wirtschaftssträßchen geht es erneut an einem weiteren Campingplatz (Seepark Fließhorn) vorbei und abermals durch ein erholsames seenahes Naturschutzgebiet mit altem Baumbestand.

In **Litzelstetten** 03 lohnt sich gleich am Ortseingang der kurze Abstecher auf dem Sträßchen Holdersteig zum Strandbad. Nach dem Ort überrascht der Anlegesteg des Yachtklubs mit einer meisterhaften Aussicht zum ersehnten Ziel, bevor im dritten Naturschutzgebiet für heute die charaktervollen

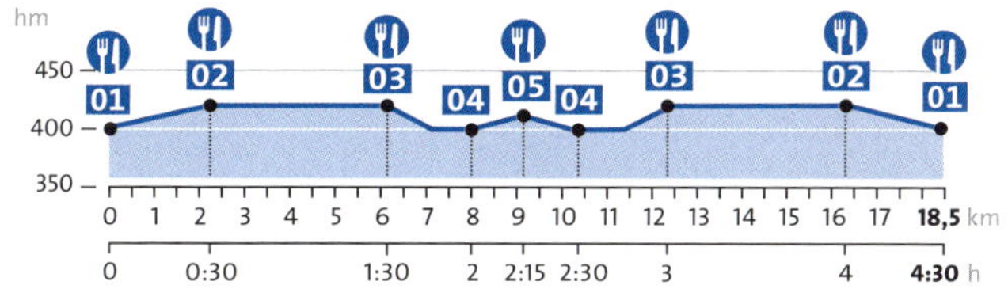

01 Wallhausen, Fähranleger, 400 m, 02 Dingelsdorf, 420 m, 03 Litzelstetten, 420 m, 04 Schwedenkreuz, 396 m, 05 Mainau, Schloss, 425 m

Ahorn-Riesen der Graf-Lennart-Bernadotte-Allee in Staunen versetzen.

Anschließend betreten wir endlich die Pforte der Insel Mainau und bummeln auf der Seebrücke am **Schwedenkreuz** 04 vorbei zum **Schloss** 05 auf der Blumeninsel.

Je nach verfügbarer Zeit können wir nun durch das subtropische Paradies, das in allen Farbnuancen leuchtet, bummeln, oder eines von mehreren Restaurants der Insel besuchen.

Zurück nach **Wallhausen** 01 geht es auf der bekannten Route.

NUSSDORF
Bodensee-Gürtelbahn
Untermaurach
Kloster
Birnau
Oberhof
Schloss Maurach
Obermaurach
NSG
Seefelden
NSG
Pfahlbau-
museum
Reptilien
Weltkulturerbe
Stollenwiesen
B
11
Neuhof
402
03
100
400
Mainau
Schmetterlingshaus
Schweden-
schänke
Naturerlebnis-
welt
403
NSG
425
Comturey-Keller
Barockschloss
Schweden-
kreuz
11
Mainau-
Kinderland
05
04
0
500 m

MARIENSCHLUCHT UND RUINE KARGEGG

Schaurige Wege über blaugrünen Fluten

9,5 km | 3:00 h | 80 hm | 80 hm

START | Wallhausen (Stadt Konstanz), Bushaltestelle am Hafen (Parkplatz), 400 m [GPS: UTM Zone 32 x: 510.086 m y: 5.288.237 m]
CHARAKTER | Längerer Steilaufstieg. Bestens bezeichnete Wander- und Forstwege sowie Pfade. Vorsicht bei Nässe!

Zwei der faszinierendsten Wegabschnitte am Bodensee erschließen zwischen Wallhausen und Langenrain sowohl den Fuß des wild zertalten Nordabfalls am Bodanrück wie auch die mitunter abschüssige Hangkante. Verbunden sind die beiden erlebnisreichen Wege durch die überwältigende, von stark erodierenden Sturzwassern ausgespülte Marienschlucht.

▶ Wir nehmen am **Hafen in Wallhausen** 01 die Promenade entlang den Hafenanlagen und folgen dem Symbol des See-Rundwanderwegs Richtung Nordwesten. Am Ortsende geht es durch ein Drehkreuz auf den schattigen und meist flachen Uferpfad Richtung Marienschlucht.

Erdrutsche

2015 ereigneten sich zwei schwere Erdrutsche, die zur Schließung der Marienschlucht führten. Vor einem Besuch empfiehlt es sich, sich nach dem aktuellen Stand der Dinge zu erkundigen.

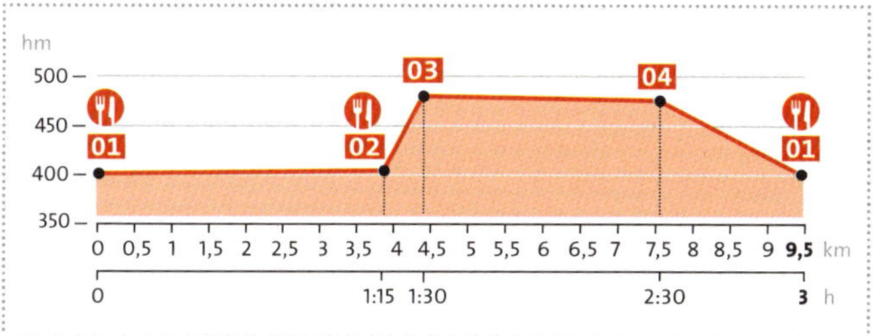

01 Wallhausen, Hafen, 400 m, 02 Marienschlucht, 405 m, 03 Ruine Kargegg, 480 m, 04 Abzweig Wanderweg, 476 m

Begleitet wird der Weg vom Konzert des ständigen Wellengangs.

Der See fällt in diesem Bereich mit seiner gefährlichen Strömung extrem steil ab. Bei Niedrigwasser ragt der Felsturm Teufelstisch aus den Fluten. Jenseits des hier grünblau leuchtenden Wasserarms zeigt sich Überlingen mit seinen

Sandsteinklippen. An einem felsigen Überhang queren wir einen größeren Bachgraben und kommen bald danach zum meist gut besuchten Kiosk an der Öffnung der **Marienschlucht** 02, wo sich auch eine Anlegestelle befindet.

Der Wanderweg führt nun über eine lange Holztreppenanlage die fast alpin anmutende und sich unglaublich verengende Bachkerbe hinauf. Dabei muss man sich zwischen drallen und bis zu 20 m hohen, von Moosen und Flechten überzogenen Molasse-Sandsteinbäuchen mit nahen Eibenbeständen hindurchzwängen.

Ab dem Turmrest der **Ruine Kargegg** 03, in der noch immer der Geist des ehemaligen Burgfräuleins spuken soll, steigt der Höhenweg Richtung Wallhausen nur noch ein kurzes Stück an. Der an der Hangkante entlang führende Pfad ist im Rutschungsbereich eines abgründigen Tobels durch Holzstege entschärft und mit der rot-weißen Raute markiert. Zwischendurch in einen Forstweg wechselnd, überrascht der Weg mit traumhaften Seeblicken. Nach dem Überschreiten eines Baches bei einer kleinen Hütte kreuzt man einen Hauptweg und quert anschließend zwei weitere kleine Bachläufe.

Es folgt ein sanfter Forstweganstieg, dessen höchster Punkt ungefähr beim rechts abzweigenden **Wanderweg** 04 nach Rohnhausen erreicht ist, dann haben wir es nicht mehr weit hinunter zum **Hafen von Wallhausen** 01.

Tiefblick von der Ruine Kargegg auf den Überlinger See.

VESPERSTUBE BODENWALD • 660 m

Wildweststimmung am Bodanrück

10,5 km | 3:15 h | 285 hm | 285 hm

START | Bodman (Gemeinde Bodman-Ludwigshafen), Bushaltestelle am Landeplatz in der Ortsmitte (Parkplatz), 400 m [GPS: UTM Zone 32 x: 502.184 m y: 5.294.327 m]
CHARAKTER | Langer, mittelsteiler Aufstieg zur Ruine Altbodman. Meist beschilderte Wander- und Forstwege, kurzer Pfad.

Nicht nur der Name des Sees (ursprünglich hieß er Bodmansee), auch jener der Halbinsel Bodanrück gehen auf den bereits in der Jungsteinzeit besiedelten Ort Bodman mit seinem gräflichen Schloss zurück. Die beliebte Einkehr Bodenwald zählt zu den höchsten Wanderzielen am Bodensee.

▶ Bei der Bushaltestelle am **Landeplatz** 01 in der Ortsmitte von Bodman halten wir uns Richtung Ruine und im weiteren Verlauf an die Beschilderung „Burgenweg". Ab dem Ortsende windet sich ein Wanderweg in wenigen, teils weit ausholenden Kehren empor zu der auf einem Bergsporn thronenden **Ruine Altbodman** 02. Von der ur-

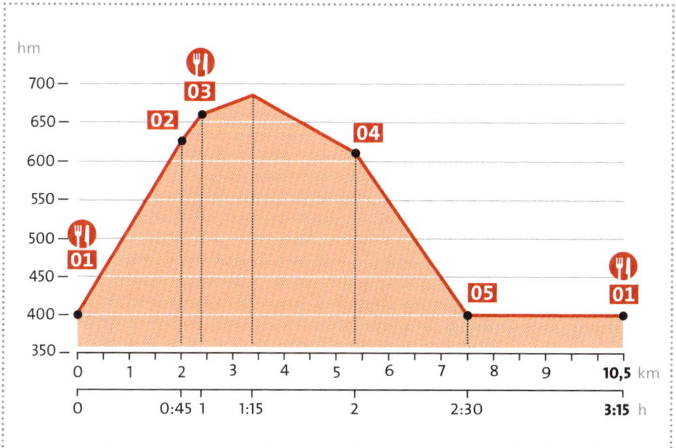

01 Bodman, Landeplatz, 400 m, 02 Ruine Altbodman, 627 m, 03 Vesperstube Bodenwald, 660 m, 04 Mittlere Wieshütte, 610 m, 05 Seeufer, 400 m

sprünglichen Burg der Herren von Bodman sind noch beachtenswerte Teile des Hauptturms und der Mauern erhalten, auf den ein paar dünne Kiefern stocken. Diese verleihen dem Gesamtbild einen besonderen Reiz. Schön ist auch der Seeblick.

Jetzt sind es nur noch wenige Minuten auf einem Waldweg zur einladenden **Vesperstube Bodenwald** 03 auf dem gleichnamigen Hofgut und, dort auf den Lärchenackerweg abschwenkend, weiter zum Bisongehege.

Die Ruine Altbodman.

Bald darauf ist, wieder im Wald, mit kurzem Blick nach Radolfzell, der höchste Punkt der Runde erreicht. Wir befinden uns hier überhaupt sozusagen im obersten Stockwerk des Bodanrücks. In diesem Bereich kann man auch den zu einem Forstweg parallel laufenden Pfad vorziehen. An einem Wegedreieck hält man sich Richtung Bodenwald und an der nächsten Verzweigung rechts. Auf der Lichtung, wo die **Mittlere Wieshütte** 04 und ein Brunnen stehen, leitet der Wegweiser „Echo" einen anhaltenden, kurvigen Abstieg ein. Zurück am Bergfuß erfreut uns nochmals der blanke Spiegel des Überlinger Sees; die andere Seite säumen die Häuser der Nachbarorte Ludwigshafen und Sipplingen. Am **Seeufer** 05 entlang wandern wir wieder zurück nach **Bodman** 01.

RUINE HOHENFELS • 598 m

Fast wie an mediterranen Gestaden

12 km · 3:30 h · 265 hm ↗ · 265 hm ↘

START | Bodman-Ludwigshafen, Bahnhof (Parkplatz), 408 m [GPS: UTM Zone 32 x: 503.980 m y: 5.295.773 m]
CHARAKTER | Längere mäßig und mittelsteile Aufstiege zum Haldenhof, steiler Abstieg. Gut bezeichnete Pfade, Wander- und Wirtschaftswege.

Über 200 m erhebt sich der steile Köstenerberg, auch Künstberg genannt, über dem Überlinger See. Der Seearm ähnelt einem ertrunkenen Flusstal und verströmt südländischen Charme. Neben geschlossenen Waldbeständen und Streuobstwiesen mit Kirschen, Zwetschgen und Walnüssen prägen Halbtrockenrasen das Bild dieses Naturschutzgebietes. Letztere bringen eine abwechslungsreiche Flora und Fauna hervor. Alleine rund 80 Bienenarten, außerdem gefährdete Vogelarten und Kleinsäuger lieben diese trockenwarmen Hänge.

▶ Vom **Bahnhof** 01 geht man auf der Bahnhofstraße und der Sernatingenstraße ins Zentrum und dort Richtung Stockach. An

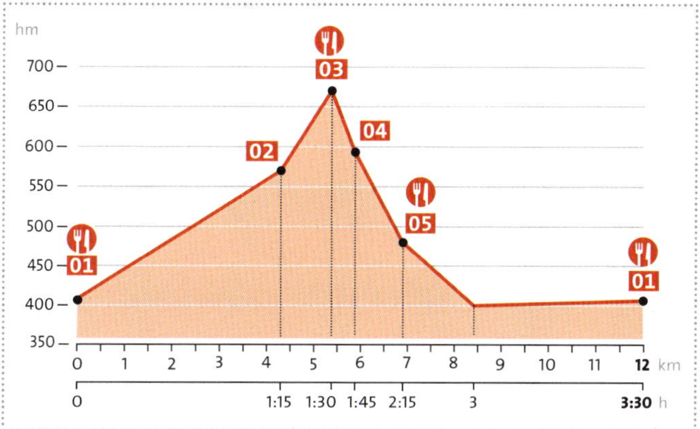

01 Bodman-Ludwigshafen, Bahnhof, 408 m, 02 Buohof, 570 m, 03 Höhengasthaus Haldenhof, 670 m, 04 Ruine Hohenfels, 598 m, 05 Sipplingen, 480 m

Über der traumhaften Westbucht des Überlinger Sees.

der Kirche weist die Tafel „Fußweg Haldenhof“ den Kurs. Dort, wo die Straße „An der Schnabelburg“ abbiegt, passiert der Bodensee-Rundwanderweg eine wassergefüllte Höhle. Ab einem Brunnen steigt ein Wanderweg mäßig an durch Buchenwald. Man hält sich an den Rundweg und schwenkt bald nach der Anhöhe am Stättelberg in ein Sträßchen ein. Das Schild „Haldenhof“ zeigt zum Weiler **Buohof** 02. Ein längerer Anstieg führt schließlich zum **Höhengasthaus Haldenhof** 03 auf dem Sipplinger Berg, dem höchsten Punkt der Tour.

Weit unten flimmert der nordwestliche Bodenseearm. Wir steigen nun auf dem Geologischen Lehrpfad talwärts zu einem Bergsattel und in Kürze hinauf zur **Ruine Hohenfels** 04. Dürftige Reste einer Eckmauer zeugen von der einstigen Burg.

Der Geologische Lehrpfad Sipplingen bringt uns vom Sattel im steilen Zickzack über die verschiedenen Molasseschichten durch Wald bergab nach **Sipplingen** 05. Beim Gasthof Landhaus Sternen zweigen wir auf den Blütenweg Richtung Ludwigshafen ab, einen leicht fallenden Wanderweg durchs Schutzgebiet am Steilhang des Köstenerbergs. Schön sind die Tiefblicke auf den blauen Wasserspiegel des Überlinger Sees.

Ist der Talboden erreicht, geht es auf einem abknickenden Wanderweg weiter, wobei zwischendurch auf einem Pfad ein kleiner Bachlauf gequert wird. Ein Wirtschaftsweg leitet zurück nach **Bodman-Ludwigshafen** 01.

HÖDINGER TOBEL

Abenteuerroute im Sipplinger Dreieck

8,5 km 2:45 h 180 hm 180 hm

START | Sipplingen, Bahnhof mit Parkplatz, 406 m
[GPS: UTM Zone 32 x: 507.141 m y: 5.293.566 m]
CHARAKTER | Längerer, teilweise steiler Aufstieg durch den Hödinger Tobel. Gut bezeichnete Wander-, Wald- und Wirtschaftswege, anfangs stilles Sträßchen.

Aus den Naturschutzgebieten des Sipplinger Dreiecks ragen mitunter urige Felsformationen wie die Churfirsten hervor. Der Begriff Erosion tritt an den zerborstenen Molasseklippen anschaulich vor Augen. Die Entstehung der markanten Waldkuppen führen Geologen auf das Abgleiten ausgewitterter Pakete aus Sandstein von den steilen Bergflanken zurück, die der hobelnde Eiszeitgletscher hinterlassen hat. Unterstützt wurden diese Vorgänge sehr wahrscheinlich durch Verschiebungen der Erdkruste. Das Werden des Hödinger Tobels ist ein Resultat des seit der letzten Eiszeit abgesunkenen Bodenseewasserspiegels.

▶ Vom **Bahnhof** 01 leiten die Fußgängerunterführung und die Rathausstraße zur Ortsmitte mit der Brunnenfigur des Fasnachtshänseles.

Auf dem nach Hödingen führenden, stillen Sträßchen gelangen wir zu Obstwiesen. Weiter geht es auf dem **Weg unterhalb der Burghalde** 02, einem Hügel mit

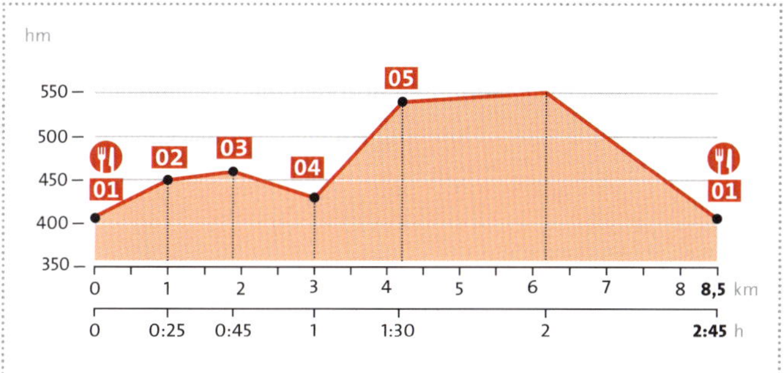

01 Sipplingen, Bahnhof, 406 m, 02 Weg unterhalb der Burghalde, 450 m, 03 Churfirsten, 460 m, 04 Süßenmühle, 430 m, 05 Hödinger Tobel, 540 m

Dorfgreis bei Sipplingen.

den spärlichen Mauerresten einer ehemaligen Burg, und auf einem Waldweg zu den **Churfirsten** 03. Von den auf einem kleinen Bergsporn stehenden einst 18 Felstürmchen stehen nur noch fünf.

Anschließend begeben wir uns auf den Feldweg Richtung Hödinger Tobel. Von einer Straßenquerung bergab zu einem Einzelanwesen im Ortsteil **Süßenmühle** 04 findet man einen Wanderweg vor.

Schon verschluckt uns der überraschend lange **Hödinger Tobel** 05. Der reizvoll angelegte Weg durch die unter Naturschutz stehende, moderige und düstere Kerbe wartet mit vielen Treppen und Stegen auf. Gleich zu Beginn ist nach einem Weiher zweimal auf natürliche Weise ein quirliger Sturzbach mit Mini-Wasserfällen zu queren. Der spannender Weg, von Felsüberhängen flankiert, bringt den Kreislauf ordentlich in Schwung. Hangrutschungen, Kalktuffbildungen und Strudeltöpfe treten hier und dort in Erscheinung. Im oberen Teil verengt sich der eindrucksvolle Einschnitt des Wildbachs mit seinen Kalkquellfluren zu einer Klamm.

Erst am Tobelende entschließen wir uns für die zum Haldenhof ausgeschilderte Route. Teils auf einem Wanderweg, teils auf einem Forstweg, geht es wieder angenehm flach zum Umspannwerk. Dort folgt man einem Wirtschaftsweg, bald darauf einem Pfad zu einem weiteren Tobelausgang. Über ein paar Waldwegschleifen schlendert man allmählich talwärts Richtung Süßenmühle und trifft auf dem bekannten Anmarschweg wieder in **Sipplingen** 01 ein.

SPETZGARTER TOBEL

Überlinger Entdeckungswanderung

12,5 km | 3:45 h | 210 hm | 210 hm

START | Überlingen, Westbahnhof (Parkplatz), 400 m
[GPS: UTM Zone 32 x: 510.695 m y: 5.290.718 m]
CHARAKTER | Kleine Steigungen. Bestens bezeichnete Wander- und Fußgängerwege, Wirtschafts- und Waldwege, dazwischen kurze Sträßchen.

Der Killbach hat im weichen Molassegestein westlich von Überlingen während Jahrtausenden den dämmerigen Spetzgarter Tobel ausgeschürft. Viele Orchideenarten und alpine Pflanzen haben hier einen Lebensraum gefunden. Als weitere naturnahe Etappe erschließt diese entdeckungsreiche Tour das romantische Waldtälchen des Nellenbachs bei Aufkirch.

Wir gehen in **Überlingen am Westbahnhof** 01 kurz Richtung Nußdorf und schwenken am Strandbad West über die Bahn auf die leicht steigende Goldbacher Straße ab, die auch als „Wanderweg Goldbach" beschildert ist. Ein Fußgängerweg führt durch eine abenteuerlich wirkende Felsengasse, in der Vögel zum Nisten Strudelmulden benützen, hinunter zum Westrand von **Goldbach** 02. Weiter geht's Richtung Hödingen und vor der Brücke über die Bundesstraße, nahe der berühmten Gletschermühle, auf

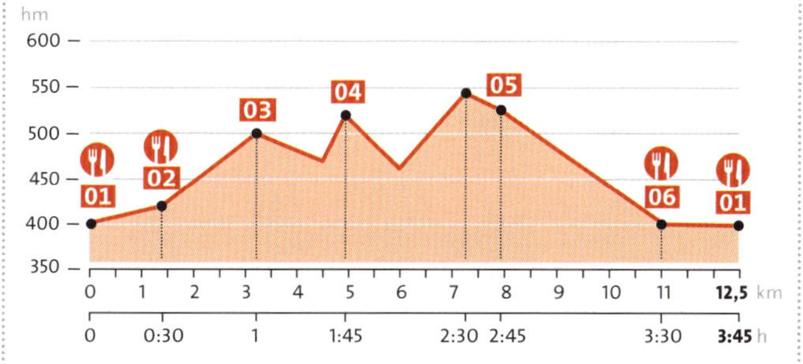

01 Überlingen, Westbahnhof, 400 m, 02 Goldbach, 420 m, 03 Spetzgarter Tobel, 500 m, 04 Aufkirch, 520 m, 05 Aussichtspunkt, 527 m, 06 Seepromenade, 400 m

einem Sträßchen, später Wanderweg, in den **Spetzgarter Tobel** 03.

Im feucht-kühlen Schluchtwald des Naturschutzgebietes mit Bergahorn und Ulmen wird mittels eines Stegs ein scharf eingeschnittener Bach gequert. Über wenige Windungen steigen wir ohne Anstrengung hinauf nach Spetzgart mit dem nüchternen ehemaligen Schloss Spetzgart, in dem heute das Salem International College residiert.

Vorbildliche Wegbeschilderung in Überlingen.

Ein Wanderweg quert nun über bergab führende Steintreppen und eine Bachbrücke den Tobel des Killbachs nach **Aufkirch** 04. Vom unteren Ortsteil steigt ein Sträßchen zum Hauptort an. Neben der Kreisstraße nach Überlingen spazieren wir anschließend mit weitem Bodenseeblick auf einem kurzen Fußgängerweg bergab Richtung Feigental. Ein Wirtschaftssträßchen bringt uns zum Einzelanwesen Feigental. Jetzt lenkt die Tafel „Brachenreute“ auf einen gemächlich steigenden Waldweg durch das erfrischende Tälchen des Nellenbachs. An der Einmündung in die Hauptverkehrsstraße wählt man den Wirtschaftsweg Richtung Überlingen. Von einem **Aussichtspunkt** 05 gewinnt die

Blick auf Schloss Spetzgart und den Überlinger See.

Landschaft nochmals an Weite: Schön ist der Blick über den Überlinger See und den Bodanrück.

Allmählich talwärts wandernd stößt man auf das Sträßchen von Owingen. Gleich darauf folgt man der Alten Owinger Straße durchs Aufkircher und Franziskaner Tor zur Stadtmitte von Überlingen mit seinen nostalgischen Fachwerkgassen.

Die nach Goldbach ausgeschilderte **Seepromenade** **06** führt am Badturm der ehemaligen Stadtbefestigung vorbei zurück zum **Westbahnhof von Überlingen** **01**.

AACHTOBEL

Einsame Waldfurche im Linzgau

11 km 3:45 h 215 hm 215 hm

START | Überlingen/Ernatsreute, Bushaltestelle, 540 m; Parkplatz in der Straße „Im Öschle"
[GPS: UTM Zone 32 x: 516.512 m y: 5.295.129 m]
CHARAKTER | Nur mäßige Anstiege. Ausreichend bezeichnete Wirtschafts- und Waldwege, Wanderwege und Pfade, kurze Abschnitte auf Wiesenspur und verkehrsfreiem Sträßchen.

Rund 120 m hat sich die Linzer Aach in die weiche Molasse eingegraben – auf einer Länge von 2 km. Unter Schutz steht nicht nur die eindrucksvolle Schlucht mit ihren steilen Felswänden, sondern auch die Vegetation, wie beispielsweise der Schluchtwald.

Der Richtungszeiger „Rundweg L 1" eröffnet bei der **Bushaltestelle in Ernatsreute** 01 die unvergessliche Tour durch den Linzgauer Prachttobel am Nordrand des Bodenseebeckens. Nach der Kapelle schwenken wir in die Straße „Im Öschle" ein. Stets dem Rundweg folgend geht's auf einem Feldweg, zwischendurch auf einer undeutlichen Wiesenspur, zum Weiler **Burghöfe** 02.

Ein stilles Sträßchen steigt nun nach Hohenbodman, wobei man zuletzt den auf einem Waldschopf stehenden Aussichtsturm pas-

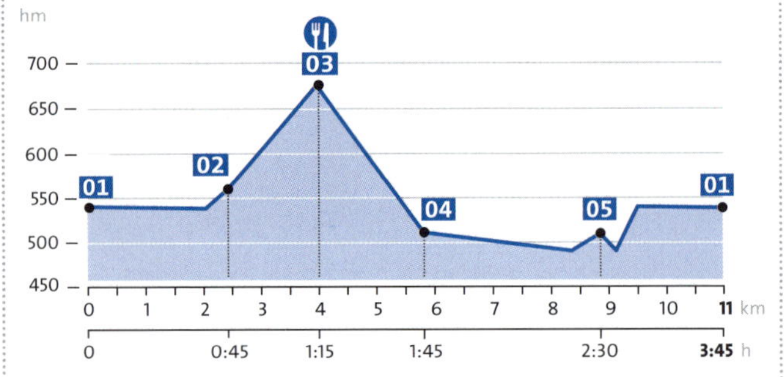

01 Ernatsreute, Bushaltestelle, 540 m, 02 Burghöfe, 560 m, 03 Hohenbodman, 673 m, 04 Aachtobel, 510 m, 05 Maria im Stein, 510 m

erdwangen-Schönach
Kränkenbrühl
m Bächle
630
Schwende
Wasserbach
561
Burgstall
Taisersdorf
672
In den Böttenäckern
Schwanen
574
In der unteren Krott
Beutenmühle
Im Rohrhaldenösch
Zinken
Segoderhof
602
Winterhald
520
Aach
Bärenweilerhöfe
Happenmühle
Hornberg
Staudamm
Nieder-weiler
660
Pfaffenbühl
17
04
537
Gailhöfe
Berghöfe
Bascheshof
Neuhof
Riedhöfe
514
Simonshof
Fitzenhaus
Häusern
Tobel
Ried
Adler
03
Erlengraben
662
Hohenbodman
513
Brettobel
Kapelle Maria im Stein
Elisabethenhof (Felderhof)
Burghöfe
17
05
Steinhöfe
02
Böhlerhof
Bruck
544
Unzenreute
Hebsack
Bruckfelder Mühle
574
559
Ernatsreute
17
01
Schellenberg
wingen
Pfaffenhofener Mühle
530
Frohnholz
Schönbuch
Wacken-hausen
Oberhof
522
Neues Haus
497
Neuhof
Hippmanns-felderhof
bergerhof
Heffhäusle
Hagenweiler
zum Schwert
BAMBERGEN
Eichholz
Auenbach
521
0
500 m
Reutemühle
Haustierhof
Spitalweiher
Reutehöfe
512

siert. Eine kleine Besichtigung des hochgelegenen und blitzsauberen Owinger Ortsteils **Hohenbodman** 03 lohnt sich. Man bummelt dabei am Tiefbrunnen, der bis zum Jahr 1906 der Wasserversorgung diente, an dem mit Schindeln gedeckten Kapellenturm und am letzten Widder vorbei, der 16 Jahre lang das Wasser den Berg hinaufpumpte, zur nunmehr hohlen Hohenbodmaner Linde am Dorfende. Das Alter der Sommerlinde wird von den Experten ganz unterschiedlich auf 400 bis 1000 Jahre geschätzt. Die Linde hat einen Stammumfang von 10 m und ist etwa 11 m hoch.

Zurück am Ortsbeginn folgen wir einem Wirtschaftssträßchen, im weiteren Verlauf einem mit rotem Kreuz markierten Waldweg hinunter in den verschwiegenen **Aachtobel** 04, wobei sich ein hübscher Ausblick über das Linzgauer Hügelland ergibt. Kurz vor dem Damm des Regenrückhaltebeckens weist das Schild „Maria im Stein“ auf einen stimmungsvollen, meist flachen Pfad am Bachufer, der gelegentlich von einem breiteren Wanderweg abgelöst wird und durch Rutschungen bedroht ist.

Der urtümliche Tobel, abschnittsweise von steilen Felsen bewacht, zeigt in diesem Bereich eine breite Sohle, später verengt er sich. Der schöne und einsame Weg entführt nun durch heute nur noch selten anzutreffende natürliche Auwaldbestände.

Bald nach einem Uferwechsel mittels eines Eisenstegs folgt ein kleiner Gegenanstieg zur Kapelle **Maria im Stein** 05 mit geräumigem Andachtspavillon und winziger Grotte unter einer Sandsteinwand. 1809 stürzten hier zwei Pferde mit einem Karren auf das Dach des früheren Kirchleins ab, wobei die beiden Tiere auf wunderbare Weise unverletzt blieben.

Nach einer besinnlichen Rast gehen wir zurück über den Steg und bergauf zur Einmündung in die bekannte Route nach **Ernatsreute** 01.

Wildromantisch: der Aachtobel bei Hohenbodman.

WALLFAHRTSKIRCHE BIRNAU

Im Delta der Seefelder Aach

10,5 km 2:45 h 55 hm 55 hm

START | Oberuhldingen, Bahnhof mit Parkplatz, 410 m [GPS: UTM Zone 32 x: 518.629 m y: 5.287.094 m]
CHARAKTER | Kleine Steigung. Vorbildlich beschilderte Fußgänger- und Forstwege sowie Anliegersträßchen.

Die Wallfahrtskirche Birnau ist eine bekannte Barockkirche an der Westroute der Oberschwäbischen Barockstraße. Baumeister war der Vorarlberger Peter Thumb.

Am **Bahnhof von Oberuhldingen** 01 beginnt unsere gemütliche Wanderung zur Wallfahrtskirche Birnau. Das Schild „Pfahlbaumuseum" leitet durchs Dorf und ein Fußgängerweg zum Freibad in Unteruhldingen.

Nebenan zeigt das älteste **Archäologische Freilichtmuseum** 02 Süddeutschlands die größte Pfahlbauten-Rekonstruktion Europas.

Wir gehen zurück, bis der mit dem Symbol des Bodensee-Rundwegs ausgewiesene Aachweg abzweigt. Die ganz in der Nähe mündende Seefelder Aach hat im Laufe der Zeit das Aach-Delta aufgeschüttet. Entstanden sind Schilfröhrichte und Pfeifengraswiesen, Trockenrasen und Hochstaudenriede – ein Refugium zahlreicher Wasservögel. Über die Aachbrücke und durch prächtigen Auwald kommen wir nach **Seefelden** 03.

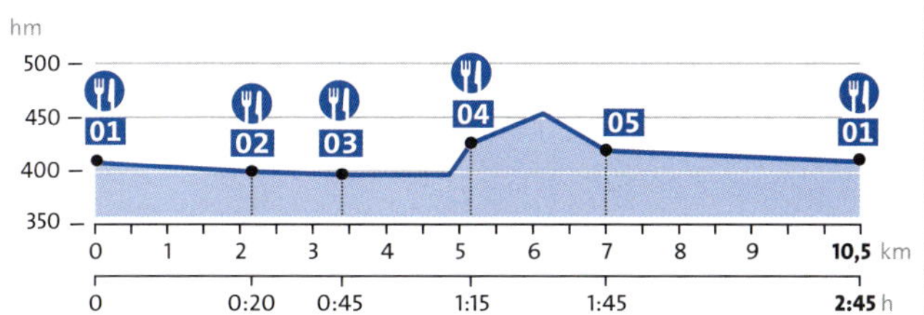

01 Oberuhldingen, Bahnhof, 410 m, 02 Archäologisches Freilichtmuseum, 400 m, 03 Seefelden, 398 m, 04 Wallfahrtskirche Birnau, 425 m, 05 Obere Nellenfurter Weiher, 420 m

Die Wallfahrtskirche Birnau.

Man passiert die Kirche und hat auf einem Anliegersträßchen nach Obermaurach das Seeufer als Begleiter. Auf einer ansteigenden Straße ist es nicht mehr weit zur **Wallfahrtskirche Birnau** **04**. Die von Rebhängen umgebene ehemalige Klosterkirche St. Marien, ein barockes Kleinod, beschert eine ausgezeichnete Schau über den lang gezogenen Überlinger See und über Obermaurach zur Uhldinger Bucht.

Auf dem Wanderweg Richtung Nellenfurt gelangt man jetzt durch eine enge Röhre der B 31 zum Hofgut und Restaurant Birnau, dem Oberhof. Ein Forstweg führt über eine Waldkuppe in die Senke des Nellenflurbachs. Dort lohnt der seerosengeschmückte **Obere Nellenfurter Weiher** **05** wegen des romantischen Farbenspiels einen kleinen Abstecher ans Gegenufer.

Danach schwenkt man Richtung Oberuhldingen ab und bummelt am unteren Nellenfurter Weiher und durch ein Wiesentälchen am Kaltenbrunnweiher vorbei sanft talwärts nach **Oberuhldingen** **01**.

Zwischen den rekonstruierten Häusern des Pfahlbaumuseums spitzelt in der Mitte die Wallfahrtskirche Birnau hindurch.

Pfahlbaumuseum Unteruhldingen/Bodensee

Seit 2011 zählen die Pfahlbauten am Bodensee zum UNESCO-Weltkulturerbe „Prähistorische Pfahlbauten rund um die Alpen". Neben den vier Dorfanlagen aus der Stein- und Bronzezeit sind im Ausstellungsgebäude des Pfahlbaumuseums und Forschungsinstitutes Unteruhldingen viele Originalfunde ausgestellt. Spektakulär ist das **Archaeorama**, das Besucher auf einen virtuellen Tauchgang mit den Taucharchäologen mitnimmt. Auf einem Rundgang durch das lebendig gestaltete **Freilichtmuseum** geben altersgerechte Führungen Einblicke in das Leben der Menschen in früheren Zeiten. Verblüffend echt wirken die Figuren des Künstlers Gerry Embleton: Pfahlbauern, Handwerker, Krieger, Schamanen, Priesterinnen, Haustiere ... Die Bauten der Jungsteinzeit gehen auf das 4. bis 3. vorchristliche Jahrtausend zurück, jene aus der Spätbronzezeit auf die Urnenfelderkultur des 11. bis 9. Jhs. v. Chr.
Öffnungszeiten: April – Sept. tägl. 9–18.30 Uhr, Okt. tägl. 9–17 Uhr, im Winter eingeschränkte Öffnungszeiten (siehe Homepage).
www.pfahlbauten.de

AFFENBERG SALEM

Wo noch Adebar auf dem Dach nistet

17 km | 4:30 h | 110 hm | 110 hm

START | Salem, Bahnhof mit Parkplatz, 435 m
[GPS: UTM Zone 32 x: 522.216 m y: 5.289.408 m]
CHARAKTER | Kleine Steigungen. Ausreichend beschilderte Wirtschafts-, Forst- und Fußgängerwege, kurze Abschnitte auf Sträßchen und Pfad.

Treffpunkt für die bequeme Weiherwanderung ist der **Bahnhof Salem** 01. Wir begeben uns erst einmal in den Hauptort Mimmenhausen. Nach der Sparkasse weist der blaue Punkt in die Straße „Im Winkel". Vom Ortsende begleitet ein Fußweg die Landstraße nach Uhldingen. Wo der von Schilf umschlossene Billafinger Weiher endet, wählt man den Wirtschaftsweg am Gegenufer zum **Martinsweiher** 02 und zum Markgräfinweiher. Am Ende des zweiten Weihers stößt man auf den **Prälatenweg** 03. Hier biegt man nach links Richtung Mendlishausen ab, der Affenberg ist ausgeschildert. Nach kurzem Abschnitt auf einem Sträßchen geht es geruhsam auf einem Forstweg weiter. Zuletzt treffen wir auf einem Pfad am Storchenweiher mit Damwildanlage in Mendlishausen ein. Hier nisten rund 60 Störche auf den Hausdächern und lassen sich durch die Besucherscharen nicht aus der Ruhe bringen.

Vom Ort ist es nicht mehr weit zum **Affenberg Salem** 04, Deutschlands größtem Affenfreigehege. Auf gleichem Weg geht

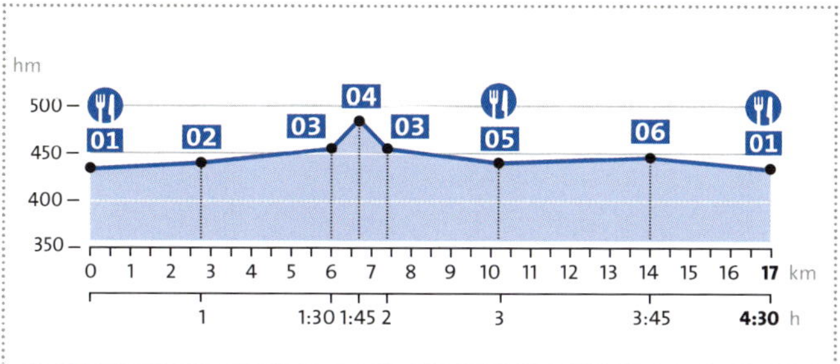

01 Salem, Bahnhof, 435 m, **02** Martinsweiher, 440 m, **03** Prälatenweg, 456 m, **04** Affenberg Salem, 487 m, **05** Schloss Salem, 443 m, **06** Fischerhaus, 445 m

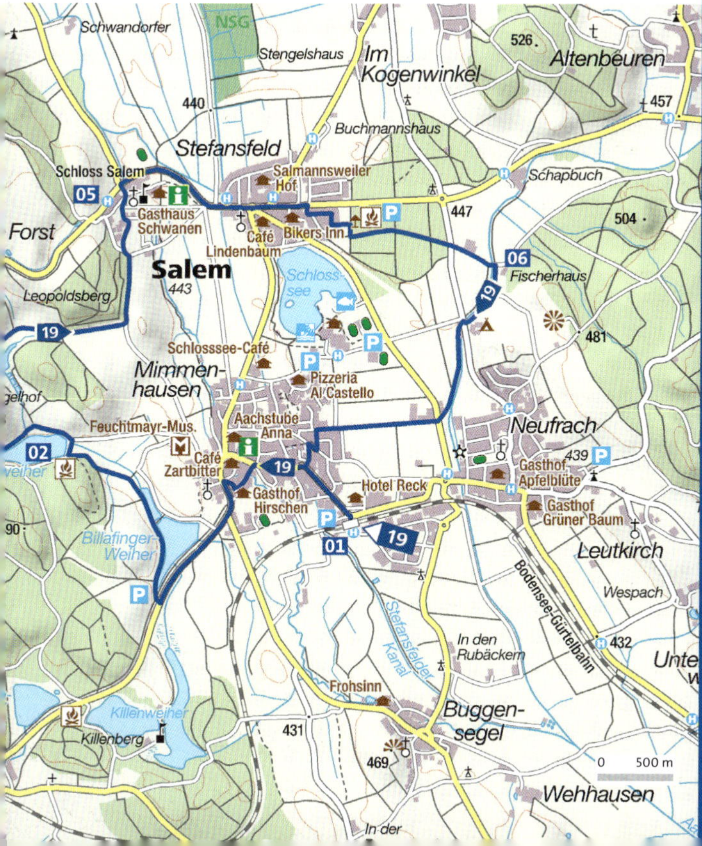

Affenberg Salem

Auf dem Affenberg leben in einem 20 ha großen Waldgebiet über 200 Berberaffen. Da das Klima mit dem in ihrer Heimat vergleichbar ist, können die Tiere das ganze Jahr über im Freigelände leben. Die Tiere stehen auf der Liste gefährdeter Arten, der Affenberg leistet somit einen wertvollen Beitrag zur Bestandssicherung. Es lohnt, sich nach den Fütterungszeiten zu erkunden. Die Vorfahren der Berberaffen waren ursprünglich nicht nur in Marokko und Algerien beheimatet, sondern bis vor 75.000 Jahren auch am Schwäbischen Meer. Öffnungszeiten: Mitte März bis Anfang Nov. 9-17/18 Uhr www.affenberg-salem.de

es nach dem Besuch zurück zum **Prälatenweg** **03**. Diesem folgen wir und kommen an einem fünften, sichelförmigen Weiher vorbei und überqueren auf einem Waldweg eine Kuppe zum **Schloss Salem** **05**, ehedem ein Zisterzienserkloster. Die Zahl der interessanten Sehenswürdigkeiten – Münster, Klosteranlage, Schlosspark und verschiedene Museen – ist fast schon erdrückend. Der Fußgängerweg Richtung Salem leitet neben der Landstraße zum Ortsteil Stefansfeld. Dort richten wir uns nach dem Wanderwegweiser „Altenbeuren" und achten in der Deggenhauser Straße auf den blauen Punkt.

Der flache Waldlehrpfad entführt uns ins Waldgebiet Hart. Auf einem Sträßchen queren wir die Kreisstraße von Neufrach sowie die Deggenhauser Aach. Beim schmucken Anwesen **Fischerhaus** **06** wechselt man auf den S 3, kreuzt bei einem Einzelhof auf der Bachbrücke abermals die Kreisstraße und trifft, auf einem Wirtschaftsweg auch noch die Landstraße querend, wieder in Salem ein. Die Wanderung endet wieder am **Bahnhof Salem** **01**.

Storchennester zieren die Hausdächer von Mendlishausen.

SCHWEDENSCHANZE

Verschwiegene Burgplätze über dem Salemer Tal

13 km | 4:00 h | 240 hm | 240 hm

START | Heiligenberg, Bushaltestelle am Postplatz, 726 m; beschilderter Parkplatz nach dem Haus Hohenstein [GPS: UTM Zone 32 x: 523.328 m y: 5.269.228 m]
CHARAKTER | Mäßig steiler Aufstieg zur Schwedenschanze. Gut bezeichnete Forstwege und Pfade, kurzes Sträßchen.

Die Wanderung startet in **Heiligenberg** 01 unweit des Postplatzes. Dort markiert beim Schloss-Cafe das rote Kreuz den Beginn unserer waldreichen Höhenwanderung über dem Salemer Tal. Die Hohensteinstraße und Clavelstraße leiten zum Ortsrand, wo uns ein Forstweg aufnimmt. Ein kleiner Abstecher führt zum **Belle-Vue-Platz** 02 mit überraschendem Bodenseeblick.

Zurück auf der Hauptroute fällt der Weg allmählich ab. Bei einem kleinen Unterstand findet man den Hügel der Stammburg **Altheiligenberg** 03. Hier hat man Fundamentreste eines Wohnturms entdeckt. Diese gehörten einst zur Burg der Grafen von Heiligenberg, die später in den Ort verlegt wurde.

Wir gehen zurück bis zur Abzweigung nach Rickenwiesen und

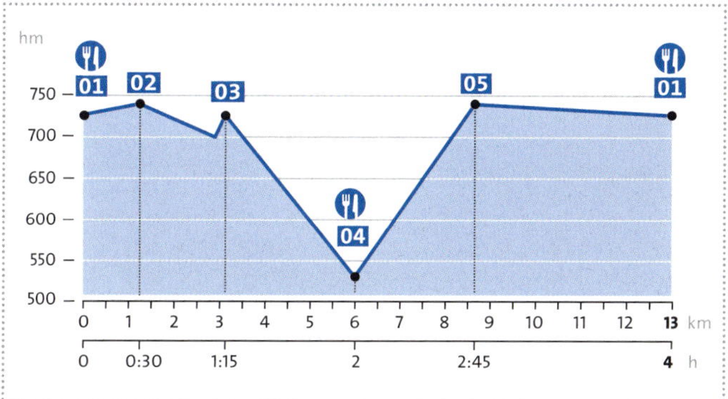

01 Heiligenberg, 726 m, 02 Belle-Vue-Platz, 740 m, 03 Altheiligenberg, 727 m, 04 Rickenwiesen, 530 m, 05 Schwedenschanze, 740 m

Über einsame Waldeshöhen.

wählen den Wanderweg W 5. Der weiterhin kurvige Abstieg hat teilweise ein Bächlein als Begleiter. Wo der W 5 scharf bergwärts abknickt, wechseln wir auf den Rundweg Nr. 4. Stets talwärts haltend kommt man nach **Rickenwiesen** 04. Der nun ansetzende neuerliche Aufstieg folgt erst dem verkehrsfreien Sträßchen Richtung Birkenweiler. Kurz vor den Häusern ist die Abzweigung des Forstwegs zur Schwedenschanze zu beachten.

In ein paar Windungen passieren wir einen Aussichtspunkt. Zwischen Baumstämmen spitzelt das Schloss Heiligenberg hindurch. Anschließend mündet unser Weg wieder in den W 5. Auf einem Waldweg erreichen wir schließlich die auf einem Bergsporn liegende **Schwedenschanze** 05 mit markantem Wall- und Grabensystem.

Der richtige Name der möglicherweise nie von Schweden besetzten Anlage ist Frickinger Ringburg. Hier verteidigten sich wahrscheinlich bereits im 4. Jh. die Linzgauer gegen die Römer. Die einstige Höhenburg, eine wohl recht einfache Art, dürfte auf das 9. Jh. und die Frickinger Grafen zurückgehen.

Ein reizvoller Pfad führt uns im weit ausholenden Bogen über den zu Beginn benützten Höhenzug zurück nach **Heiligenberg** 01.

WEINKUNDEWEG NACH HAGNAU

Den Puls des Schwäbischen Meers spüren

10 km | 2:30 h | 60 hm | 60 hm

START | Meersburg, Bushaltestelle am alten Kino, 444 m; Parkplatz nebenan in der Schützenstraße
[GPS: UTM Zone 32 x: 520.49 m y: 5.282.427 m]
CHARAKTER | Bestens beschilderte Wirtschaftswege und Uferpromenaden mit kaum spürbaren Anstiegen.

Die badische Kleinstadt zählt zu den Hauptsehenswürdigkeiten am Bodenseenordufer. Unvermittelt steigt die Unterstadt vom Wasser auf. Wahrzeichen sind die trutzige Burg und daneben das barocke Schloss. Verschachtelt und verwinkelt türmt sich die an den Sonnenhang gebaute Oberstadt, in deren Gassen man noch heute einen Hauch Mittelalter verspürt.

Das Schild „Höhenweg Hagnau über Wetterkreuz" verweist am **Obertor in Meersburg** 01 auf den Bodensee-Rundwanderweg. Nach dem Staatsweingut Meersburg vermittelt der meist flache Meersburger Weinkundeweg (ein geteerter Wirtschaftsweg) Wissenswertes über den Weinbau und natürlich auch über die verschiedenen hier angebauten Rebsorten. Dieser Abschnitt unseres Weges erschließt einen der faszinierendsten Bereiche des Nordufers.

Am **Wetterkreuz** 02 mit der vergoldeten Figur des Christusbrunnens erwartet uns ein prächtiges Rastplätzchen. Die Panoramatafel erklärt die Bergwelt rund um den Bodensee. Weiter geht es durch die von der Sonne verwöhnten Weinberge über dem Bodensee. Die **Kriegsgräberstätte Lerchen-**

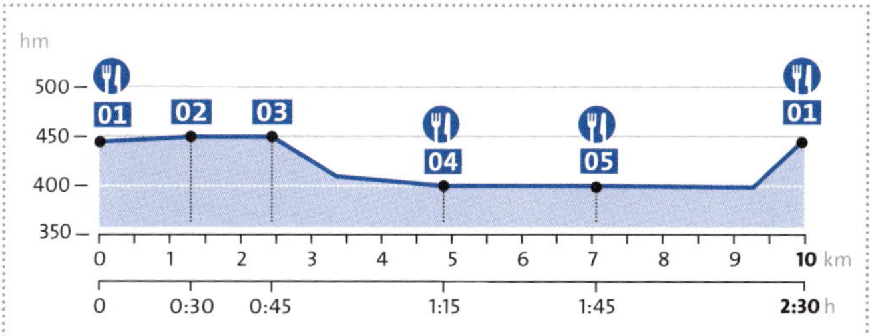

01 Meersburg, Obertor, 444 m, 02 Wetterkreuz, 450 m, 03 Kriegsgräberstätte Lerchenberg, 450 m, 04 Hagnau, 398 m, 05 Gut Haltnau, 398 m

berg 03 überwältigt abermals mit einem traumhaften Ausblick. Hier möchte man zum Dichten anfangen! Wir bleiben im weiteren Verlauf auf dem geteerten Weg, dem HW 9, bis die Tafel auf einen Wanderweg lenkt.

In einem Waldtobel überschreiten wir auf einem Fußgängersteg ein leise plätscherndes Bächlein, dann leiten Holzschwellen nach **Hagnau** 04. Ein Schild weist zur Schiffslände.

Der zurückführende Weinkundeweg folgt nun der stillen Uferpromenade, vorbei am **Gut Haltnau** 05. Paradiesische Badeplätze verleiten im Sommer immer wieder zu Pausen. Nach den Yachthäfen „Meersburger Yachtclub" und „Waschplätzle" treffen wir wieder in **Meersburg** 01 ein.

Über der Unterstadt thront die Meersburg.

VON HAGNAU NACH IMMENSTAAD

Herrliche Ausblicke auf die Bergwelt jenseits des Sees

13 km 3:45 h 55 hm 55 hm

START | Hagnau, Bushaltestelle beim Hotel Drei König, 423 m; beschilderter Parkplatz in der Winzerstraße [GPS: UTM Zone 32 x: 524.024 m y: 5.280.468 m]
CHARAKTER | Kleine Steigungen. Gut beschilderte Fußgänger-, Wander- und Wirtschaftswege, kurze Sträßchen.

Eine bequeme und durch glanzvolle Ausblicke bereicherte Obstgarten-Exkursion, die im liebenswerten Winzer- und Fischerdorf Hagnau beginnt.

Startpunkt ist das **Bodenseehotel Drei König** 01. Die Dr.-Fritz-Zimmermann-Straße führt am auffallenden Fachwerkhaus Pauli's Keltenschenke bergab zum Bodensee-Rundwanderweg, auf dem wir das Rathaus passieren.

Am langen Badestrand wechselt der Promenadenweg in einen Wanderweg. Nach dem Strandbad geht man durch einen Campingplatz, danach am Hafen und unter dem Schloss Kirchberg mit seinem Rebhang vorbei. Über eine Bachbrücke und weiter an teilweise von Waldstreifen gesäumten Traumbuchten entlang erreicht man schließlich den Ortsteil **Kippenhorn** 02 und wenig später den einladenden Hauptort **Immenstaad** 03, das östlichste badische Bodenseedorf.

Von der Schiffslandestelle bummeln wir die Bachstraße bergan

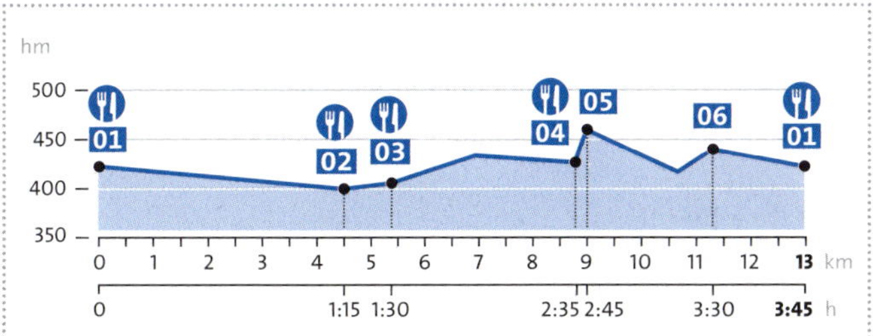

01 Hagnau, Bodenseehotel Drei König, 423 m, 02 Kippenhorn, 398 m, 03 Immenstaad, 407 m, 04 Kippenhausen, 428 m, 05 Hohberg, 460 m, 06 Frenkenbach, 440 m

ins Zentrum und am Gasthaus Hirschen rechts in die Hauptstraße. Bei der Volksbank wählen wir die Dr.-Zimmermann-Straße, im weiteren Verlauf rechts die Fritz-Kopp-Straße und dann links die Happenweilerstraße zum Ortsende. Dort wandert man auf geteertem Wirtschaftsweg Richtung Bürgberg. An der Verzweigung bei einem Flurkreuz lenkt die Tafel „Ittendorf" über Obstplantagen. Ab

Mole in Immenstaad: Blick über den See auf die Schweizer Alpen.

einer Wegspinne folgt man stets dem Apfelweg, einem Obst-Lehrwanderweg.

Man quert die Kreisstraße von Immenstaad und kommt nahe des Schlosses Hersberg zum südlichen Ortsrand von **Kippenhausen** **04**.

Wenig später steigt an Weinbergen und einem Damwildgehege vorbei ein Wanderweg-Abstecher über Steinstufen zur Panoramatafel auf dem **Hohberg** **05**. An klaren Tagen genießt der Wanderer auf dem eiszeitlichen Drumlin mit Wasserspeicher einen bis zu 150 km weiten Rundblick: von der Zugspitze über Allgäuer Alpen und Bregenzerwald, Rätikon und Alpstein, Glarner und Urner Alpen bis zu den Berner Alpen.

Anschließend spazieren wir wieder über Rebhänge, danach erneut zwischen Apfel- und Birnen-, Zwetschgen- und Schattenmorellenbäumen hindurch. Zwischendurch mit einem kaum befahrenen Sträßchen vorlieb nehmend gelangen wir zum Weiler **Frenkenbach** **06** mit dem alten Kirchlein St. Oswald und Otmar. Nun verlassen wir den Apfelweg und gehen auf einem Sträßchen zurück nach **Hagnau** **01**.

Damwildgehege am Hohberg bei Kippenhausen.

GEHRENBERG • 754 m

Überwältigendes Dreiländer-Alpenpanorama

14 km | 4:00 h | 330 hm | 330 hm

START | Markdorf, Bahnhof mit Parkplatz, 430 m
[GPS: UTM Zone 32 x: 529.289 m y: 5.284.977 m]
CHARAKTER | Längere unterschiedlich steile Aufstiege. Meist gut beschilderte Pfade und Forstwege, kurze Abschnitte auf ruhigen Sträßchen.

Unser über 300 m hoher Aufstieg zum stattlichen Gehrenberg am Ostrand des Linzgaus startet am **Bahnhof in Markdorf** 01, der Stadt der Türme und Tore. Der Wegweiser lenkt uns zu einer Ampelkreuzung. Danach geht es die Kleine Gasse bergan. Der Hexenturm mit seinem Staffelgiebel, früher Gefängnis und heute Handwerkermuseum, sicherte die Stadt nach Süden.

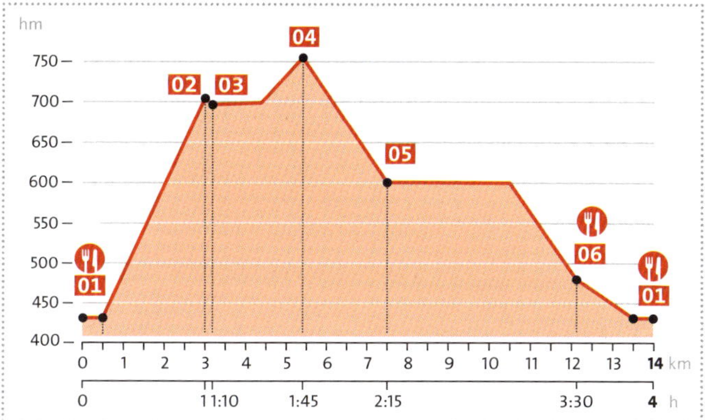

01 Markdorf, Bahnhof, 430 m, **02** Gehrenbergturm, 704 m, **03** Allerheiligen, 695 m, **04** Gipfelunterstand Gehrenberg, 754 m, **05** Wasserversorgung, 602 m, **06** Möggenweiler, 480 m

Nach der zur Pfarrkirche St. Nikolaus, dem Wahrzeichen der alten Stadt, ansteigenden Treppe achte man am Feuerwehrhaus vorbei auf den blauen Balken.

Vom oberen Ortsrand durchzieht ein Wiesenpfad hübsche Streuobstwiesen. Bevor man im Wald eintaucht, schaut man über den glitzernden Bodensee. Ein meist angenehm steigender Wanderweg quert nun zwei Forstwege und bei einer Grillhütte die nach Allerheiligen führende Kreisstraße. Unweit dieses von Feldern umgebenen Weilers steht neben einem Unterstand in offener Bauweise (Stahlgitterkonstruktion) der **Gehrenbergturm** **02**.

Die 149 Stufen der Eisentreppe bringen den Kreislauf nun endgültig in Schwung. Neben einem bei guter Fernsicht überwältigenden Alpenpanorama schweift das Auge von Markdorf über Konstanz und den Schweizer Seerücken mit dem Untersee, den Schiener Berg und die Höri bis zum Überlinger See, dem Bodanrück und zu den

Hegau-Vulkanbergen. Im Abstieg geht die Treppe allerdings spürbar in die Knie.

Ein Wirtschaftsweg bringt uns zum Ortsrand von **Allerheiligen** 03. Nach einer Straßenkuppe schlagen wir den mit blauem Kreuz bezeichneten Forstweg Richtung Gnadenau ein. Noch ein kleines Erholungsstück, dann nehmen wir den Schlussaufstieg zum **Gipfelunterstand** 04 mit kleinem Feuchtbiotop auf dem **Gehrenberg** in Angriff. Beim Abstieg passiert man einen weiteren Unterstand und wechselt an einer Wasserversorgung 05 auf den flachen, nach Möggenweiler beschilderten Forstweg (blauer Punkt).

Die gewohnte Bezeichnung lenkt beim letzten Unterstand auf einen fallenden Pfad, der bald wieder in den Forstweg mündet. Am Tobel des Muldenbachs entlang kommen wir nach **Möggenweiler** 06. Beim Kirchlein nehmen wir die Möggenweilerstraße und gelangen an Kreuzwegstationen vorbei wieder nach **Markdorf** 01.

Das Markdorfer Bischofsschloss.

ÜBER SCHNETZENHAUSEN NACH BERG

Friedrichshafens schönes Hinterland

15 km | 4:00 h | 60 hm | 60 hm

START | Friedrichshafen, Stadtbahnhof, 400 m; Parkplatz Richtung Jugendherberge [GPS: UTM Zone 32 x: 535.579 m y: 5.277.853 m]
CHARAKTER | Sanfte Steigungen. Meist beschilderte Fußgänger- und Wirtschaftswege, kaum befahrene Sträßchen.

Im überraschend stillen Hinterland der Bodensee-Metropole Friedrichshafen erwartet den unternehmungslustigen Wanderer ein Hügelland mit weit verstreut liegenden Stadtteilen und einem überzeugenden Wegeangebot. Allgegenwärtiger Begleiter hoch in den Lüften über dem azurblauen Bodensee ist das makellos weiße Riesenluftschiff *Zeppelin*.

▶ Bei der Zeppelin-Gedenksäule nahe des **Stadtbahnhofs Friedrichshafen** 01 suchen wir erst einmal die Uferpromenade auf und schlendern am Hafen vorbei zur doppeltürmigen Schlosskirche. Dort zeigt das Zeichen des Bodensee-Rundwanderwegs auf einen Spazierweg durch einen romantischen Uferwaldstreifen.

Nach dem Strandbad nehmen wir im Bereich hübscher Badebuchten den HW 7, den Oberschwaben-Schwäbische Alb-Weg, bergan zum Stadtteil **Seemoos** 02. Der rote Balken leitet zu einem ruhigen, flachen Sträßchen, das nach **Schnetzenhausen** 03 führt. In Richtung Raderach geht's nun auf einem Fußgängerweg neben der Kreisstraße über die

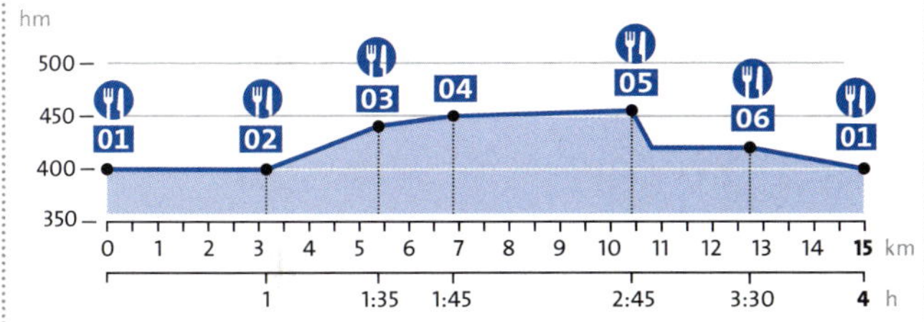

01 Friedrichshafen, Stadtbahnhof, 400 m, 02 Seemoos, 398 m, 03 Schnetzenhausen, 440 m, 04 Unterraderach, 450 m, 05 Berg, 455 m, 06 Jettenhausen, 420 m

Blick auf die Friedrichshafener Altstadt mit der Uferpromenade, im Hintergrund die Kirche St. Nikolaus.

B 31 und eine Kuppe zum Stadtteil **Unterraderach** 04. Am Wegweiser „Markdorf“ orientierend können wir gleich rechts auf einen Privatweg abbiegen. In die Schmalholzstraße schwenken wir abermals rechts ein und spazieren auf kaum befahrener Route über Streuobstwiesen. Im Schmalholz stoßen wir auf den mit rotem Kreuz markierten Wanderweg. Nach Überschreiten des Riedbachs deutet die Bezeichnung auf einen Wirtschaftsweg.

Man versäume zwischen einem Obstanbau und einem Maisfeld nicht die Abzweigung des ansteigenden Wanderwegs. Auf der Anhöhe von **Berg** 05 wechselt man

Blick von der Promenade in Friedrichshafen auf die Türme der Schlosskirche.

nach dem Queren der Kreisstraße bei der hoch thronenden Kirche auf den mit blauem Kreuz ausgewiesenen Kurs Richtung Friedrichshafen.

Ein geteerter Wirtschaftsweg leitet jetzt mit schönem Blick über die Stadt und den Bodensee, zwischen Obstplantagen den Rohrbach querend, hinunter zum Friedrichshafener Vorort **Jettenhausen** 06. Dank der zuverlässigen Markierung bereitet das Orientieren während des Finales auf einem Fußgängerweg durch ein bewaldetes Naherholungsgebiet hinein nach Friedrichshafen und zurück zum **Stadtbahnhof von Friedrichshafen** 01 keinerlei Probleme.

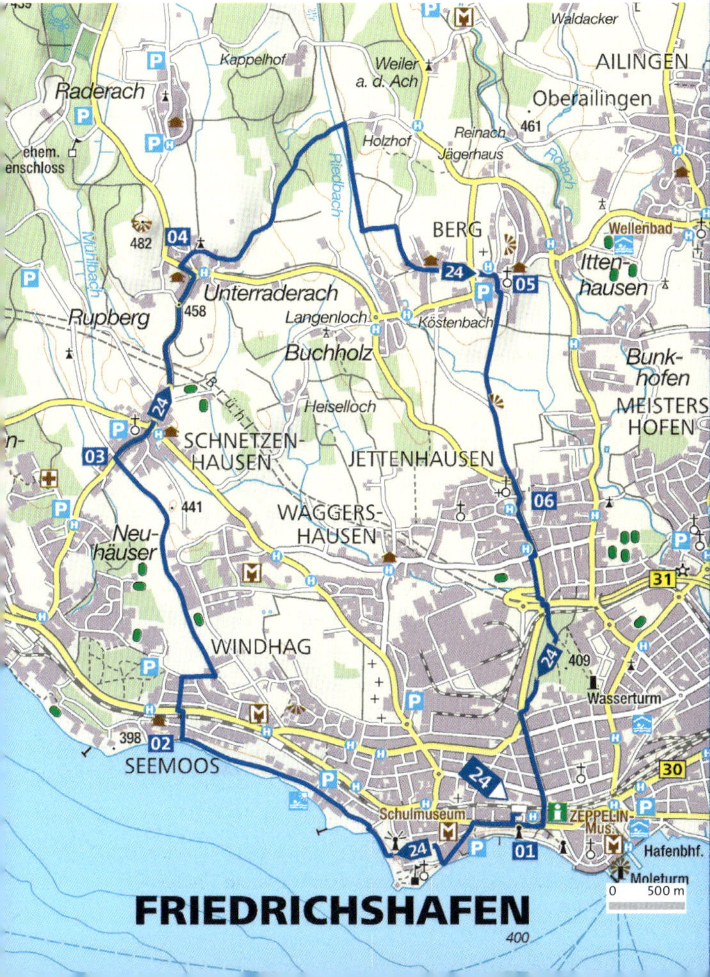

HALDENBERG-KAPELLE

Weiler und Einöden zwischen Rotach und Schussen

16 km 4:15 h 100 hm 100 hm

START | Oberteuringen, Bushaltestelle bei der Kirche, 451 m; beschilderter Parkplatz nahe der Post
[GPS: UTM Zone 32 x: 535.433 m y: 5.285.911 m]
CHARAKTER | Kleine Anstiege. Meist beschilderte Wirtschaftswege und stille Sträßchen, kurzer Wanderweg und Pfad.

Eine abwechslungsreiche Rundtour zwischen den Tälern von Rotach und Schussen führt auch in das Naturschutzgebiet Altweiherwiesen.

▶ Die Wanderung beginnt bei der **Kirche in Oberteuringen** 01. Der blaue Punkt lenkt nördlich in die Rüttlenäckerstraße. An einer Wertstoffecke nehmen wir den Fußgängerweg durch die Landstraßenunterführung und anschließend das verkehrsfreie Sträßchen ins Naturschutzgebiet Altweiherwiesen.

Röhrichtzonen wechseln in der Moorsenke mit Gehölzflecken. Ausgebildet wurde diese auffallend breite Schleife eines langen Talzugs, der von der Schussen bis ins Salemer Becken verläuft, durch einen nacheiszeitlichen Stausee-Überlauf. Tonige Sedimente förderten die Entstehung

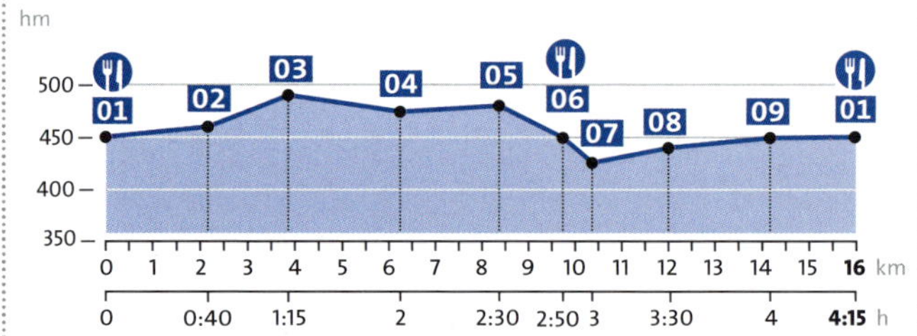

01 Oberteuringen, Kirche, 451 m, 02 Wammeratswatt, 460 m, 03 Krehenberg 490 m, 04 Lindenholz 477 m, 05 Haldenberg-Kapelle, 479 m, 06 Ailingen, 450 m, 07 Reinach, 425 m, 08 Weilermühle, 440 m, 09 Rammetshofen, 447 m

Weiler bei Neuhaus
Ziegelmühle
Deutsche Alleenstraße
Sederlitz
Adler
Neuhaus
Hefigkofen
Taldorf
475
Reute b. Taldorf
Althaus
33
Galgenhalde
Rotach
Bibruck
Rosel
NSG
449
Lempfriedsweiler
Ellen
450
01
25
Altweiherwiesen
Wammeratswatt
02
Die Post
Oberteuringen
451
Huiweiler
Batzenw
496
492
Rammetshofen
Blankenried
03
Krehenberg
487
Bette
Lehhorn
09
Zillisbach
476
Wirgetswiesen
Martinshof
Lindenholz
04
463
Unter-
Ober-
-lottenweiler
Walten-weiler
08
Weilermühle
Waldacker
Lochenried
Höhler
Habratsweiler
Weiler a. d. Ach
AILINGEN
Oberailingen
479
430
461
05
Hirschlatt
Holzhof
Reinach
Jägerhaus
07
06
Wolfenhof
Wellenbad
BERG
Unterailingen
Itten-hausen
Hagendorn
Kostenbach
Großbuch
Bunk-hofen
Wiggenhausen
MEISTERS-HOFEN
Neues Messe-gelände
ETTENHAUSEN
ALLMANN
0
500 m
Bodensee Airport Friedrichshafen
DORNIER-Museum

Die Oberteuringer Kirche fällt durch ihren schmalen Spitzturm ins Auge.

eines Niedermoores. Nachdem der später gestaute Fischweiher verlandet war, nutzten die Bauern das Feuchtland als Streuwiese. Heute stellt das ungestörte Naturreservat mit seinen Seggenrieden, Bächen und kleinen Stillgewässern ein artenreiches Rückzugsgebiet bedrohter Flora und Fauna dar.

Wir setzen die geruhsame Wanderung fort nach **Wammeratswatt** 02, wo uns ein Wirtschaftsweg aufnimmt. Nach kleinem Waldaufstieg treffen wir, wieder auf einem stillen Sträßchen, im Weiler **Krehenberg** 03 ein.

Die Blaupunkt-Route verlassen wir erst nach der Einöde Zillisbach in Wirgetswiesen, wo Hopfen angebaut wird. Ein Feldweg, später eine Wiesenspur, führen nach **Lindenholz** 04. Dort quert man Richtung Friedrichshafen eine Landstraße und genießt auf einem Feldweg zwischen Obstanlagen einen schönen Blick über das Schussental.

Auf einem Höhenzug passiert man die Höfe Lochenried und Höhler, bevor man zum Aussichtspunkt mit der **Haldenberg-Kapelle** 05 kommt: Tettnang und Friedrichshafen breiten sich vor uns aus und über dem Bodensee besticht die Vorarlberger und Schweizer Gipfelwelt. Die Kapelle wurde 1921 als Gedächtniskapelle für die Gefallenen des Ersten Weltkriegs errichtet.

In Kürze bringt uns eine Wiesenspur bergab nach **Ailingen** 06. Am Kindergarten wandern wir rechts durch den Haldenweg in die Ortsmitte, biegen links ab und beim Hotel Adler rechts in den Reinachweg, der zum Weiler **Reinach** 07 führt.

Das blaue Kreuz lenkt auf einen kurz ansteigenden Wanderweg. Oberhalb einer Bachschleife kommen wir nach **Weilermühle** 08. Ein kleines Stück fällt der Weg wieder, dann schleicht ein Pfad durch das noch unverfälschte, bewaldete Bachtal. Auf einem Wirtschaftsweg über Apfel- und Tomatenplantagen treffen wir in **Rammetshofen** 09 ein.

Die letzten 2 km zur **Kirche von Oberteuringen** 01 sind dann zügig zurückgelegt.

SCHUSSEN UND ERISKIRCHER RIED

Meere von Iris sibirica

15 km 3:45 h 15 hm 15 hm

START | Eriskirch, Bahnhof mit Parkplatz, 401 m
[GPS: UTM Zone 32 x: 539.582 m y: 5.275.157 m]
CHARAKTER | Meist bezeichnete Wirtschafts-, Forstwege und verkehrsfreie Gemeindesträßchen ohne Steigungen.

Im Mai und Juni sind im Naturschutzgebiet Eriskircher Ried weite Pfeifengraswiesen mit der Blauen oder Sibirischen Schwertlilie, der Iris sibirica, überzogen – eine botanische Augenweide in Blauviolett. Unsere komfortable Flachlandtour durchquert die besonders für Wasservögel bedeutsame Niedermoor-Deltalandschaft in ihrer gesamten Länge.

Vom **Bahnhof in Eriskirch** 01, gleichzeitig Naturschutzzentrum mit Dauerausstellung über die Natur des Bodenseeraums, gehen wir hinein ins Dorf und über die historische Holzbrücke. Zwischen einer Obstkultur und der Schussen leitet ein ruhiges Sträßchen an den Südrand des Naturschutzgebietes Eriskircher Ried und zu den Häusern von Gmünd. Am Ortsanfang überschreiten wir die Bahngleise und folgen einem Wirtschaftsweg.

Am Waldeck bei der **Schussenmündung** 02 in den Bodensee nehmen wir den Pfad zum Langenargener Ortsteil Schwedi mit gleichnamigem Hotel-Restaurant und Blick zum Schweizer Ufer. Wir gehen kurz zurück und über die Schussenbrücke.

Ein Teerweg erschließt den Auwald mit Altwasserarm und die

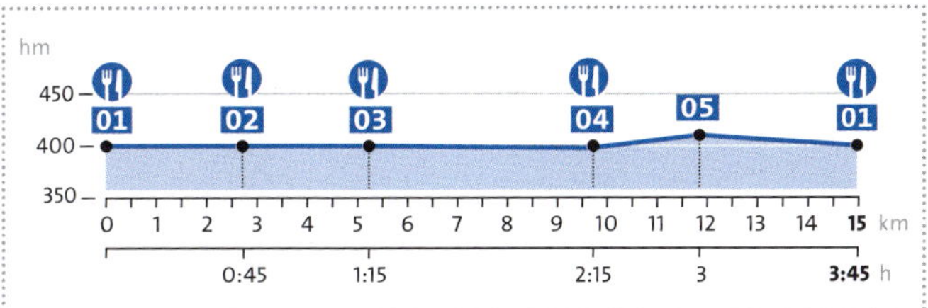

01 Eriskirch, Bahnhof, 401 m, 02 Schussenmündung, 397 m, 03 Eriskircher Ried, 397m, 04 Friedrichshafen, 400 m, 05 Unterbaumgarten, 410 m

Die historische Holzbrücke über die Schussen bei Eriskirch wurde 1828 erbaut und ruht auf Holzpfählen.

darauf folgenden Streuwiesen im **Eriskircher Ried** 03. Der Naturlehrpfad durch die weite Wildnislandschaft mit den unglaublich verschwenderischen Iristeppichen macht auf viele der hier vorkommenden über 500 Pflanzenarten sowie zahlreiche Tiergattungen aufmerksam. Ein kleiner Abstecher entführt uns zum Eriskircher Strandbad und nahen Grillplatz am sonnigen Kieselstrand. Bald nach der Rückkehr zur Hauptroute weist der blaue Punkt des Bodensee-Rundwanderwegs auf die anfangs ungeteerte Bahn durch den

Verschwiegene Schussenmündung.

Seeuferwald mit anschließender Schilfzone entlang des Flachwassergürtels.

Am Stadtrand von **Friedrichshafen** **04** dirigiert das Täfelchen „HW 4" auf einen Fußgängerweg, der neben der Landstraße die Bahn überquert, dann unter der Landstraßenbrücke hindurchführt und nach dem Klärwerk auf einen Forstweg wechselt. Der Rückweg durchquert den Seewald und schwenkt an dessen Ende rechts nach **Unterbaumgarten** **05** an der Schussen ab.

Ein verkehrsfreies Sträßchen führt über Obstwiesen mit Hopfenparzellen zurück nach **Eriskirch** **01**.

VON LANGENARGEN ZUR GIESSENBRÜCKE

Am Unterlauf der Argen

17 km | 4:15 h | 30 hm | 30 hm

START | Langenargen, Bahnhof mit Parkplatz, 398 m
[GPS: UTM Zone 32 x: 540.414 m y: 5.271.312 m]
CHARAKTER | Meist Fußgänger- und Wirtschaftswege.

Gegen Ende der Würmeiszeit nährte das Schmelzwasser des Rheingletschers zwischen Friedrichshafen und Kressbronn einen riesigen Stausee. Die später von der Argen transportierten Schuttmengen füllten das postglaziale Gewässer im Laufe der Zeit wieder zu. Das Argental steht heute wegen floristischer und geologischer Besonderheiten zu weiten Teilen unter Naturschutz.

Die Beschilderung am **Bahnhof Langenargen** 01 weist zum See, wo sich der kurze Abstecher auf der Seepromenade zu dem früher auf einer kleinen Insel angesiedelten Backsteinbau **Schloss Montfort** 02 anbietet. Der betagte König Wilhelm I. von Württemberg ließ 1861 die zur Ruine verfallene Wasserburg im maurischen Stil neu erbauen, seine „Villa Argena".

Wir wandern nun durch den Uferpark auf die Berge zu. Später zeigt uns das Symbol des Bodensee-Rundwegs die Richtung, erst auf Dorfsträßchen, dann auf einem Wanderweg zum ausgedehnten Badestrand der Malerecke. Am Landhaus entfernt sich

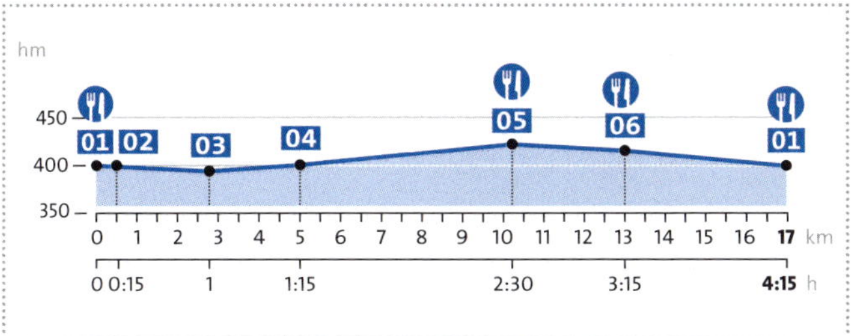

01 Langenargen, Bahnhof, 398 m, 02 Schloss Montfort, 397 m,
03 Argenmündung, 396 m, 04 Kabelhängebrücke, 400 m,
05 Gießenbrücke, 422 m, 06 Oberdorf 415 m

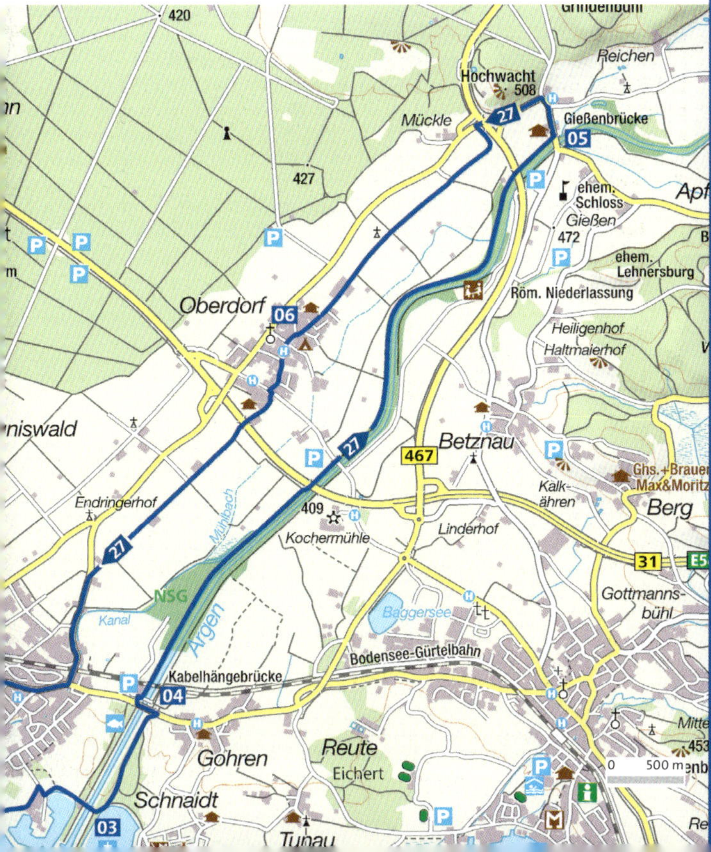

Argen-Stromschnellen.

die Wanderroute vom See. Von der Argenbrücke (ausschließlich für Fußgänger) geht's in Kürze zur sonnenverwöhnten **Argenmündung** 03 beim Bootshafen.

Zurück an der Fußgängerbrücke folgen wir dem Naturlehrpfad, einem Wirtschaftsweg, über den Argenfluss. Bei der 1896 erbauten **Kabelhängebrücke** 04 kehren wir ans Westufer zurück und unterqueren die Bahnbrücke. Durch den Auwald im Naturschutzgebiet Argen wandernd, laden über Stufen rauschende Stromschnellen immer wieder zu einer Pause ein. Wir gehen unter der B 31 hindurch, kreuzen eine Straße und erreichen nach der Unterführung der B 467 **Gießenbrücke** 05.

Ein Fußgängerweg leitet am Gasthaus Zollhaus vorbei, einem 1730 erbauten Erblehenhof der Grafen von Montfort, zum Ortsende. Dort benützen wir nochmals unter der B 467 hindurch kurz die Kreisstraße. Dahinter bringt uns ein im weiteren Verlauf asphaltierter Wirtschaftsweg zwischen Obst-, gelegentlich auch Hopfenkulturen, über **Oberdorf** 06 wieder bequem nach **Langenargen** 01.

Der Bootshafen von Langenargen.

NATURSCHUTZGEBIET BIRKENWEIHER

Wald- und Wiesenwanderung im Tettnanger Süden

15,5 km | 4:00 h | 120 hm | 120 hm

START | Tettnang, Bushaltestelle am Bärenplatz, 466 m; Parkplatz rechts in der ersten Querstraße der Storchenstraße [GPS: UTM Zone 32 x: 544.259 m y: 5.279.994 m]
CHARAKTER | Kleine Steigungen. Ausreichend markierte Forst-, Wirtschafts- und Fußgängerwege, kurze Abschnitte auf Pfad und Straße.

Ein für die stressgeplagten Lungen überaus wohltuender Ausflug durch den dicht gewebten und weitläufigen Nadelteppich des Tettnanger Waldes ins Tal der Argen erfreut mit der eigenwillig melancholischen Ausstrahlung der gut versteckt liegenden Streuwiesenlichtung Birkenweiher.

Wir nehmen beim **Bärenplatz in Tettnang** 01 die Storchenstraße und die erste Querstraße rechts. Das rote Kreuz weist den weiteren Kurs. Nach einem Abschnitt auf einem Wirtschaftsweg geht es nochmals durch ein Siedlungsgebiet und vom endgültigen Stadtrand auf einem Waldweg über eine Kuppe. In **Neuhäusle** 02 halten wir uns Richtung Laimnau und achten nach ganz kurzem Forstwegabschnitt auf die Kreuz-Bezeichnung. Die Route verschmälert sich später zum Pfad. Dieser mündet wieder in einen Forstweg, der zum **Naturschutzgebiet Birkenweiher** 03 führt.

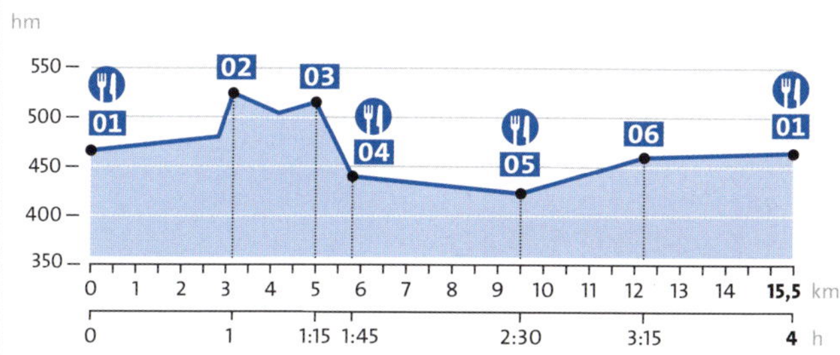

01 Tettnang, Bärenplatz 466 m, 02 Neuhäusle, 525 m, 03 Naturschutzgebiet Birkenweiher, 505 m, 04 Laimnau, 439 m, 05 Gießenbrücke, 422 m, 06 Waldspielplatz Vogelherd, 460 m

Das Naturschutzgebiet Birkenweiher.

Die Schwalbenwurzenzian-Pfeifengraswiese, von Wald-Drumlins umgeben, deckt eine fast 1 m dicke Seggenschilftorfschicht. Eine späte pflegerische Mahd dieser gebietsweise von Gräben durchzogenen Kleinseggenriedwiesen soll die hier heimischen Tagfalterarten und Widderchen (Schmetterlingsart) vor dem Aussterben bewahren.

Nach einem deutlichen Gefälle durchquert man am Bollerbach abwärts das Dorf **Laimnau** 04 und überschreitet die Argen. Auf der Anhöhe über der Einmündung des Bollerbachtals ins Argental befindet sich die mittelalterliche Wehranlage Drachenstein. Zwischen dem Flüsschen und Hopfenfeldern zum Weiler **Gießenbrücke** 05 folgen wir dem Fußgänger- und Radweg, im weiteren Verlauf einem Wirtschaftsweg.

Abermals legt sich die Argen quer. Ein weiterer Fußgängerweg bringt uns zum Ortsende. Dort weist der blaue Balken auf die ansteigende öffentliche Straße. Doch nicht lange, dann benützt die erholsame Wanderroute einen später mit rotem Balken bezeichneten Forstweg, der die Bundesstraße unterquert. Wir passieren einen Unterstand und den **Waldspielplatz Vogelherd** 06, bevor die ersten Häuser von Tettnang auftauchen.

Die Wandermarkierung leitet am Neuen Schloss vorbei zum **Bärenplatz in Tettnang** 01.

Dieglishofen
Irrmannsberg
Brünnensweiler
Herrgottsweiler
Ober-eisenbach
Bernau
Germertsweiler
Büchel
Montfort- u. Elektronik-mus.
Frohe Aussicht
Biggenmoos
Untereis
Neues Schl.
Baumgarten
Schwanden
Stiefel
Missenhardt
Waldhub
Ried
Wagnerberg
Schöneck
Zimmerberg
Holzhäusern
Venushalde
Neuhäusle
Oberhofer
Kapf
Reutenen
Argenhardt
Argenhardter Kapf
Iglerberg
Drackenstein
NSG
ehem. Ringburg
Wiesertsw
Grindenbühl
Reichen
Wiesach
Laimnau
Argen
Hochwacht
Mückle
Gießenbrücke
ehem. Schanze
Apflau
Gitzensteig
ehem. Schloss
Gießen
Burgruine Apflau
Rattenweil
ehem. Lehnersburg
Röm. Niederlassung
Wielandsweiler
Heiligenhof
Haltmaierhof
Unterwolfertsweiler
Schleinsee
Betznauer B.
Betznau
Großholz
0 500 m
01
02
03
04
05
06
28
467

VON TETTNANG NACH SIGGENWEILER

Erlebnis Hopfenpfad

10 km 3:15 h 170 hm 170 hm

START | Tettnang, Bushaltestelle am Bärenplatz, 466 m; Parkplatz rechts in der ersten Querstraße der Storchenstraße [GPS: UTM Zone 32 x: 544.259 m y: 5.279.994 m]
CHARAKTER | Kleine Anstiege. Gut bezeichnete stille Sträßchen, Pfade und Wirtschaftswege, kurze Wiesenspur.

Eine kurzweilige Runde durchs malerische Tettnanger Hopfenland. Rund um Tettnang wird seit 1844 Hopfen angebaut. Das Motto des Hopfenpfades lautet passend „vom Bauer zum Brauer". Und wer nach dem Lesen der Informationstafeln noch nicht genug über Hopfen weiß, der kann noch anschließend das Tettnanger Hopfenmuseum besuchen.

▶ Die Tour startet am **Bärenplatz in Tettnang** 01 auf der Storchenstraße. Wir biegen links in die Bahnhofstraße ein und folgen dem leicht steigenden Hopfenpfad. Ab dem Stadtrand wandern wir auf dem im weiteren Verlauf sich verflachenden HW 4, dem Main-Donau-Bodensee-Weg, über Obstplantagen zum Weiler **Bernau** 02.

Bei einem Hopfenanbau verlassen wir das stille Sträßchen und gehen auf einer Pfadspur ein Wieseneck aus. Ein anschließend wieder deutlicher Pfad erklimmt nun an einer Mariengrotte vorbei und durch eine Anpflanzung die **Brünnensweiler Höhe** 03, einen Drumlin mit Kapelle und heute gleichzeitig unserer höchster Punkt. Weit schweift von hier das Auge übers oberschwäbische Hügelland und südwärts zum Bodensee.

Wir begeben uns nun kurz hinab zu den Höfen von Brünnensweiler und nehmen bei den Wacholderzwillingen das verkehrsfreie Sträßchen nach **Herrgottsweiler** 04.

Erneut wechseln Hopfenanbau mit Niederstammkulturen. Gleich nachdem die Route zu fallen beginnt, weist die Balkenmarkierung auf einen Waldpfad. Am Waldende verlässt man die Fernwanderroute und bummelt auf einem Feldweg nach **Siggenweiler** 05 mit großer Käserei. Am hübschen Dorfweiher wählt man den Fußgängerweg der Hopfensteige bergauf zum Tettnanger Hopfenmuseum, wo sich in der Museumsgaststätte Bierstängel (im Museum) eine schwäbische Vesper einlegen lässt.

Der Hopfenpfad, ein Wirtschaftsweg und später kaum befahrenes Sträßchen, führt uns nun am **Feuchtbiotop Fildenmoos** 06 vorbei. Schautafeln vermitteln viel

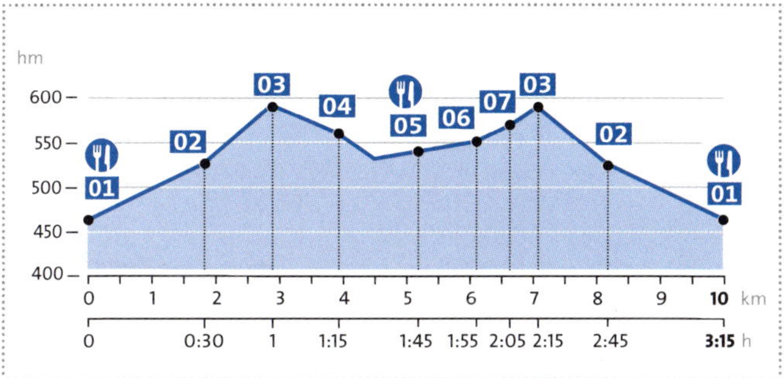

01 Tettnang, Bärenplatz, 466 m, **02** Bernau, 525 m, **03** Brünnensweiler Höhe, 590 m, **04** Herrgottsweiler, 560 m, **05** Siggenweiler, 540 m, **06** Feuchtbiotop Fildenmoos, 550 m, **07** Brünnensweiler, 569 m

Wissenswertes über die vor allem bei Verehrern des Gerstensaftes so beliebte Kulturpflanze. Das Verlandungsmoor geht auf ein vom Rheinvorlandgletscher hinterlassenes Toteisloch zurück und stellt heute einen wichtigen Brutplatz für bedrohte Wasservogelarten

sowie ungestörten Laichplatz für Amphibien dar. Bei den ersten Häusern von **Brünnensweiler** 07 biegen wir nochmals hinauf zur **Brünnensweiler Höhe** 03 und wandern auf dem bekannten Hinweg über **Bernau** 02 zurück nach **Tettnang** 01.

Das Alte Schloss in Tettnang wird heute als Rathaus genutzt.

Dorfidylle: der Weiher in Siggenweiler.

JÄGERWEIHER

Unterwegs auf dem Main-Donau-Bodensee-Weg und dem Heuberg-Allgäu-Weg

16,8 km | 4:45 h | 150 hm | 150 hm

START | Kirche von Bodnegg, Bushaltestelle beim Ristorante Engel (Parkplatz), 600 m
[GPS: UTM Zone 32 x: 551.684 m y: 5.284.291 m]
CHARAKTER | Gut bezeichnete Wirtschafts-, Waldwege, ruhige Sträßchen und Pfade (kurze Pfadspuren) ohne große Steigungen.

Diese amüsante oberschwäbische „Pfadfinderei“ beginnt unter der **Kirche von Bodnegg** 01. Wir halten uns beim Ristaurante Engel ganz kurz an die steigende Landstraße und folgen dem Pfarrweg, bis wir auf den Feldweg „Am Lindenbühl“ abzweigen können. Unten im Ortsteil Widdum queren wir auf einem Pfad die Landstraße und gehen in einem Siedlungsgebiet Richtung Rosenharz. Ein kleiner Abstieg, dann lassen wir uns vom roten Balken des HW 4 den nun beginnenden Waldweg zeigen. Nach einem kurzen Kreisstraßenabschnitt bringt uns ein Wirtschaftsweg über Felder mit einer Hopfenanpflanzung zum Weiler **Fricker** 02.

Ab den benachbarten Häusern von Steinhaus leitet ein ruhiges Sträßchen nach Linden und Richtung Tettnang talwärts zu den Häusern von Hinterreute. Auf einer Pfadspur schlendert man sodann über das Schwarzachbrück-

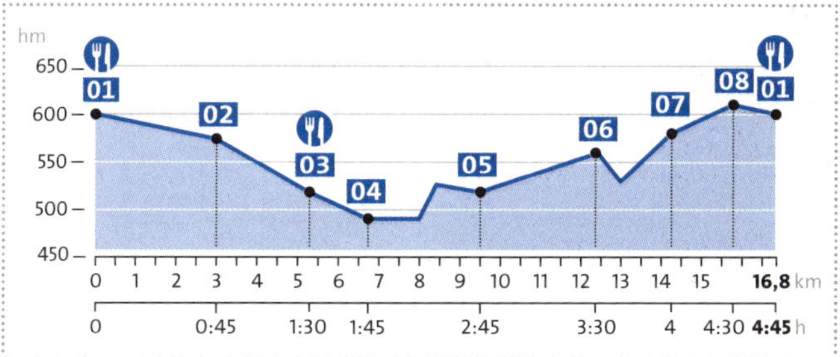

01 Bodnegg, Kirche, 600 m, 02 Fricker, 575 m, 03 Prestenberg, 520 m, 04 Arlenholz, 490 m, 05 Krumbach, 520 m, 06 Jägerweiher, 563 m, 07 Halden, 579 m, 08 Lachen, 610 m

lein nach **Prestenberg** 03. Nach zwei Kreisstraßenquerungen fällt ein Wanderweg zu einem querlaufenden Forstweg im **Arlenholz** 04. Auf diesem passiert man einen Fischteich und schwenkt an einer Verzweigung auf den HW 9 ab, den nach Wangen ausgeschilderten Heuberg-Allgäu-Weg.

Auf einem Waldweg geht's nun an einem Feuchtgebiet entlang zu ein paar außerhalb gelegenen Häusern von Obereisenbach. Dort kreuzt man die Landstraße und lässt sich vom roten Balken die weitere Route auf einem Waldwanderweg weisen. Bald nach dem Waldende schaltet sich zwischendurch eine Pfadspur ein, ebenso nach einer Straßenquerung. Ein Wirtschaftsweg bringt uns schließlich nach **Krumbach** 05.

An der Kirche deutet der Hauptwanderweg 9 wieder auf einen Waldweg. Dieser wird teilweise von einem Pfad abgelöst und leitet mit nochmaligem Kreuzen einer Kreisstraße über Schnaidt zum verborgenen Badeufer am **Jägerweiher** 06 (Naturschutzgebiet), der über einem Hangquellmoor aufgestaut ist.

Nach ausgiebiger Rast gehen wir ein Stück zurück und bleiben dem geradeaus führenden Forstweg treu. Bald verbindet ein ruhiges Sträßchen in leichtem Auf und Ab die Weiler und Einöden Tobel und Teschen sowie Oberwagenbach und **Halden** 07. Durch ein Waldstück kommen wir schließlich nach **Lachen** 08 und sind bald darauf wieder in **Bodnegg** 01.

Krumbacher Kirchturmzwiebel.

Der versteckt liegende Jägerweiher.

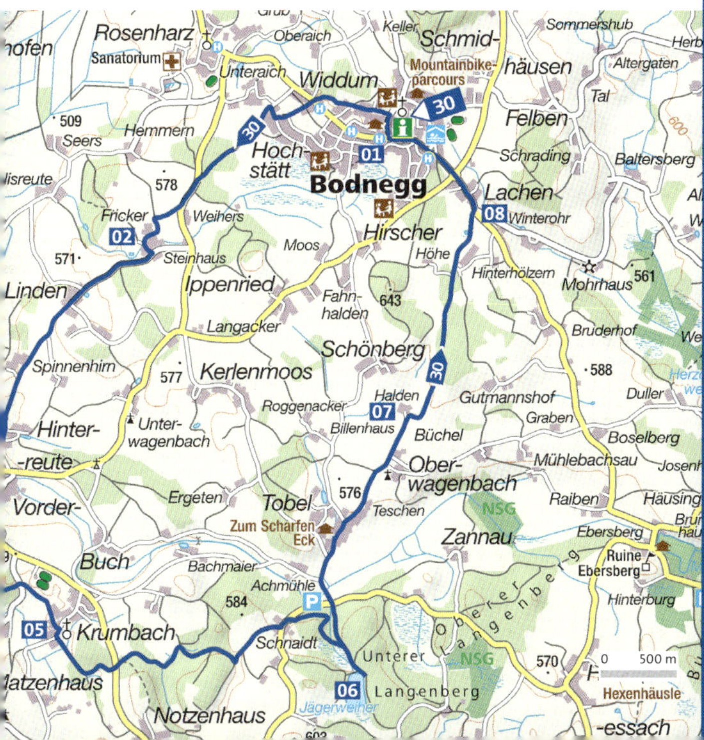

ANTONIUSKAPELLE

Ein bisschen Württemberg, ein bisschen Bayern

13 km 3:15 h 70 hm 70 hm

START | Nonnenhorn, Bahnhof mit Parkplatz, 405 m
[GPS: UTM Zone 32 x: 546.192 m y: 5.268.613 m]
CHARAKTER | Gut beschilderte Wirtschaftswege und ruhige Gemeindesträßchen sowie kurze Fußgängerwege und Pfadspuren mit unbedeutenden Steigungen.

Ein Ausflug ins württembergisch-bayerische Obstland mit herrlichem Blick über den Bodensee auf die Schweizer Berge. Das Naturschutzgebiet Wasserburger Bucht ist einer der letzten unverfälschten Uferabschnitte des bayerischen Seeanteils mit Flachwasserzone, Röhrichtgürtel, Niedermoor und Iriswiesen.

▶ Vom **Bahnhof in Nonnenhorn** 01 nehmen wir die talwärts führende Straße „Im Schneckenwinkel" und wechseln mit einem kleinen Links-rechts-Schlenker in die Seestraße, die zum Landesteg mit Strandbad führt. Die Uferstraße ins württembergische Kressbronn lässt uns zügig ausschreiten. Durch einen kleinen Park geht es zur dortigen **Anlegestelle** 02.

Nach einer Pause mit Blick über den See hält man sich Richtung Naturstrandbad, bis nach der Nonnenbachbrücke ein Fußgängerweg abzweigt, der uns an den Tennisplätzen vorbei zum Bahnhof leitet. Nun folgt man dem erst auch mit blauem Balken bezeich-

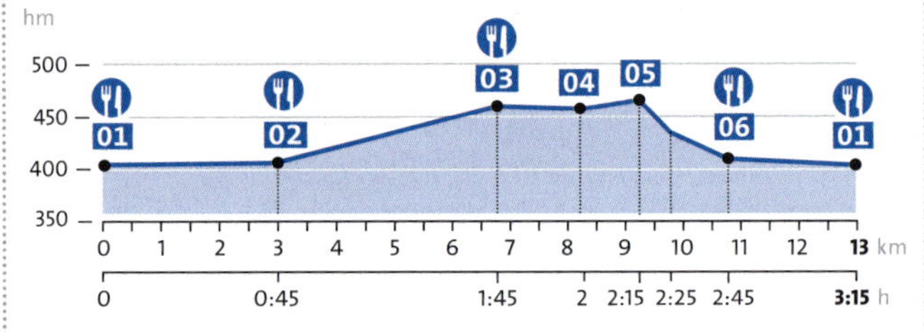

01 Nonnenhorn, Bahnhof, 405 m, 02 Kressbronn, Anlegestelle, 407 m, 03 Gattnau, 461 m, 04 Arensweiler, 457 m, 05 Antoniuskapelle, 465 m, 06 Hege, 410 m

neten Jubiläumsweg, bleibt nach einer Ampel aber der Balkenmarkierung treu. Auf einem geteerten Wirtschaftsweg gelangt man vom Ortsende über eine Obstplantage ins Dörfchen **Gattnau** 03.

Hinter der Kirche wählen wir die Straße „Im Schöpfen“ und wandern außerhalb auf einem Wirtschaftsweg über eine kleine Kuppe. Danach schwenken wir links in einen querlaufenden Teerweg ein. Der vom Obstanbau gesäumte Weg führt zur Einöde **Arensweiler** 04. Dort lenkt die Tafel „Wanderweg B“ auf einen abfallenden Feldweg. Nach kurzer Wiesenspur queren wir nochmals den Nonnenbach und finden einen wieder ansteigenden, in einen Forstweg mündenden Waldpfad vor. Zurück in Bayern geht’s am Waldende, erneut auf einer Wiesenspur, zur **Antoniuskapelle** 05.

Hier kann man sich visuell auf die Reise begeben: über den vom Alpenrhein genährten Obersee zum Pfänder und dem kalkgrauen Lechquellengebirge, in die grünen Berge des Bregenzerwalds und weiter zum stolzen Rätikon und zum Säntis.

Echt schwäbische Gemütlichkeit: Kürbisverkauf in Gattnau.

In Selmnau beachten wir das Symbol des Bodensee-Rundwegs, nehmen den geteerten Wirtschaftsweg nach Hattnau und dort das Sträßchen Richtung Wasserburg hinunter nach **Hege** 06, wobei wir in einer Straßenkurve auf eine landwirtschaftliche Fahrbahn abzweigen. Nach Queren der alten B 31 und Bahnlinie führt der Natur-Wanderweg am Naturschutzgebiet Wasserburger Bucht entlang zurück zum **Bahnhof Nonnenhorn** 01.

Abendstimmung am See in Wasserburg.

SCHLEINSEE UND DEGERSEE

In den Drumlins des südlichen Oberschwabens

10 km 2:45 h 155 hm 55 hm

START | Tettnang/Hiltensweiler, Bushaltestelle bei der Kirche, 502 m; Parkplatz bei der Raiffeisenbank
[GPS: UTM Zone 32 x: 549.476 m y: 5.274.845 m]
CHARAKTER | Kleine Anstiege. Ausreichend bezeichnete Waldwege und verkehrsarme Kreissträßchen, kurzer Pfad.

Ein auffallendes und liebenswertes landschaftliches Merkmal im südlichen Oberschwaben sind die zahlreichen Drumlins. Diese keltische Bezeichnung benennt die aus Geschiebemergel bestehenden, einstmals vom Rheingletscher ganz individuell geformten ovalen Hügel. Die Schildrücken sind teils bewaldet, teils mit Wiesen oder Weiden überzogen und oftmals zusätzlich mit Obstbäumen geschmückt. An einen umgestülpten Kahn erinnernd zeigen sie mit ihrer Ausrichtung die Bewegungsrichtung des ehemaligen Eisstroms an. Als Drumlinzüge bezeichnet man das scharenweise Auftreten dieser Höhenrücken.

Bei der **Kirche in Hiltensweiler** 01 mit Grablege der Montforter Grafen machen wir uns auf den Weg zu einer unterhaltsamen oberschwäbischen Seenumrundung. Die Ritter-Arnold-Straße leitet an der Raiffeisenbank vorbei zur Ritter-Arnold-Schule. Dort nehmen wir das ruhige Kreissträßchen, links der unbedeutende Kammerweiher, zum Nachbarort Oberwolfertsweiler. Südwestlich davon erkennt man in einer Senke das Naturschutzgebiet des verlan-

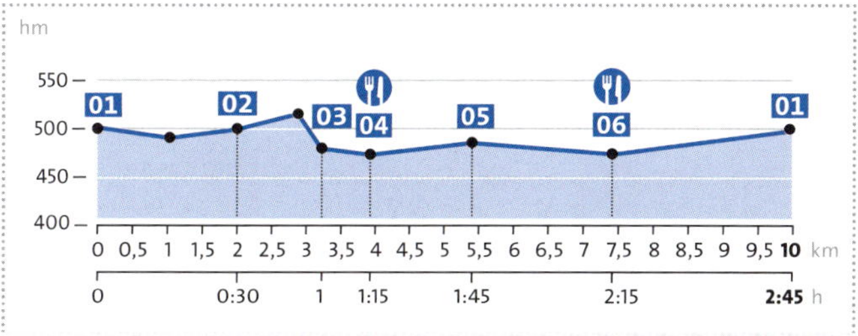

01 Hiltensweiler, Kirche, 502 m, 02 Busenhaus, 499 m, 03 Schleinsee, 480 m, 04 Nitzenweiler, 475 m, 05 Wettis, 488 m, 06 Degersee, 478 m

Der Wielandsee.

deten Hirrensees. Am Ortsende weist der blaue Punkt auf einen Waldweg, den Jubiläumsweg. Dieser steigt leicht an zu den Häusern von **Busenhaus** **02** mit Damwildgehege.

Der gewohnten Markierung folgend passieren wir auf einem weiteren Kreissträßchen einen „Mammutwacholder“ mit winziger Mariengrotte. In der nächsten Kurve schwenken wir auf einen Waldpfad ab, der in recht reizvoller Manier oberhalb des anmutigen Schleinsees einen Drumlinrücken quert. Ein Feldweg bringt uns talwärts zum Weiler **Schleinsee** **03**, in dem ein kleines Barockkirchlein steht. Auf kaum befahrener Straße geht's daraufhin Richtung Kressbronn um den See herum nach **Nitzenweiler** **04**. Nach einer möglichen Einkehr links haltend und den blauen Balken beachtend gelangt man auf einen Waldweg, der zum Degersee führt. Auf einem Sträßchen spaziert man an dessen Westufer nach **Wettis** **05**. Wer sich für alte Burgplätze interessiert, der entdeckt, beim ersten Hof einem ansteigenden Pfad folgend, auf dem Höhenberg-Drumlin die Überreste eines verfallenen Ruinengemäuers.

Nach dem letzten Haus wählen wir den Fußweg durch ein bayerisches Waldstück ans Ostufer des Degersees und zum Weiler **Degersee** **06**. Auf einem Sträßchen bummelt man zuletzt nach Oberwolfertsweiler, wo man den bekannten Weg zurück nach **Hiltensweiler** **01** einschlägt.

VON LINDAU NACH WASSERBURG

Alte Villen und charaktervolle Prachtgärten

17,8 km 4:45 h 10 hm 10 hm

START | Lindau, Bahnhof, 400 m; Parkplatz an der Nordwestecke der Insel [GPS: UTM Zone 32 x: 551.127 m y: 5.266.1625 m]
CHARAKTER | Gut beschilderte, steigungsfreie Fußgängerwege, kurze Abschnitte auf Wirtschaftsweg und Sträßchen.

Das von den Wellen des Sees umspülte Wasserburg liegt auf einer malerischen Halbinsel und ist einer der Hauptanziehungspunkte am Bodensee. Das uralte „Wazzarburuc", bereits 794 urkundlich als Besitz des St. Gallener Klosters erwähnt, lag früher auf einer Insel und war vom Festland nur über eine Zugbrücke erreichbar.

Die Lindauer Hafeneinfahrt.

Erste Anlaufstelle vom **Bahnhof Lindau** 01 auf der Uferpromenade ist der nahe Leuchtturm. Am Maximilian-Denkmal und Pulverturm vorbei schlendern wir zum Seeparkplatz. Nach dem Bahnübergang folgen wir Richtung Wasserburg auf dem Damm dem

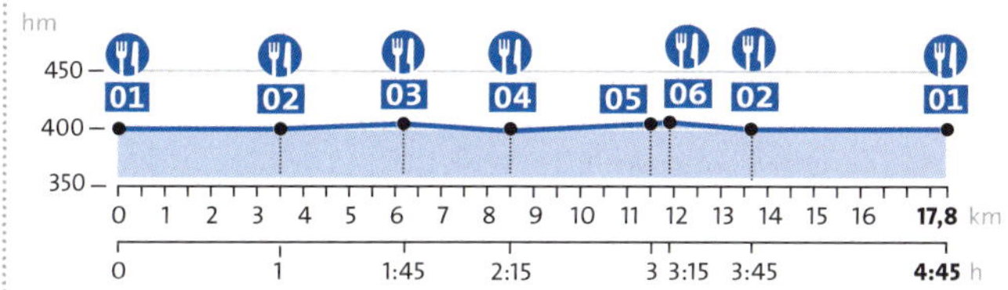

01 Lindau, Bahnhof, 400 m, 02 Bad Schachen, 402 m, 03 Reutenen, 405 m, 04 Wasserburg, 400 m, 05 Naturschutzgebiet Bichlweiher, 404 m, 06 Reutenen, 405 m

Wasserburg – eine der Hauptattraktionen am Bodensee.

Bodensee-Rundweg an den Gleisen entlang zum Festland. Das interessante, auf Pfählen stehende Gebäude des alten Aeschacher Bades passierend kommen wir auf einem Fußgängerweg nach **Bad Schachen** 02.

Dort entfernt sich die Wanderroute nun vom See. Bei der Villa Tannhof im Ortsteil Degelstein beachten wir das Rundwegsymbol und tauchen dann im Lindenhofpark in eine völlig andere Welt ein. Der prachtvolle alte Baumbestand nimmt uns sofort gefangen. Unter manchen fremdländischen Arten überrascht insbesondere ein gigantischer Mammutbaum. Wieder am Ufer spazieren wir zwischendurch auf einem Anliegersträßchen über den Ort **Reutenen** 03 ins schöne **Wasserburg** 04, dem Geburtsort des Schriftstellers Martin Walser.

Vom Bad geht es dann auf einem schmalen Weg an einer Mauer entlang zum unverwechselbaren Hafenambiente mit Anlegestelle, einer schmucken Zwiebelturmkirche, dem Museum im Malhaus und dem Schloss (heute das Schloss-Hotel Wasserburg).

Beim Restaurant Hegestrand 3 verlässt man den Bodensee-Rundweg auf dem Moosweg, einem an der Evangelischen Kirche vorbei führenden Fußweg. Bei einer Bäckerei hält man sich links und in der Dorfmitte Richtung Bodolz.

Ab dem Ortsende leitet ein Wirtschaftsweg an der Bahn durch eine Obstanlage, den Pfänder vor Augen, zum **Naturschutzgebiet Bichlweiher** 05.

Auf einem verkehrsarmen Sträßchen treffen wir schließlich wieder in **Reutenen** 06 ein und stoßen dann in Degelstein beim Lindenhofpark auf die bekannte Route über **Bad Schachen** 02 zurück nach **Lindau** 01.

ÜBER GREIT NACH HEIMESREUTIN

Zickzack-Kurs zwischen fliegenden Golfbällen

16 km | 4:15 h | 110 hm | 110 hm

START | Lindau/Oberreitnau, Bushaltestelle am Marienplatz, 465 m; Parkplatz am südlichen Ortsanfang [GPS: UTM Zone 32 x: 551.389 m y: 5.271.402 m]
CHARAKTER | Kleine Aufstiege. Überwiegend bezeichnete Wald-, Fußgänger- und Wanderwege, verkehrsfreie Sträßchen, kurze Pfade und Wirtschaftswege.

Unsere abwechslungsreiche Schleichwegroute startet am **Marienplatz von Oberreitnau 01**. Wir gehen kurz bergab zum südlichen Ortsanfang und schlagen den Fußgängerweg Richtung Rehlings ein. Wo wir wieder auf die parallel laufende Straße stoßen, leitet bei einem Naturschutzgebiet ein Wiesenpfad über die Achbrücke. Danach queren wir die Straße und folgen im Bereich eines Weidehangs dem Wanderweg E über Steintreppen bergauf. Ein schmales Sträßchen bringt uns zu einem Einzelanwesen und zum Weiler **Sulzenberg 02**.

Daraufhin gelangt man auf einem Waldweg zum mit Seerosen geschmückten Aspachweiher. Nach kleiner Pause wandern wir rechts auf verkehrsfreiem Sträßchen über die Bahnbrücke und **Höhenreute 03** in leichtem Auf und Ab nach **Greit 04**. Dort entscheiden wir uns für den Wanderweg D. An einer Waldweggabelung geht's

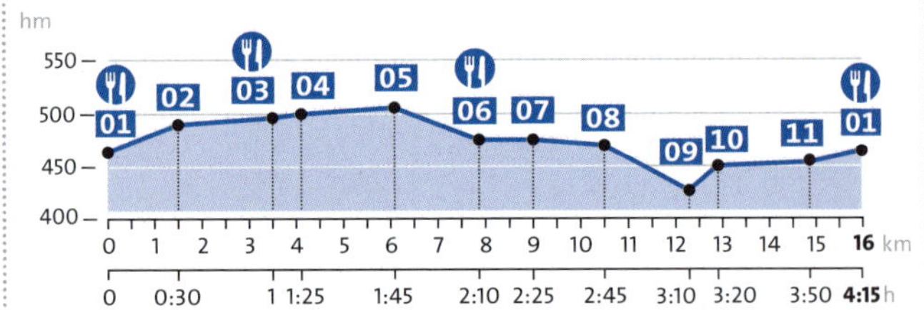

01 Oberreitnau, Marienplatz, 465 m, **02** Sulzenberg, 490 m, **03** Höhenreute, 495 m, **04** Greit, 500 m, **05** Schießplatz, 505 m, **06** Gitzenweiler, 477 m, **07** Oberrengersweiler, 475 m, **08** Bundesstraße 31, 469 m, **09** Heimesreutin, 426 m, **10** Bundesstraße 31, 451 m, **11** Hinweg, 456 m

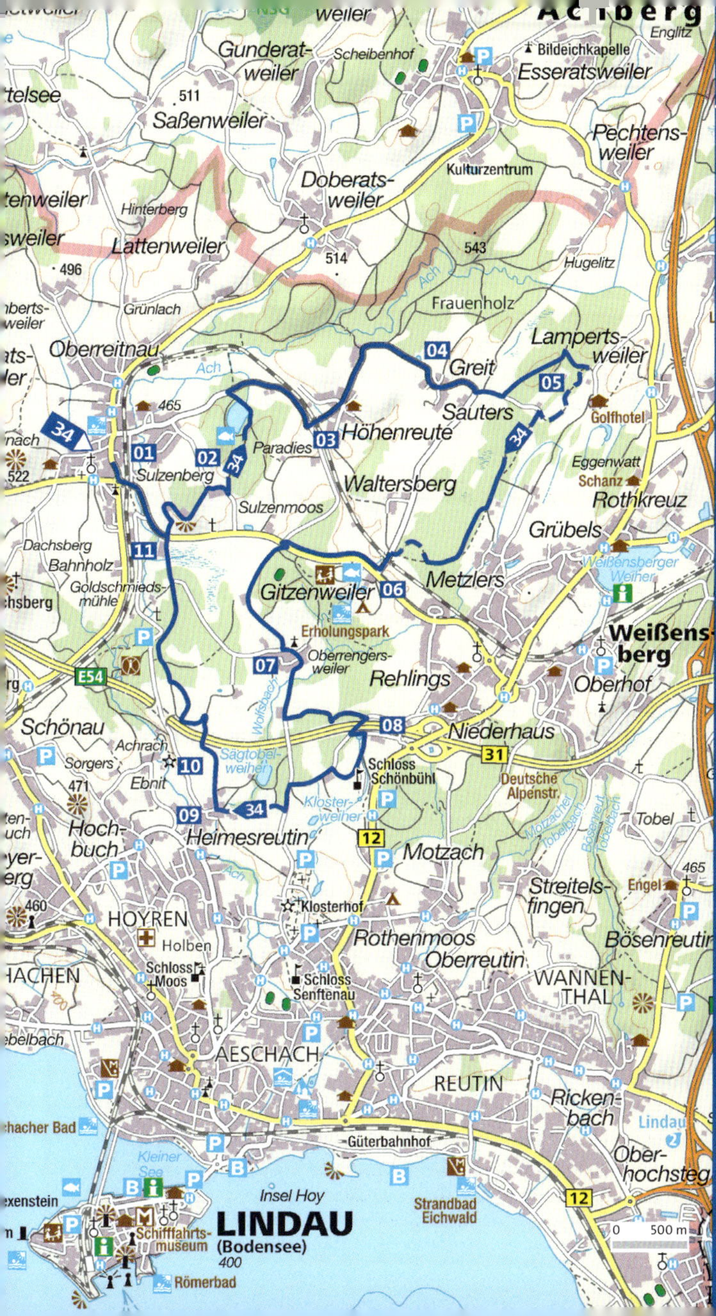
Gunderat-
weiler
Scheibenhof
Esseratsweiler
Bildeichkapelle
Englitz
511
Saßenweiler
Pechtens-
weiler
Kulturzentrum
Doberats-
weiler
Hinterberg
Lattenweiler
514
543
Hugelitz
496
Ach
Frauenholz
Grünlach
Oberreitnau
Lamperts-
weiler
Greit
Ach
465
Sauters
Golfhotel
Paradies
Höhenreute
522
Sulzenberg
Eggenwatt
Schanz
Waltersberg
Rothkreuz
Sulzenmoos
Dachsberg
Bahnholz
Grübels
Weißensberger
Weiher
Goldschmieds-
mühle
Gitzenweiler
Metzlers
Erholungspark
Weißens-
berg
Oberrengers-
weiler
Rehlings
Oberhof
E54
Wolfsbach
Niederhaus
Schönau
Achrach
31
Sorgers
Sägtobel-
weiher
Schloss
Schönbühl
Deutsche
Alpenstr.
471
Ebnit
Kloster-
weiher
Tobel
Heimesreutin
12
Motzach
Hoch-
buch
Motzacher
Tobelbach
Bösenreut.
Tobelbach
465
Ach
Streitels-
fingen
Engel
460
Klosterhof
HOYREN
Holben
Rothenmoos
Bösenreutin
Schloss
Moos
Schloss
Senftenau
Oberreutin
WANNEN-
THAL
400
AESCHACH
REUTIN
Ricken-
bach
Lindau
Güterbahnhof
Kleiner
See
Ober-
hochsteg
Insel Hoy
Strandbad
Eichwald
12
LINDAU
(Bodensee)
400
Schifffahrts-
museum
Römerbad
0
500 m
01
02
03
04
05
06
07
08
09
10
11
34

Richtung Schwatzen und direkt vor dem Golfclub rechts auf einem Waldwanderweg weiter. Zwischendurch tragen uns breite Holzbohlen durch ein Feuchtgebiet. Dem Querweg auf einer Golflichtung folgen wir rechts, halten uns am **Schießplatz** 05 an den linken Waldweg und bei einem einzelnen Haus halbrechts.

In **Gitzenweiler** 06 schwenkt man rechts in den Radweg ein und gelangt nach einer Kuppe auf einem stillen Sträßchen nach **Oberrengersweiler** 07. Dort wird auf der Lindauer Route der Wolfsbach gequert. Anschließend zeigt das Schild „Wanderweg H“ auf einen Waldweg.

An einem weiteren Golfplatz bummelt man kurz talwärts, passiert nach Überqueren der **Bundesstraße 31** 08 einen Seerosenteich und trifft auf einem Fußgängerweg beim Clubhaus ein. Wieder auf einem Sträßchen, erreicht man durch ein Waldstück **Heimesreutin** 09.

Dort wählen wir den Wanderweg E, ein Wirtschaftssträßchen durch Streuobstwiesen. Bei einem Pfänderblick kommen wir zur Überführung der **Bundesstraße 31** 10. Auf dem mit blauem Kreuz markierten Feldweg, später auf einem Wiesenpfad, steigen wir hinauf zu einem Drumlin mit erstaunlichem Brombeerbestand. Herrlich ist die Aussicht zu den Höhen des Bregenzerwaldes und über die Inselstadt in die Schweizer Berge!

Ein Waldweg senkt sich nun zum bekannten Naturschutzgebiet, wo man auf den **Hinweg** 11 stößt. Auf bekanntem Weg geht es zurück nach **Oberreitnau** 01.

Der verträumte Aspachweiher verlockt zu einer gemütlichen Rast.

VON WEISSENSBERG NACH SIGMARSZELL

Durchs erfrischende Leiblachtal

11,8 km | 3:30 h | 100 hm ↗ | 100 hm ↘

START | Weißensberg, Bushaltestelle an der Kirche, 511 m; Parkplatz oberhalb der Kirche
[GPS: UTM Zone 32 x: 554.523 m y: 5.269.932 m]
CHARAKTER | Leichter Aufstieg. Teilweise beschilderte Gemeindesträßchen, Wald- und Fußgängerwege.

Im Übergangsbereich vom Westallgäu ins Bodenseebecken haben sich Bäche wie die Leiblach tief in den Molasseuntergrund eingeschnitten. An den Talflanken hinterließ der ehemalige Rheingletscher ausgeprägte Terrassen. Auf einer dieser Sonnenlogen an der Grenze zu Vorarlberg liegt Siegmarszell.

▶ Wir halten uns bei der **Kirche in Weißensberg** 01 kurz talwärts, folgen der Waldstraße und schlagen am Lamagehege die Mühlenstraße ein. Nach der Bundesstraßen-Unterführung geht's links zum Weiler **Tobel** 02. Dort wandern wir auf einem verkehrsfreien Sträßchen leicht bergan, überqueren mit hübschem Bergblick die Autobahn und kommen durch ein Wäldchen nach Zeisertsweiler.

Den Ort lassen wir links liegen und begeben uns hinunter nach **Witzigmänn** 03. Die Egghaldenstraße bringt uns nach Egghalden. Dort richten wir uns nach dem Schild „Hangnach". Unten an der

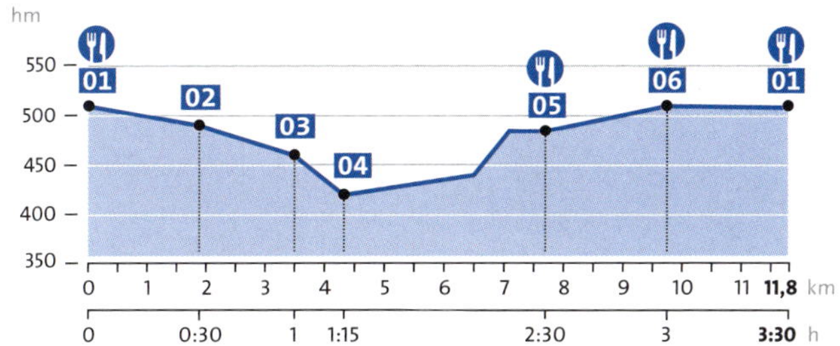

01 Weißensberg, Kirche, 511 m, 02 Tobel, 490 m, 03 Witzigmänn, 462 m, 04 Leiblach, 420 m, 05 Sigmarszell, 485 m, 06 Schlachters, 510 m

Tourausklang am Weißensberger Weiher.

rauschenden Leiblach wählen wir den Wanderweg G hinauf zu den Häusern von Hubers.

Auf dem Waldweg-Spaziergang entlang des Grenzflüsschens **Leiblach** 04 passiert man zwei ufernahe einladende Rastplätze. Das könnte gut und gerne noch eine Weile so weitergehen! Doch schon verlässt unsere Route das verschwiegene Leiblachtal und steigt, in reizvolle Wanderwegabschnitte mit einer Steintreppe wechselnd, über den Waldhang empor nach **Sigmarszell** 05. Auf kaum befahrenem Sträßchen gelangen wir jetzt zum nahen Weiler Biesings und nach Thumen. Ein Fußgängerweg leitet anschließend über die Brücke der B 308 nach **Schlachters** 06, wo es das Historisch-Heerestechnische Museum zu besichtigen gibt.

Richtung Rothkreuz haltend finden wir nach dem Bahnübergang abermals einen Fußgängerweg vor, der über die A 96/E 43 zurück nach **Weißensberg** 01 führt.

ARGENZUSAMMENFLUSS

Der Argen-Rundwanderweg am Rande des Allgäus

14,5 km 5:00 h 220 hm 220 hm

START | Neuravensburg, Bushaltestelle an der Tankstelle (mit Parkplatz), 529 m [GPS: UTM Zone 32 x: 556.913 m y: 5.276.267 m]
CHARAKTER | Kurze Aufstiege. Ausreichend bezeichnete Wald- und Feldwege sowie Pfade und kurze Sträßchen.

Die Argen ist der drittgrößte Bodenseezufluss auf der Nordseite. Nach dem Zusammenfluss von Oberer und Unterer Argen fließt die Argen noch 23,4 km bis zur Mündung in den Bodensee. Am Unterlauf der Argen liegen mehrere Ruinen, Burgen und Schlösser.

Nahe der **Tankstelle in Neuravensburg** 01 machen wir uns auf den spannenden Weg in das schluchtartige Argental. Wir passieren die Volksbank und steigen auf einem Feldweg hinauf zum stolzen Bergfried der Burgruine Neuravensburg. Der Tiefblick sowie das Bergpanorama entschädigen für den Aufstieg über eine Holztreppe zur Aussichtsplattform.

Ein mit rotem Kreuz markierter Waldpfad leitet nun hinunter zur Oberen Argen. Flussabwärts wandernd trägt uns eine Brücke über einen kleinen Zufluss. Weiter geht's auf einem Waldweg am Hang entlang, bevor wir auf einem abzweigenden Pfad unter

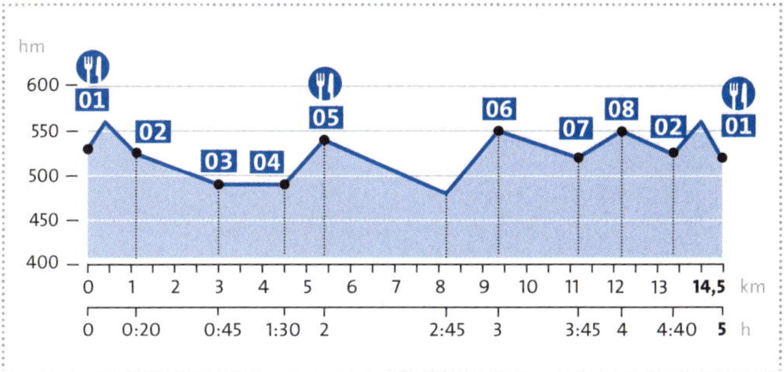

01 Neuravensburg, Tankstelle, 529 m, 02 Argental-Autobahnbrücke, 526 m, 03 Argenzusammenfluss, 491 m, 04 Argensteg, 490 m, 05 Blumegg, 540 m, 06 Schloss Achberg 550 m, 07 Regnitz, 520 m, 08 Strohdorf, 550 m

Der stille Weiher Flunau im Argental.

der **Autobahnbrücke** **02** über das Argental hindurchlaufen.

Nach kurzem Abstieg folgen wir dem Argenrundweg. Der mit blauem Balken bezeichnete, in Ufernähe verlaufende Forstweg wechselt zwischendurch in einen Pfad. Schon tanzen die Fluten der Unteren Argen herbei. Wir kommen zum Unterstand mit Grillstelle am faszinierenden **Argenzusammenfluss** **03**. In dem verschwiegenen Naturschutzgebiet bleibt man auf weiterhin bezeichnetem Pfad dem Ostufer des Flusses treu, der sich fortan einfach Argen nennt. Bald dirigiert die Markierung über den **Argensteg** **04**.

Nach Queren eines Fahrwegs gehen wir auf einem Wiesenpfad bergauf zum abgelegenen Weiler **Blumegg** **05**. Dann führt uns ein Waldweg bergab zu den beiden Anwesen von Flunau. Das Rundwanderweg-Täfelchen weist dort auf einen Feldweg.

Jenseits des Argen-Hängestegs steigt ein Wanderweg durch ein reizvolles Seitentälchen zu dem auf einem Bergsporn thronenden **Schloss Achberg** **06**. In den

sehenswerten Barockräumen finden jährlich wechselnde Ausstellungen sowie Kammerkonzerte statt. Vor dem benachbarten Hofgut führt ein mit rotem Kreuz ausgewiesener Waldpfad über eine kleine Kuppe und im weiteren Verlauf an der Abbruchkante einer Erdrutschzone vorbei. Nach einem Waldwegstück erreichen wir auf einem Sträßchen den Weiler **Regnitz** **07**. Ein Wirtschaftsweg passiert danach eine Feuchtgebietssenke (NSG).

Bald hinter **Strohdorf** **08** stößt man unter der **Argental-Autobahnbrücke** **02** auf die bekannte Route zurück nach **Neuravensburg** **01**.

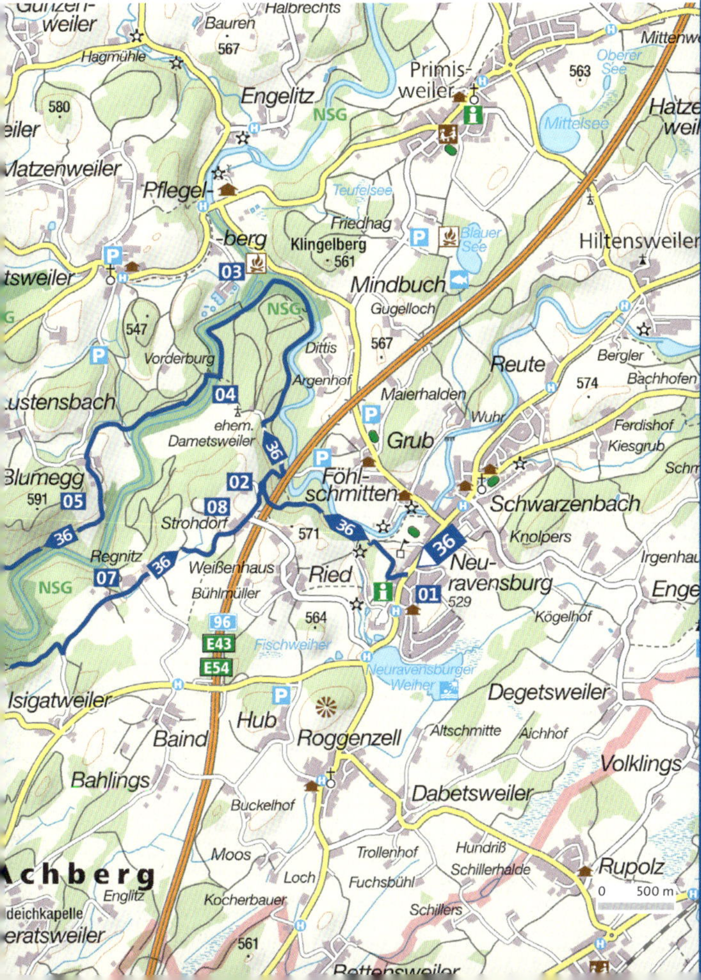

VON HÖRBRANZ NACH LUTZENREUTE

Höhenwandern in der Nordwestecke Vorarlbergs

13 km 3:45 h 435 hm 435 hm

START | Hörbranz (Vorarlberg), Bushaltestelle bei der Kirche (Parkplatz), 426 m [GPS: UTM Zone 32 x: 556.551 m y: 5.267.205 m]
CHARAKTER | Langer meist nur mäßig steiler Aufstieg nach Stadlers. Vorbildlich beschilderte Forst- und Waldwege, Fußgängerwege und ruhige Gemeindesträßchen.

Unsere angenehm stressfreie Höhenwanderung über der Inselstadt Lindau beginnt oberhalb der **Kirche in Hörbranz** 01. Die Wandermarkierung lenkt in die Schützenstraße. Im Ortsteil Leonhards folgen wir dem ansteigenden Sträßchen nach **Berg** 02 und dort der Berger Straße Richtung Andreute. Das am Ortsende ansetzende Forststräßchen heizt zu Beginn ein wenig ein. Später, am ulkigen Bärensitz von Berg vorbei, einem überdachten Braunpelzkind, erweist es sich als recht kräfteschonend.

Bei einem Schafweidehang öffnet sich der Blick auf das Westallgäuer Hügelland. Gleich darauf sind die beiden Anwesen **Andreute** 03 mit beachtlicher Pferdezucht erreicht. Richtung Lutzenreute wandern wir nun auf einem Waldweg, zuletzt durch Viehweiden, zur Parzelle

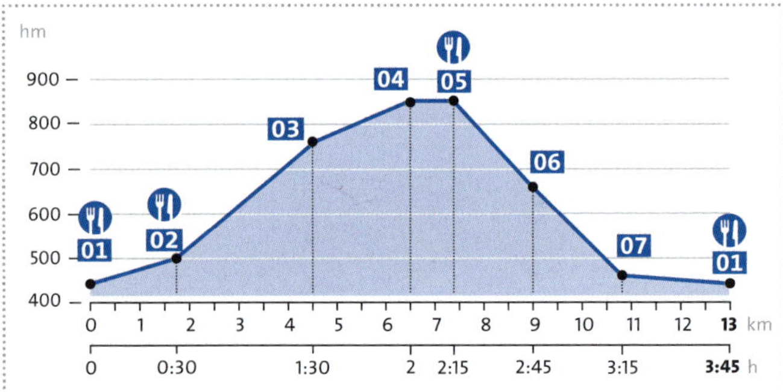

01 Hörbranz, Kirche, 426 m, 02 Berg, 495 m, 03 Andreute, 758 m, 04 Stadlers, 848 m, 05 Lutzenreute, 854 m, 06 Ruggburg, 660 m, 07 Backenreute, 460 m

Hohenweiler
503
Haslach
Thumen
Ried
Sigmarszell
308
Laiblachsberg
Bayer
Hub
537
535
Zeisertsweiler
Reisach
Leutenhofen
Koo
Reitmoos
Egghalden
Heeres-technisches Mus.
Hubers
Krone
Schatten
781
Reitmoos
Fesslers
Seilerbach
Rucksteig
Gwiggen
613
Witzig-männ
425
Diezlings
Weidach
Kloster Maria Stern
Finken
Erlesberg
458
Diezlings
Gwiggerbach
Leiblach
02
Berg
03
Andreute
Leonhards
Berger Bach
Berghof Stadler
Seeblick
465
Höflings
Hangnach
Steinerloch
Großen
Waldschenke
Krone
966
01
37
Hörbranz
Stadlers
Bildstein
Bose
426
Giggelstein
04
Stegen
Weidach
Brantmann
Lutzenreute
Paradies
Ziegelbach
Backenreute
Sennerei
06
Ruggburg
05
Fesslerhof
A14
Leiblach
Fronhofen
07
Ruggburg
Ruggbach
E60
Hotel Sonnenhof
Eplisgehr
Hörbranz/Lochau
Alberloch
Salvator Kloster
Schloss Hofen
Ruine Alt-Hofen
Eichenberg
Krone
793
Schönblick
Hofen
Ebnet
Eglisberg
Rainer
Althaus
Alte Fähre
Mangold
Fürberg
1044
Senner
Halden
Pfändertunnel
Fallenberg
Rochuskap.
Bhf. Lochau-Hörbranz
Juggen
Lochau
416
Hausreute
Am Stein
Hof
Strandbad
Kellen
Hub
Klause
Sorgen
Klausberg
Unterhaggen
Flühen
Rombergstein
1042
Am Vögel
Moos
Moosegg
Klausmühle
Bergghf Fritsch
Lohorn
Tannenbach
Café Melanie
Freibad Mill
Altreute
Riese
Schweden-schanze
Südalp
Theresienkapelle
Seehof
Ringel-
0
500 m

Bei guter Fernsicht genießt man von Stadlers aus einen herrlichen Blick ins Rheintal.

Lutzenreute 05. In der Sennerei, einer der ältesten Rohmilchkäsereien Vorarlbergs, gibt es unter anderem neben einem würzigen Bergkäse das schmackhafte „Lutzenrüter Käsle" zu kaufen.

Das Täfelchen „Hörbranz" lenkt nach einer verdienten Einkehr zu ein paar außerhalb gelegenen Häusern. Ab diesen geht's auf einem kurvigen Forstweg weiter talwärts, wobei nahe den beiden Anwesen von **Ruggburg** 06 ein Sturzbach gequert wird.

In **Backenreute** 07 sind wir wieder zurück im Tal und nehmen den Kirchweg zurück zum Ausgangspunkt nach **Hörbranz** 01.

Stadlers 04. Dort erwartet uns ein überraschender Blick auf die Bregenzer Bucht und in die meist von einem leichten Dunstschleier eingehüllte Schweizer Bergwelt. Neben dem Pfänderturm ragt am südlichen Horizont die majestätische Schesaplana auf.

Ein ruhiges Sträßchen bringt uns hinüber zum Eichenberger Ortsteil

Neugieriges Rüsseltier in Stadlers.

WINKLER-GEDENKSTEIN • 610 m

Über der Bregenzer Bucht

11 km 3:00 h 315 hm 315 hm

START | Bregenz, Bahnhof mit Parkplatz, 398 m
[GPS: UTM Zone 32 x: 555.787 m y: 5.261.354 m]
CHARAKTER | Längerer, meist nur mäßig steiler Aufstieg zum Winkler-Gedenkstein. Bestens beschilderte Fußgänger-, Wanderwege und Pfade.

Der Winkler-Gedenkstein erinnert an den durch „Die Fischerin vom Bodensee“ bekannt gewordenen Komponisten Franz Winkler, der hier nach dem Zweiten Weltkrieg lebte.

▶ Als Auftakt zu dieser verträumten Buchtwanderung erwartet uns auf dem Weg vom **Bahnhof** 01 der Festspiel- und Landeshauptstadt Bregenz zum See eine modern gestaltete Fußgänger-Bahnüberführung. Auf dem Bodenseeweg geht es unter dem Pfänder Richtung Lochau entlang der bequemen Uferpromenade, vorbei am Hafen und dem markanten, auf Pfählen errichteten Badhaus – mit Blick hinüber zur Lindauer Insel.

Am Stadtrand, im Ortsteil **Klausmühle** 02, entscheiden wir uns für die Route über den Klausberg. Man quert dazu die Bundesstraße und schwenkt nach einem Gehsteigabschnitt bei einer Wanderwegmarkierung auf einen Waldpfad ab. Über Steinstufen setzt nun ein wildromantischer, bald

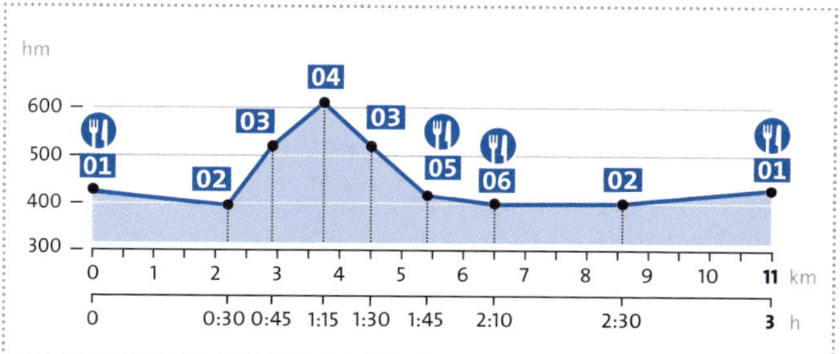

01 Bregenz, Bahnhof, 427 m, 02 Klausmühle, 398 m, 03 Rhombergstein, 520 m, 04 Winkler-Gedenkstein, 610 m, 05 Lochau, 416 m, 06 Lochau-Hörbranz, Bahnhof, 396 m

Herz-Jesu-Kirche in Bregenz.

wenig anstrengender Aufstieg an, der ein paar Bergsturzblöcke passiert. Über bemooste Felsbänder rieseln ganzjährig Wasserschleier und entwickeln dabei Tuffbildungen. Nach einem Steilaufschwung kommen wir zum **Rhombergstein** 03. An dieser Stelle fiel 1647 Thomas Rhomberg als Anführer der Dornbirner bei der Verteidigung der Bregenzer Klause gegen die Schweden.

Ein Wanderwegabstecher bringt uns am Naturdenkmal Alte Buche vorbei nach Haggen. Die 30 m hohe Rotbuche mit 3 m Stammumfang kann bereits auf über 200 Jahre zurückblicken. Kurz vor der Lochauer Parzelle liegt der **Winkler-Gedenkstein** 04 aus Ötztalgranit am Weg. Eine kleine Panoramatafel erklärt die Aussicht vom Liechtensteiner Rätikon über Tödi und Säntis zur Rheinmündung und bis nach Konstanz und zur Mainau.

Wir wandern über den **Rhombergstein** 03 gemächlich hinunter in das bereits sichtbare Grenzdorf **Lochau** 05. Dort halten wir uns zur Ortsmitte und wählen nach der Kirche die Alberlochstraße und Hörbranzer Straße vollends bergab zum **Bahnhof Lochau-Hörbranz** 06. Dort nehmen wir die Fußgängerunterführung zum Hafen. Der Bodenseeweg führt uns am Strandbad vorbei und stets zwischen Bahn und Seeufer über **Klausmühle** 02 zurück nach **Bregenz** 01.

Zum Abschluss empfiehlt sich eine gemütlicher Stadtbummel.

Lochau: Blick zum Seehotel.

Ober-hochsteg
Weidach
Ziegelbach
Brantmann
Backenreute
Ruggburg
Zech
Leiblach
Fronhofen
Hörbranz/Lochau
Alberloch
Salvator-Kloster
Schloss Hofen
Ruine Alt-Hofen
Schönblick
Wesen
Bäumle
Hofen
Eglisberg
Ebnet
Althaus
Alte Fähre
Rainer
Mangold
Schwarzbad
Van-Gogh-Steg
Yachthafen
Kaiserstrand
Bhf. Lochau-Hörbranz
Rochuskap.
Halden
Fallenberg
Pfändertunnel
Lochau
416
Hausreute
Am Stein
Hof
Strandbad
Kellen
Klause
Klausberg
Unterhaggen
Flühen
Rombergstein
Am Vögel
Bergghf. Fritsch
Lohorn
Klausmühle
Tannenbach
Café Melanie
Altreute
Riese
BREGENZ
427
Freibad Mill
Seehof
Schiffhafen Hst. Hafen
Sport- u. Motorboothafen
Strandbad
Seebühne
vorarlberg museum
Hinter-moos
Pfänder-Bahn
Festspielhs.
Gondel-hafen
Kunsths.
Kloster Mehrerau
Halb-station
Café Braike
Bhf. Bregenz
Pfänder-bahn-museum
Kälbelen
Weißenreute
Berg Isel
Wald
Kloster Marienberg
Theater Kosmos
OBERSTADT
Walserstadel
Hst. Rieden
RIEDEN
Landes-Bibliothek
Adler
598
Burg Gebhardsberg
Kloster Sacré-Coeur
Kanzelfelsen
Kraftwerk
Hirschen
An der Ach
Bregenz Weidach
Rain
Breitenreut
Weidach
Lauterach-Wolfurt
Liebenstein
Klosterhof
408
Lauterach
Kloster
Bütze
Oberfeld
457
A14
E60
12
01
02
03
04
05
06
38
0
500 m

PFÄNDER • 1062 m

Einmal oder dreitausendmal?

8,5 km | 3:30 h | 655 hm | 655 hm

START | Bregenz, Bushaltestelle bei der Pfänderbahn (Parkplatz), 410 m [GPS: UTM Zone 32 x: 555.787 m y: 5.261.354 m]
CHARAKTER | Langer, meist steiler Aufstieg. Hervorragend bezeichnete Wanderwege und Pfade, kurze Anliegersträßchen.

Unter den zahlreichen Pfänderwegen dürften die hier vorgestellten über die steile Westseite vielleicht die stimmungsvollste Kombination abgeben.

▶ Wir folgen bei der **Talstation der Pfänderbahn** 01 dem steilen, gepflasterten Anliegersträßchen am Steinenbach bergan Richtung Weißenreute. Am Stadtrand lenkt die gelb-weiße Markierung auf einen Waldwanderweg. Bei der Parzelle Weißenreute begeben wir uns auf den Gschliefweg, der sich in weiterhin meist spürbarer Steigung durch den begeisternden und angesichts der Stadtnähe überraschend wilden Hangmischwald emporwindet. Gelegentlich säumen Nagelfluhabbrüche und mächtige, mitunter efeuüberrankte Felskloben den reizvollen Weg. Weiter oben wird ein Sturzbach überschritten. Im Bereich von Wiesenlichtungen unterquert man zweimal die Pfänderbahn. Ab dem Gaststüble Halbstation im

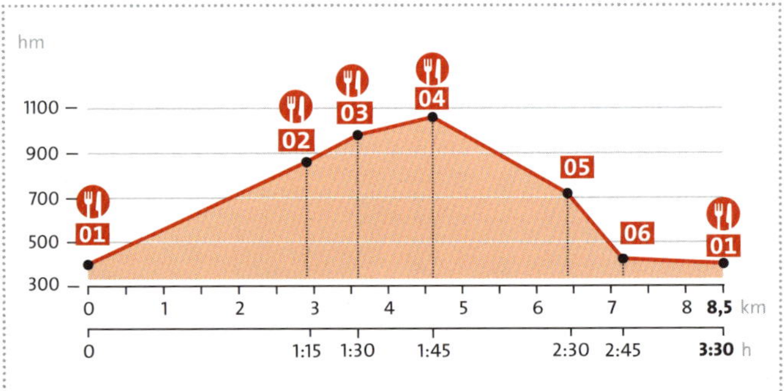

01 Bregenz, Talstation Pfänderbahn, 410 m, 02 Hintermoos, 860 m, 03 Einkehr Pfänderdohle, 980 m, 04 Pfänder, Gipfel, 1062 m, 05 Lohorn, 830 m, 06 Altreute, 724 m

Weiler **Hintermoos** 02 mit einem alten geschindelten Hof benützt unser Aufstieg ganz kurz ein Anliegersträßchen.

Hier erfahren wir auf einer Tafel die wahrlich unglaubliche Meisterleistung des Pfänderstürmers Dieter Koller, der in fünf Jahren und fünf Wochen bis zum Mai 1997 dreitausendmal den Gipfel besuchte, was in Summe unglaubliche 1.800.000 Höhenmeter ergab.

Zuletzt geht's auf geteerter Fahrbahn unter einem Schlepplift hindurch zur **Einkehr Pfänderdohle** 03. In Kürze ist dann die Pfänderbahn-Bergstation erreicht. Das Schild „Pfänderspitze" weist zum nahen **Pfänder** 04 selbst.

Über die weiten Täler und dunklen Wälder geht der Blick ins Allgäu, über die zahllosen Berge des Bregenzerwaldes, in die Schweizer Alpen. Jenseits des Alpenrheins schmiegen sich die Appenzeller Höhenzüge an das blaue Ufer des „Lacus Brigantinus".

Die Wegweisung „Haggen über Lohorn" leitet den Abstieg ein auf dem Wildpark-Rundweg hinunter zur Adlerwarte. Ein Wanderweg bringt uns zu einer Einöde und ein Güterweg zum Weiler Riese. Weiter geht's auf einem Anliegersträßchen nach **Lohorn** 05 und,

„Indian summer“ am Pfänderaufstieg.

wieder auf einem Wanderweg, durch den Wald zur Parzelle **Altreute** **06**. Der Schlussabstieg auf einem Pfad an der Kapelle vorbei und teilweise im Zickzack zurück zur **Talstation der Pfänderbahn** **01** erweist sich als ebenso romantisch wie der Aufstieg.

Weit reicht der Blick vom Pfänder: ins Rheindelta (links) ebenso wie zur Inselstadt Lindau (rechts).

HIRSCHBERG • 1095 m

Aussichtsberg am Südhang des Pfändermassivs

11,6 km · 3:35 h · 732 hm (Aufstieg) · 732 hm (Abstieg)

START | Langen bei Bregenz, Parkplatz vor dem Gemeindeamt oder Bushaltestelle [GPS: UTM Zone 32 x: 562.420 m y: 5.261.968 m]
CHARAKTER | Am Anfang viel Teerstraße, ansonsten naturbelassene Wald- und Forstwege.

Ein schöner Aussichtsberg unweit von Bregenz, der etwas im Schatten des berühmteren Pfänders steht. Weit reicht der Blick über den Bregenzerwald und gleich unter dem Gipfel lockt eine Alm zum Einkehren – was will man mehr?

▶ Die Wanderung beginnt am **Parkplatz vor dem Gemeindeamt** 01, ein Wegweiser zeigt die Richtung über die Durchgangsstraße. Auf der anderen Seite folgt man einem schmalen **Wiesenpfad** 02 mit Handlauf, der recht steil über Wiesen und ein Stück Wald in eine Fahrstraße einmündet. Dem **Wegweiser** 03 folgend wandert man – leider auf Teer, dafür aber mit weitem Blick – in zwei Schleifen zu den mit Holzschindeln verkleideten Höfen des Feßlerbergs hinauf und gelangt schließlich zu den Häusern von

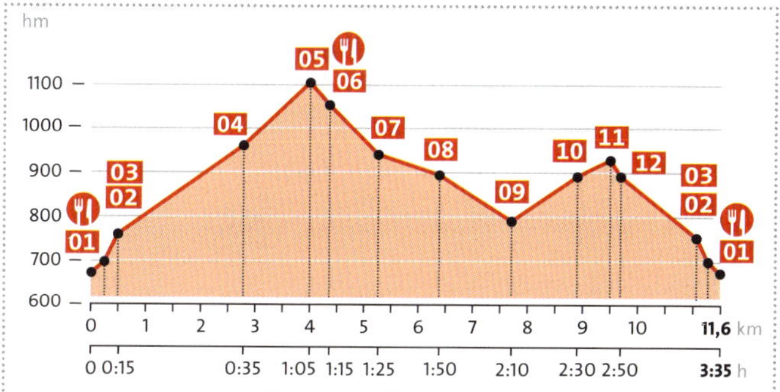

01 Parkplatz Gemeindeamt, 670 m, 02 Wiesenpfad, 697 m, 03 Wegweiser, 763 m, 04 Ahornach, 960 m, 05 Hirschberg, 1095 m, 06 Hirschbergalpe, 1055 m, 07 Abzweigung, 938 m, 08 Sepples Kreuz, 895 m, 09 Wegweiser „Bergerwuhr", 790 m, 10 Wegweiser, 887 m, 11 Anhöhe Geserberg, 930 m, 12 Bergerweg, 888 m

Schöne, mit Schindeln verkleidete Bauernhäuser liegen am Aufstiegsweg nach Ahornach.

Ahornach **04**. Hier ist auch die Grenze des Naturschutzgebietes Hirschberg erreicht.

Wir wenden uns nach Nordost und können auch einen kurzen Blick auf den Hirschberg werfen. Der Forstweg führt nun teilweise am Waldrand, dann wieder durch den Wald moderat ansteigend Richtung Gipfel. An einer Wegteilung verlässt man die Fahrstraße und nimmt den rechts abzweigenden Pfad, der schließlich den Wald verlässt und zum baumlosen Gipfel des **Hirschbergs** **05** hinaufführt. Unterhalb des Kreuzes steht eine kleine mit Holzschindeln verkleidete Kapelle, dahinter blickt man auf die Höfe des Pfänderrückens. An Tagen mit sehr guter Fernsicht schaut man nicht nur über die Gipfel des Bregenzerwalds, sondern auch auf das Alpsteinmassiv hinter dem Rheintal. Der Pfänder ist zum Greifen nah.

Nach ausgiebiger Gipfelschau steigt man in wenigen Minuten zur **Hirschbergalpe** **06** ab, die zur Einkehr einlädt. Der Einstieg in den weiteren Verlauf des Rundwegs kann man sich bei Unsicherheit vom Wirt zeigen lassen, er verläuft links des Zaunes die Wiese hinunter zum Waldrand. Ein kurzer Pfad leitet zu einem Forstweg. An der unmarkierten **Abzweigung** **07** biegen wir links ab. Nun geht es moderat abfallend durch Wald und an Wiesen entlang zum **Sepples Kreuz** **08**. Von hier aus ist es zum Pfänder nur noch 1 Gehstunde.

Wir folgen aber dem Wegweiser „Wirtatobel Bushaltestelle" nach links und wandern an der Grenze des Naturschutzgebietes entlang durch den Wald, begleitet von einem kleinen Bach. Der Wald bietet an heißen Tagen angenehmen Schatten. Weiter verliert man an Höhe, ignoriert Abzweigungen auf der linken Seite und folgt der Forststraße bis zum **Wegweiser „Bergerwuhr"** **09**. Hier sind nun endlich auch der Geserberg und das Ziel Langen bei Bregenz ausgeschildert.

Weit reicht der Blick vom Hirschberg über die Kapelle zum Pfänderrücken.

Nun heißt es die verlorenen Höhenmeter wieder aufzusteigen, mal durch Wald, dann über Wiesen, aber immer auf einem aussichtsarmen Fahrweg. Schließlich kommt ein Wohnhaus in Sicht,

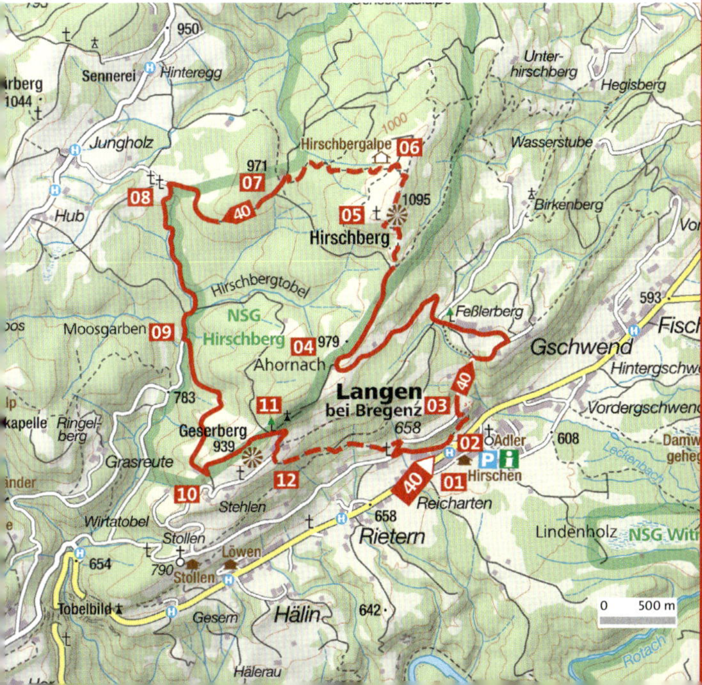

Der abwechslungsreiche Bergerweg führt zurück nach Langen.

bis zu dem wir aber gar nicht laufen, weil schon vorher nach links ein **Wegweiser** 10 an der Hecke zum Geserberg, zum Hirschberg und nach Ahornach weist. Nochmals heißt es steiler als zuvor über einen Wiesenpfad zur sogenannten Geser Anhöhe aufzusteigen. Auf einen Fahrweg stoßend halten wir uns rechts und erreichen kurz darauf die **Anhöhe Geserberg** 11 mit einer Bank. Von hier aus wären es 15 Minuten nach Ahornach und 50 Minuten zum Hirschberg.

Für den Abstieg nach Langen wählen wir nun den Bergerweg, der laut Wegweiser in 45 Minuten in den Ort führen soll. Wir steigen auf dem Fahrweg zum unterhalb liegenden Bauernhof ab, halten uns dort rechts und biegen hinter der links liegenden Scheune in einen Wiesenpfad ab. Die Abzweigung ist nicht optimal markiert, man erkennt aber am Waldrand einen Wegweiser, der den Einstieg in den unterhaltsamen **Bergerweg** 12 markiert. Steil am Waldhang gebaut führt er über mehrere Brücken, die über tief eingeschnittene Erosionsrinnen leiten, relativ steil bergab. Der Weg endet dann schließlich auf einer Wiese unweit eines Wohnhauses.

Der Wanderweg führt hier oberhalb des Wohnhauses über Privatgrund vorbei, das Betreten ist bis auf Widerruf gestattet.

Kurz darauf ist wieder die Weggabelung mit **Wegweiser** 03 erreicht, an der man zu Beginn der Wanderung nach Ahornach aufgebrochen ist. Nun geht es über den steilen **Wiesenpfad** 02 wieder hinunter zur Straße und zurück zum **Parkplatz vor dem Gemeindeamt** 01.

WOLFURTER HÖHENWEG

Über Frickenesch nach Rickenbach

9 km 3:45 h 320 hm 320 hm

START | Wolfurt (Vorarlberg), Bushaltestelle an der Bregenzer-Ach-Brücke, 420 m; Parkplatz beim Sportplatz [GPS: UTM Zone 32 x: 555.311 m y: 5.259.202 m]
CHARAKTER | Leichte Anstiege. Vorbildlich bezeichnete Pfade und Forstwege, zuletzt Sträßchen, kurze weglose Weidequerung.

Die erste Etappe des Fernwanderweges 04 führt gemeinsam mit dem Weitwanderweg E5 vom Tal der Bregenzer Ach durch Mischwälder zu abgelegenen Höfen hinauf. Hier ist alles noch ein bisschen beim Alten geblieben. Die Spritztour erfreut zudem mit eindrucksvollen Blicken ins hochalpin umrahmte Tal des jungen Rheins.

▶ Der Wolfurter Höhenweg Richtung Rickenbach leitet von der **Bregenzer-Ach-Brücke in Wolfurt** 01 am Sportplatz vorbei und als Waldpfad zu den oberen Häusern von Oberfeld. Nach einer Straßenquerung lenkt das Täfelchen „Höhenweg Holz" auf einen Forstweg. An der Gabelung bei der Parzelle Rütte richten wir uns nach der rot-weißen Bezeichnung. Hier erblickt man den hohen, restaurierten Ruinenturm der vormals mittelalterlichen, 1939 niedergebrannten Burg. Entlang eines Wiesenhangs kommt man zur Parzelle **Holz** 02. Am Nordufer der Bregenzer Ach fallen der breit gelagerte und jäh abstürzende Kanzelfelsen und das Gebhardsberger Kirchlein auf. Beim AV-Heim Alte Schmiede mit Fischteichen und Mühlrad orien-

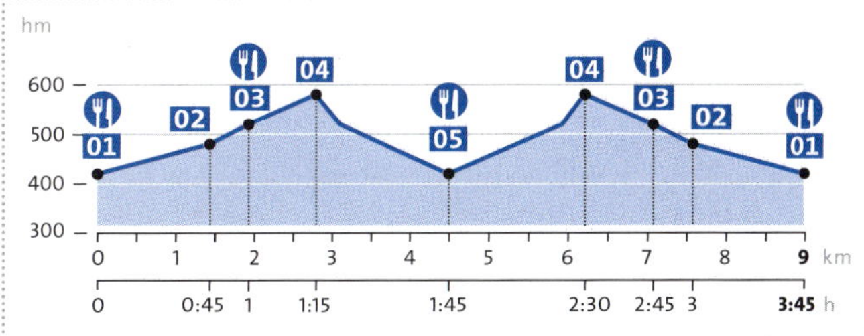

01 Wolfurt, Bregenzer-Ach-Brücke, 420 m, 02 Holz, 480 m, 03 Frickenesch, 520 m, 04 höchster Punkt, 580 m, 05 Rickenbach, 420 m

Rheintalebene und Schweizer Berge von Meschen aus gesehen.

tiert man sich am Wegweiser „Höhenweg Frickenesch“ und taucht auf dem angenehm steigenden Vogellehrpfad erneut in den Wald ein. Holzstege legen sich über einen urigen Bachtobel mit kleinem Wasserfall. Nach einer Forstwegquerung steigt man einen kleinen weglosen Weidehang hinauf nach **Frickenesch** 03 und hat nun einen freien Blick über den Bodensee.

Wir folgen einem Waldweg, der später wieder in einen Pfad wechselt. Auf 580 m, dem **höchsten Punkt** 04 der Wanderung, trägt uns abermals ein Steg über einen brausenden Tobelbach. Wo sich auf einem Abstieg der Wald öffnet, breitet sich uns zu Füßen die weite Rheintalebene aus. Dahinter bestimmen der Hohe Freschen, die schroffen Dornbirner Kalkriffe und die Schweizer Gipfelwelt das Bild.

Von Meschen bummeln wir auf einem kurvigen, verkehrsfreien Sträßchen an einem verborgenen Felsriegel vorbei, hinunter zum Wolfurter Ortsteil **Rickenbach** 05.

Man könnte für den Rückweg nach **Wolfurt** 01 auch bequeme Ortswege wählen, deutlich schöner ist allerdings die bekannte Strecke, auf der sich mit wechselndem Sonnenstand überraschend neue Eindrücke ergeben.

BÖDELE • 1153 m

Zwischen Rheintal und Bregenzerwald

13 km 4:30 h 715 hm 715 hm

START | Dornbirn/Haselstauden, Bushaltestelle an der Kirche, 441 m; Parkplatz Richtung Zentrum
[GPS: UTM Zone 32 x: 551.752 m y: 5.258.752 m]
CHARAKTER | Langer deutlicher Aufstieg. Meist gut bezeichnete Forst-, Wanderwege und stille Sträßchen, kurzer Pfad.

Das Bödele ist ein sowohl im Sommer als auch im Winter viel besuchtes Naherholungsgebiet am Losenpass. Vor allem die Dornbirner Bevölkerung pilgert in Scharen an herbstlichen und winterlichen Nebeltagen aufs Bödele, um zumindest ein paar Sonnenstunden zu genießen.

Bei der **Kirche in Haselstauden** 01 eröffnet der Wanderwegweiser „Stüben" diese sportliche Waldhöhenrunde. Wir gehen am Haselstauder Bach bergan und achten an einem schönen alten Holzhaus auf das gelb-weiße Zeichen. Nach dem Ortsrand beginnt ein Waldweg. Von diesem zweigt bei einem Tiefblick auf die Stadt ein teilweise mit Holzstufen angelegter, kräftig anziehender Zickzack-Wanderweg ab.

Das ab **Stüben** 02 über Wiesen steigende Sträßchen Richtung Bö-

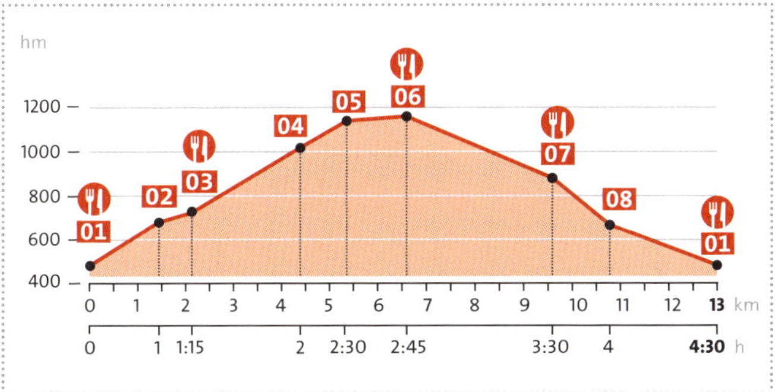

01 Haselstauden, Kirche, 441 m, 02 Stüben, 680 m, 03 Oberfallenberg, 740 m, 04 Fähnle, 1020 m, 05 Naturschutzgebiet Foramoos, 1145 m, 06 Bödele, 1153 m, 07 Ammenegg, 890 m, 08 Fluh, 670 m

Der nächste Winter kann kommen.

dele kostet weitere Schweißperlen. Die Aussicht weitet sich dafür vom Bodensee bis zum Freschen.

In **Oberfallenberg** 03 nehmen wir den Gehsteig der Bödelestraße und am Ortsende den zu Beginn geteerten Forstweg. Auch die erholsamen Abschnitte durch die Fallenberger Wälder sind eher bescheiden. Auf einem Wanderweg erreichen wir zuletzt die Ferienhäuser von **Fähnle** I. Lindau sowie die Mündungen der Bregenzer Ach und des Rheins kommen ins Blickfeld.

Nun geht es auf einem Waldweg, im weiteren Verlauf auf einem Pfad zur Feriensiedlung beim **Naturschutzgebiet Fohramoos** 05. Dort wählen wir die zum Bödele beschilderte kürzere Variante. Ein Fahrweg bringt uns zum waldumschlossenen Bödelesee. Nach dessen Umrundung trifft man auf einem Wanderweg bei der kleinen Ansiedlung **Bödele** 06 ein. Da breiten sich plötzlich die Gipfel und Kämme des Bregenzerwaldes vor uns aus und die Allgäuer Alpen bestechen mit ihren berühmten Gipfeln Hochvogel, Hoher Ifen und Widderstein.

Wir wandern kurz zurück und schlagen an der Verzweigung vor

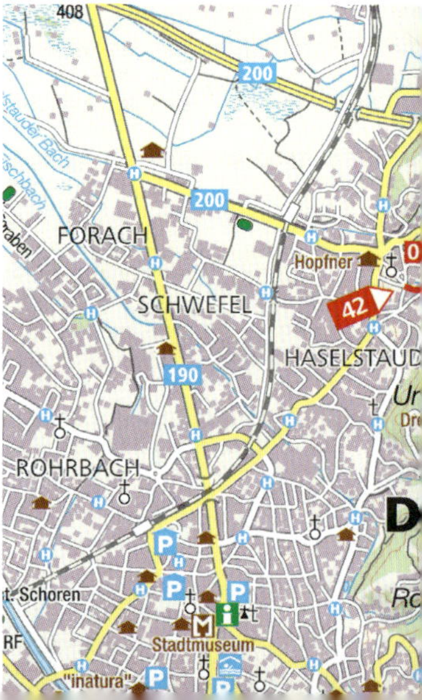

Im alten Dornbirner Stadtteil Haselstauden.

dem Beginn der Feriensiedlung am Fohramoos den fallenden Forstweg (im Winter Rodelbahn) nach **Ammenegg** **07** ein, das wir nach Querung der Bödelestraße und Passieren einer Kapelle auf einem Wiesenpfad erreichen. Nach **Fluh** **08** finden wir wieder einen Forstweg vor.

Dort Richtung Schwarzach haltend gelangt man auf einem verkehrsfreien Sträßchen zurück nach **Haselstauden** **01**.

STAUFEN • 1465 m

Dornbirns Hausberg

7,4 km 3:05 h 829 hm 829 hm

START | Bergstation Karren, 976 m
[GPS: UTM Zone 32 x: 556.656 m y: 5.248.553 m]
CHARAKTER | Bis zum Gipfel Forststraßen und alpine Steige. Den markierten Steig (Trittsicherheit erforderlich) zur Staufenalpe sollte man nach Niederschlägen wegen der Rutschgefahr meiden und stattdessen über den Aufstiegsweg absteigen und auf der Staufenrunde zur Staufenalpe wandern.

Der Hausberg von Dornbirn und Hohenems liegt am Westrand des Bregenzerwalds. Durch seine frei stehende Lage genießt man von oben nach Norden, Westen und Süden einen schönen Blick auf den Bodensee, das Rheintal und in die Schweiz.

Von der **Bergstation auf dem Karren** 01 folgt man den Wegweisern nach Schutttannen. Zu-

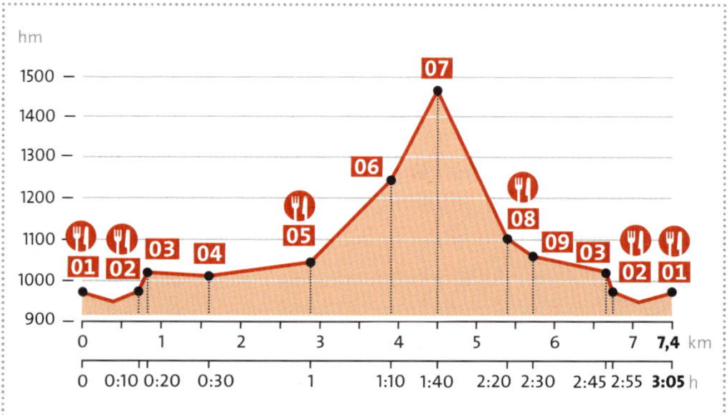

01 Bergstation auf dem Karren, 976 m, 02 Alpengasthof Kühberg, 975 m, 03 Weggabelung „Hochegg", 1020 m, 04 Weggabelung „Staufenwanne", 1010 m, 05 Berggasthof Schuttannen, 1045 m, 06 Weggabelung „Gerstenboden", 1245 m, 07 Gipfelkreuz, 1465 m, 08 Staufenalpe, 1098 m, 09 Wegweiser „Staufenrunde", 1060 m

nächst geht es auf einem breiten Kiesweg Richtung Süden leicht abfallend in einen Sattel, bei der Weggabelung „Abzweig Kühberg" folgt man sich rechts haltend der Beschilderung nach Schuttannen. Leicht ansteigend ist bald der **Alpengasthof Kühberg** 02 erreicht. Mit schönem Blick ins Rheintal, Appenzeller Land und Bodensee geht es auf dem Fahrweg weiter zu einer weiteren **Weggabelung „Hochegg"** 03, auf die man auf dem Rückweg wieder trifft.

Nun geht es durch schattigen Wald in leichtem Auf und Ab weiter zur **Weggabelung „Staufenwanne"** 04, wo wir kurz darauf am Ende des Fahrwegs nach links auf einen Bergpfad wechseln. Er führt nun deutlich steiler im Wald den Hang hinauf zu den Almwiesen an der Westflanke des Staufens. Höhenparallel wandernd ist bald der schon länger zu sehende **Berggasthof Schuttannen** 05 erreicht.

Wegweiser unterhalb des Gasthofs (bei der Bushaltestelle) geben eher vage die Richtung zum Staufen vor. Das ist nicht weiter schlimm, denn der Fahrweg in den Bergwiesen entlang seiner Südflanke sowie der Gipfel samt Gipfelkreuz sind nicht zu übersehen. Bei der **Weggabelung „Gerstenboden"** 06 bleiben wir geradeaus auf dem Fahrweg und folgen dem Schild „Staufenspitze 30 Min." (ein zweiter Weg zum Gipfel ist nur „Geübten" empfohlen).

Ein letzter Blick auf das Rheintal und den Schwarzenberg oberhalb des Berggasthofs Schuttannen, dann geht es in den Wald hinein und gleich darauf auf einen Steig kontinuierlich entlang der Hangkante (teilweise durch Zäune gesichert) hinauf zum Gipfel. Immer wieder genießt man herrliche Blicke hinunter nach Dornbirn, Bregenz und hinüber zum Bodensee. Ab der Weggabelung „Staufen-

Blick vom Gasthof Schuttannen Richtung Staufen; der Wanderweg (Fahrweg) ist gut erkennbar, der Staufen ist der linke Gipfel.

Blick vom Gipfel des Staufen über das Rheintal zum Alpsteinmassiv.

spitze" sind es nur noch wenige Schritte zum links liegenden **Gipfelkreuz** 07. Der Panoramablick ist beeindruckend: Richtung Süden schaut man auf die Liechtensteiner Alpen und jenseits des Rheintals zum Hohen Kasten und Säntis und über das Appenzeller Alpenvorland. Hohenems und Dornbirn liegen zu Füßen, Richtung Norden reicht der Blick über Bregenz, das Rheindelta und den Bodensee bis zum deutschen Ufer mit Lindau. Lediglich nach Osten ist der Blick durch Bäume verdeckt.

Der unangenehme Steig bergab zur Staufenalpe.

Wieder an der Weggabelung „Staufenspitze", steigt man nun nach Osten zur Staufenalpe ab. Der Steig ist unangenehm steil und führt meist über frei gelegten Wurzeln fast in der Falllinie hinunter zur Alpe. Einige kurze Passagen sind sogar seilversichert.

Bei einem Drehkreuz sind endlich die Wiesen der **Staufenalpe** 08 erreicht, nun geht es auf dem Staufenrundweg (breiter Fahrweg) links Richtung Bergstation Karren. In einer Rechtskurve – **Wegweiser „Staufenrunde"** 09 – halten wir uns nochmals links Richtung Kühberg und Bergstation.

Nun kommt ein schöner Abschnitt, der den steil abfallenden Nordhang des Staufens quert, talwärts durch einen Holzzaun gesichert. Schließlich ist wieder die **Wegga-**

Panoramarestaurant Karren

Das Panoramarestaurant Karren bietet einen fantastischen Blick auf das Rheintal und den Bodensee sowie Dornbirn. Besonders schön ist es hier natürlich bei Sonnenuntergang und am Abend, wenn sich das Rheintal in ein Lichtermeer verwandelt. Dank der langen Öffnungszeiten kann man hier problemlos den Sonnenuntergang vom Gipfel genießen und anschließend im Restaurant einkehren. Die Seilbahn fährt im 15-Minuten-Takt.
Sommer: So–Do 9–23, Fr–Sa 9–24 Uhr, Winter: Mo–Do 10–23, Fr 10–24, Sa 9–24, So 9–23 Uhr; www.karren.at

belung „Hochegg“ 03 erreicht. Auf bekanntem Hinweg geht es mit nochmals schönem Blick zum Bodensee am **Alpengasthof Kühberg** 02 vorbei zurück zur **Bergstation auf dem Karren** 01.

ÖRFLASCHLUCHT

Durch eine Waldschlucht nach Meschach

6,7 km 2:40 h 263 hm 263 hm

START | Parkplatz und Bushaltestelle vor der Kirche St. Arbogast, 458 m [GPS: UTM Zone 32 x: 548.669 m y: 5.241.529 m]
CHARAKTER | Einfache Wanderung mit nicht allzu steilen Anstiegen. Teilweise Forststraßen, sonst Wiesen- und Waldpfad.

Wenige kennen das Tal des Emmebachs, der sich unweit von Götzis eine eindrucksvolle Schlucht gegraben hat. Die Wanderung führt meist durch Wald und ist daher eine ideale Tour an einem heißen Sommertag oder im Herbst während der Laubfärbung. Tagesziel ist Meschach, ein kleiner hübscher Weiler im Bregenzer Wald.

▶ Vom **Parkplatz vor der Kirche St. Arbogast** 01 geht es am Gasthof Schützen vorbei und dann rechts auf eine Forststraße (Wegweiser zeigen schon Örflaschlucht und Meschach an). Wir folgen der Forststraße bis zu einer Lichtung und erreichen einen kleinen Grillplatz an der **Weggabelung „Mitzgebach“** 02.

An der Grillstelle vorbei wandern wir geradeaus bis zur **Weggabelung „Örflaschlucht Süd“** 03. Hier geht es später rechts ab Richtung Meschach, zunächst bleiben wir aber auf dem Fahrweg und machen einen Abstecher in die Örflaschlucht bis zum **Wegweiser**

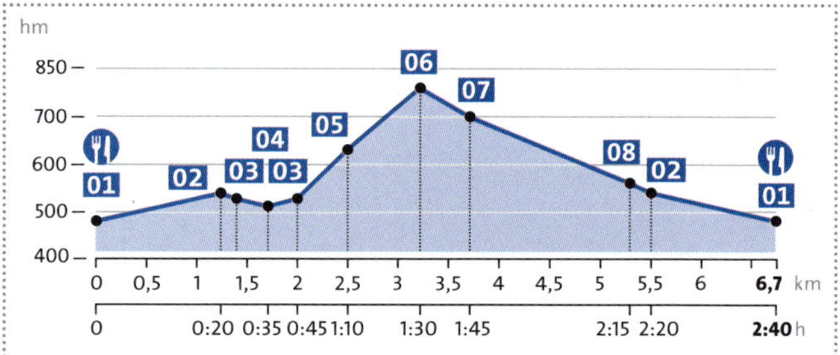

01 Parkplatz St. Arbogast, 481 m, 02 Weggabelung „Mitzgebach“, 540 m, 03 Weggabelung „Örflaschlucht Süd“, 535 m, 04 Wegweiser „Örflaschlucht Nord“, 510 m, 05 Weggabelung „Meschatle“, 635 m, 06 Kirche von Meschach, 760 m, 07 Brücke, 700 m, 08 Weggabelung „Rheintalweg Enge“, 558 m

„Örflaschlucht Nord“ 04. Hier drehen wir um und laufen zurück zur **Weggabelung „Örflaschlucht Süd“ 03**.

Über eine Kuppe geht es hinunter zum Emmebach, den wir auf einer Brücke überqueren. Am Wasser führt leider kein Weg entlang, bis zum Talboden reichende Felsen und im Bachbett liegende Felsbrocken lassen keinen Wegbau zu.

Auf einen schmalen Wiesenpfad und später Waldpfad geht es stetig ansteigend hinauf zur **Weggabelung „Meschatle“ 05**. Hier halten wir uns Richtung Meschach und stoßen kurz darauf auf die Fahrstraße nach Meschach. Der folgen wir für wenige Meter, bis links Treppenstufen in den Wald führen. Der Wanderweg verläuft oberhalb der Straße und endet an der **Kirche von Meschach 06**. Hier lohnt es sich, eine Pause einzulegen und den idyllischen Weiler auf sich wirken zu lassen.

Für den Rückweg wandern wir zunächst hinunter zur Kehre, biegen dort rechts ab und wandern talwärts an der Hecke entlang bis zu deren Ende. Hier weist ein Wegweiser „Wanderweg“ links in ein Privatgrundstück. Links am Gebäude vorbei führt ein Wiesenweg bergab nach rechts abfallend zum Waldrand.

Im Wald ist bald die Weggabelung „Emmebach Wuhrweg“ erreicht. Dort folgen wir den Schildern Richtung Schönebuch/St. Arbogast über eine schön geschwungene **Brücke 07**. Unter dieser stürzt der Emmebach einige Meter senkrecht in die Tiefe. Auf der anderen Seite geht es hinauf zu einer Lichtung und ab da den

In der Örflaschlucht bei der Brücke über den Emmebach.

Markierungen bzw. Wegweisern folgend auf breiten Forststraßen Richtung Götzis. Vorbei an den Holzschildern „Unteres Schönebuch/Sandgrube“ und später „Unteres Schönebuch/Brünnele“ wird schließlich die **Weggabelung „Rheintalweg Enge“** 08 erreicht. Steil ragen hier die Wände rechts des Mitzgebachs auf. Von hier sind es noch 20 Minuten nach St. Arbogast. Am Bach entlang geht es zur bekannten **Weggabelung „Mitzgebach“** 02 und von dort auf dem Hinweg zurück zum **Parkplatz** 01.

Ein schönes, mit Schindeln verkleidetes Haus in Meschach.

SANDPLATTE

Steingewordene Meeresküste und sechs Häfen

15 km | 4:00 h | 5 hm | 5 hm

START | Hard, Bahnhof Hard-Fußach (Parkplatz), 400 m [GPS: UTM Zone 32 x: 551.955 m y: 5.258.752 m]
CHARAKTER | Teilweise beschilderte Fußgänger-, Wander- und Wirtschaftswege ohne jegliche Steigungen.

Das Naturdenkmal Sandplatte im Unterlauf der Bregenzer Ach, dem letzten zumindest noch teilweise erhaltenen Wildfluss Vorarlbergs, zeigt die Struktur wandernder Sandwellen. Diese erzählen von einer versteinerten Meeresküste. Das von der Ach transportierte Geröll hat Strudeltöpfe, Rinnen und die herrlichsten Naturbadewannen ausgeschürft.

Nach der Unterführung am **Bahnhof Hard-Fußach** 01 in Hard leitet ein Gehsteig auf den Pfänder zu und ein Wanderweg über das Brücklein des Lauterachbachs und an der Bahn entlang. Hinter einer weiteren Bahnunterführung nehmen wir den Fußgängerweg neben der Rotachstraße und den Wanderweg vorbei an der **Mittelweiherburg** 02 (Textildruckmuseum). Auf der Langenstegstraße und bei einem Ballspielplatz ist eine Vorfahrtsstraße zu queren. Ein kurzer Wanderweg führt zur Bregenzer Ach. Rechts auf dem Uferweg ist es nur ein kleiner Abstecher zu dem nach der Bahnbrücke magisch anziehenden **Naturdenkmal Sandplatte** 03 am Ortsrand von Lauterach.

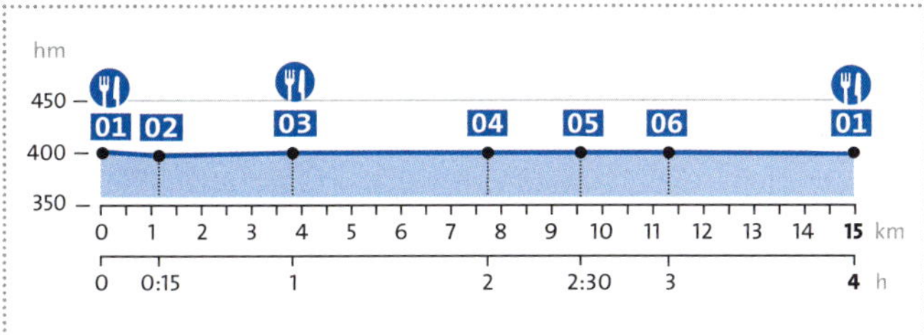

01 Hard-Fußach, Bahnhof, 400 m, 02 Mittelweiherburg, 401 m, 03 Naturdenkmal Sandplatte, 403 m, 04 Auhafen, 398 m, 05 Binnenbecken, 398 m, 06 Rheinstraße, 398 m

Schotterwerk
Auhafen
04
Dampferhafen
Zollhafen
Kulturwerkstatt
Kammgarn
Gondelhafen
Erlebnisbad
Binnen-
becken
Mehrerau
Mehrerau
VORKLOSTER
Grüner
Baum
Hard
398
403
SCHENDL
Bregenzerach
45
RHEIN
Sandinsel
398
Fischerheim
05
Intermezzo
Krone
Sportanlage
am See
Engel
Angelika
Sauna
202
Rauhholz
Diana
Kiese
Schloss
Mittelweiherburg
Rotach
02
Textildruckmuseum
Bommen
Bhf. Hard
400
408
01
Lerchenau
Bhf. Laute
06
398
Birkengraben
Erlach
Weingarten
398
Lauterac
Jannersee
400
Unterd

Nach einer Entdeckungspause gehen wir zurück zur Hauptroute und folgen dem Uferweg durch Auwald ins Naturschutzgebiet „Mehrerauer Seeufer – Bregenzer-Ach-Mündung" mit verschiedenen Feucht-Lebensräumen.

Beim Schützenheim entfernt sich der Weg von der Ach. Am Sportplatz biegt man dann rechts ab, bis der „Rundweg um Hard" zum **Auhafen** 04 und zur Hohentwiel-Schiffsanlegestelle abschwenkt.

Anschließend schlendert man auf Fußgängerwegen am abwechslungsreichen Hafengelände entlang, vorbei an Gondelhafen, Zollhafen, Sporthafen und Dorfbachhafen.

Beim **Binnenbecken** 05 schlägt man einen Bogen um den Fischteich ans Ufer der in der Nähe mündenden Dornbirner Ach mit alter holzgedeckter Brücke. Anschließend führt ein uferbegleitender Wirtschaftsweg auf die Berge zu.

Am Ortsende von Hard unterqueren wir die **Rheinstraße** 06 und folgen dem Radwegsymbol in die Riedstraße. Nach der Bahnunterführung haben wir den Firstkamm vor der Nase. Eine Brücke trägt uns noch über den Birkengraben, dann leiten zwei Wanderwegabschnitte zurück zum **Bahnhof in Hard-Fußach** 01, wobei am Ortsanfang ein Links-rechts-Haken in den Wachtelweg fällig ist.

Die faszinierenden Sandplatten im Unterlauf der Bregenzer Ach.

VON FUSSACH NACH ST. MARGRETHEN

Rheinaufwärts auf die Rätikonberge zu

10 km | 2:45 h | 10 hm | 10 hm

START | Fußach, Bushaltestelle „Altes Postamt“ am Ortsanfang (Parkplatz), 399 m [GPS: UTM Zone 32 x: 550.126 m y: 5.258.559 m]
CHARAKTER | Meist beschilderte, steigungsfreie Wirtschafts- und Fußgängerwege. Grenzübergang.

Wer vom Mündungsgebiet des Rheins auf den alpinen Dreiländerwinkel zuwandert, wird immer aufs Neue vom außergewöhnlichen Gegensatz Wasser – Berge fasziniert sein, der den Wanderungen eine ganz besondere Ausstrahlung verleiht. Als würde man von der Seeseite her durch ein riesenhaftes Tor diesen von der Hobelkraft des Eiszeitgletschers ausgeräumten, aber auch auf tektonische Vorgänge zurückgehenden, heute brettlebenen Gebirgsschlund betreten: zur Linken die schroffen Felsriegel des Bregenzerwalds, rechter Hand die vielgestaltigen Appenzeller Berge der Schweiz und im Süden der trutzig 2000 m den Talboden überragende Liechtensteiner Rätikon.

▶ Bei der Rheinbrücke nahe der **Bushaltestelle „Altes Postamt“ in Fußach** 01 spazieren wir durch die Fußgängerunterführung. Auf dem nach Höchst beschilderten, geteerten Wirtschaftsweg am kanalisierten Fluss aufwärts übers völlig flache Wiesenland mit vereinzelten Gehölzzonen genießen wir den komfortablen Weg auf die erhabenen Rätikonberge zu.

Um die vormals zeitweise recht verheerenden Überschwemmungen zukünftig zu verhindern,

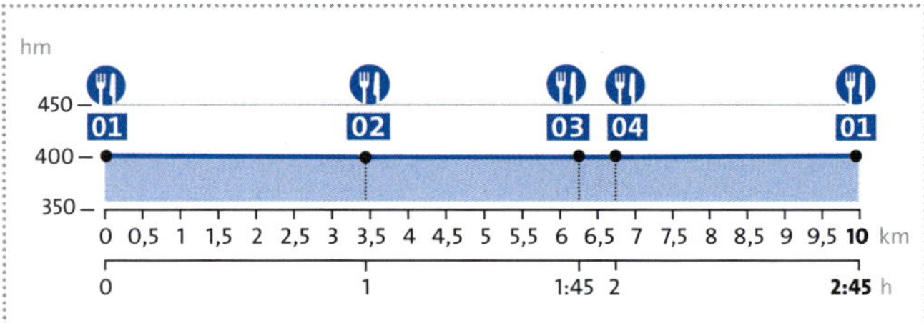

01 Fußach, Bushaltestelle Altes Postamt 399 m, 02 Brugg, 402 m, 03 St. Margrethen, 403 m, 04 Höchst, 403 m

NSG
Fußacher Bucht
Rheindelta
Natura 2000
FKK-Badegelände
Sandinsel
Fischerstüble
In der Schanz
Fischerheim
Sportanlage Müss
Fußach
399
Mockenried
398
Rümplern
Höchst
403
Neue Wiesen
Helden
Birkenfeld
Anker
Die Linde
Phönix
Zollamt
Brugg
Thermalbad
St. Margrethen
Schäflisberg
Heldsberg
548
Au (SG)
Haslach
405
Zollamt
Rheindorf
Stickereimuseum
Erholungszentrum
Hp. Lustenau-Markt
Bhf. Lustenau
Schweizer R
Zellgas
Müllverwertungsanlage
401
Lustenauer Kanal
RHEIN
Kiese
Bhf.Har
Birkengraben
Sportanlage am See
Intermez
Erlebnisbad
Binnenbecken
Gondelhaf
Dampferhafen
Zollhafe
Schotterwerk
Grindelkanal
402
Streu
Unteres Heuried
0 500 m
01
02
03
04
46
202
203
E43
E60
86

Auwaldspaziergang am Alten Rhein bei St. Margarethen.

verlegte man die Mündung des Rheins um 1900 durch einen verkürzten Flusslauf ostwärts.

Am Ortsanfang des Höchster Ortsteils **Brugg** 02 geht es unter einer Straßenbrücke hindurch, zur Linken das Bregenzerwaldgebirge. Bei den Tennisplätzen mit Strandbad betritt man Schweizer Hoheitsgebiet und verlässt den Alpenrhein Richtung Rorschach. Das Wandertäfelchen weist über den Alten Rhein. Anschließend begleitet die mit „Passarelle" ausgeschilderte landwirtschaftliche Fahrbahn durch einen Auwaldstreifen den früheren Rhein. Eine Fußgängerbrücke trägt uns nach einer Straßenunterführung über die Autobahn nach **St. Margrethen** 03. Links in die Dammstraße einschwenkend kommen wir zum Grenzübergang.

Wieder in Vorarlberg geht es nochmals über die N 1 nach **Höchst** 04. An einer Ampelkreuzung bummelt man geradeaus und folgt der Dr.-Schneider-Straße. Den Radwegweiser beachtend gelangt man durch ein Siedlungsgebiet zurück nach **Fußach** 01.

Blick von der Rheinbrücke Hard-Fußach auf den Hochwasser führenden Alpenrhein, der viel Treibgut Richtung Rheinmündung transportiert.

RHEINHOLZ

Größtes Süßwasserdelta unseres Kontinents

14 km | 3:30 h | 10 hm | 10 hm

START | Höchst, Bushaltestelle beim Konsum (Parkplatz), 403 m [GPS: UTM Zone 32 x: 547.119 m y: 5.257.074 m]
CHARAKTER | Teilweise beschilderte, steigungsfreie Fußgänger- und Wirtschaftswege sowie stille Sträßchen, kurzer Wanderweg.

Ziel dieser beschaulichen Flachlandrunde am naturnahen Alten Rhein entlang und ums Gaißauer Ried ist das Naherholungsgebiet Rheinholz. Es liegt in der Nordwestecke des ornithologisch bedeutsamen Rheindeltas – des größten Süßwasserdeltas unseres Kontinents. Hier findet man viele gefährdete Pflanzenarten.

▶ Vom Parkplatz beim Konsum in **Höchst** 01 nehmen wir die Route Richtung Rheineck, bis die Seestraße abzweigt. Dort biegen wir links in die Zehentstraße ein und schlagen, wo wir wieder auf eine Querstraße Holderbaum stoßen, einen Rechts-links-Haken in die Frühlingsstraße. An deren Ende nimmt uns ein Fußgänger- und Radweg auf. Am bewaldeten Alten Rhein mit seinen kleinen versteckten Weihern, Tümpeln und dem urigen Altwasser wandern wir gemütlich um eine Altarmschleife nach **Gaißau** 02.

Das kaum befahrene Sträßchen Richtung Rheinspitz begleitet weiterhin den alten Flusslauf. Wo das **Rheinholz** 03 beginnt, folgt man rechts dem Wirtschaftsweg auf einem Polderdamm. Nach einem Bootshafen gelangt man auf einem Wanderweg an der Einfahrtsrinne entlang zum nahen Aussichtspunkt auf einer

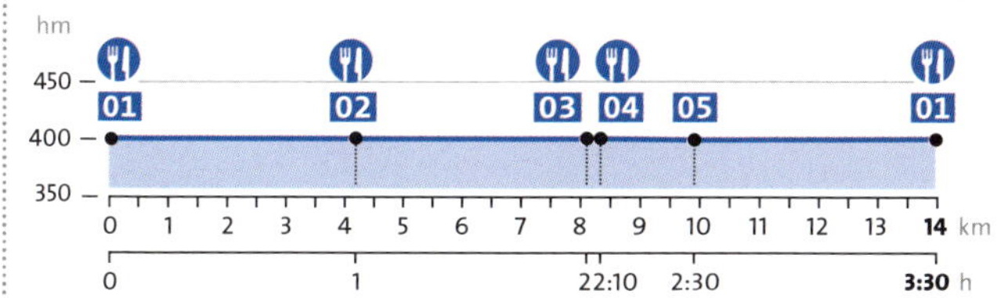

01 Höchst, 403 m, 02 Gaißau, 400 m, 03 Rheinholz, 396 m, 04 Landnase, 396 m, 05 Berufsfischereiplatz, 397 m

Rohrkolben an der Bodenseebucht beim Rheinholz.

kleinen **Landnase** 04, am gefächerten Ufersaum des Rheindeltas mit hübscher Bucht. Jenseits der großen Wasserfläche, die laut Alexandre Dumas „wie ein Stück Himmel aussieht, in Erde gerahmt, um Gott als Spiegel zu dienen", zeigt sich das württembergische und bayerische Ufer, im Osten grüßt der Pfänder. Eine fantastische Begegnungsstätte von Wasser und Gebirge an der Scheidelinie zwischen Ost- und Westalpen! Ein weiter Horizont – typische Bodenseestimmung!

Nach ausgiebiger Faulenzerei stimmt auf dem weiteren Dammweg an einem Schilfgürtel entlang die ungewöhnliche Weite dieser Deltalandschaft fast ein wenig melancholisch, selbst bei blauem Himmel.

Am **Berufsfischereiplatz** 05 vor einem kleinen Hafen wechseln wir auf eine schmale Straße. Über Wiesen und zwischen Maisfeldern geht's am Ostrand des Gaißauer Riedes auf die vordersten Appenzeller Berge zu. An einem Rastplätzchen mit Brunnen hält man sich geradeaus und kommt so wieder nach **Höchst** 01.

Romanze in Gaißau.

KLOSTERINSEL RHEINAU

Stille Insel in einer Rheinschlaufe

4,4 km 1:00 h 48 hm 48 hm

START | Parkplatz vor dem Gemeindeamt Rheinau, 385 m [GPS: UTM Zone 32 x: 470.099 m y: 5.276.764 m]
CHARAKTER | Spaziergang auf naturbelassenen Wegen und wenig befahrenen Teerstraßen.

Nur 6 km vom berühmten Rheinfall entfernt bildet der Hochrhein eine Doppelschleife – zwischen den Halbinseln Rheinau und Schwabenau liegt eine kleine Insel mit einem ehemaligen Benediktinerkloster. Seine Klosterkirche zählt zu den schönsten Barockkirchen der Schweiz. Der Ort Rheinau selbst liegt auf der gleichnamigen Halbinsel, der sie umfließende Rhein bildet die Staatsgrenze. Sehenswert sind die Oberstadt mit einem Keltenwall und Stadtmauerresten, die Unterstadt (unterhalb der Bergkirche) mit spätgotischen Herrenhäusern und das Salmenquartier mit barocken Gebäuden und der alten Zollbrücke.

▶ Unser Rundgang beginnt am **Parkplatz vor der Gemeindeverwaltung** 01 in der Schulstraße. Der folgt man, mit dem Rücken zur Gemeindeverwaltung, nach rechts. Bevor man dem Fußweg bergab nimmt, lohnt sich ein Besuch der **Bergkirche St. Nikolaus** 02. Von der Terrasse neben dem Friedhof hat man einen schönen Blick auf die Klosterinsel und die mächtigen Wirtschaftsgebäude des Klosters. Die Bergkirche ist – wie auch die auf der Klosterinsel stehende Spitzkirche St. Magdalena – eine Simultankirche, die sowohl von der reformierten als auch von der katholischen Bevölkerung genutzt wird.

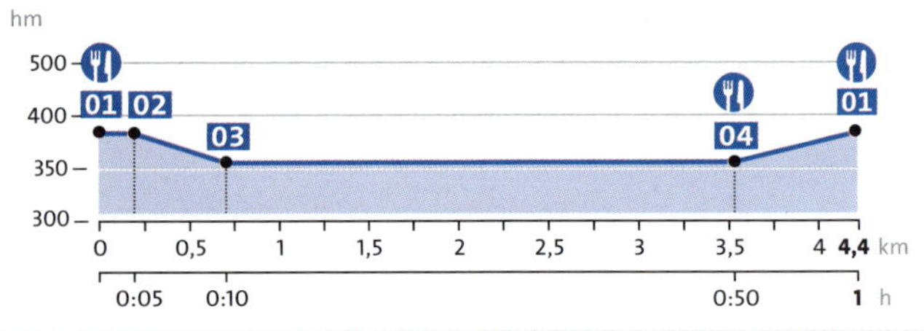

01 Gemeindeverwaltung Rheinau, Parkplatz, 385 m, 02 Bergkirche St. Nikolaus, 385 m, 03 Klosterinsel, 356 m, 04 Alte Zollbrücke, 355 m

Blick von der Bergkirche St. Nikolaus zum Kloster, links davon die klösterlichen Wirtschaftsgebäude rund um den Klosterhof.

Kloster Rheinau

Das Benediktinerkloster Rheinau wurde um 778 gegründet, 1862 säkularisiert und bis 2000 als psychiatrische Klinik genutzt. Heute befindet sich in einem Teil der Klosteranlage das Musikzentrum „Musikinsel Rheinau", das hier Hotelzimmer und Probenräume unterhält. Bekannt sind die Rheinauer Konzerte in der Klosterkirche, die über gleich zwei historische Orgeln verfügt.

Eine romanische Klosterkirche wurde 1114 geweiht, Mitte des 18. Jhs. wurden die Kirche und die Konventsgebäude im barocken Stil erneuert.

Die Handschriften der umfangreichen Klosterbibliothek befinden sich heute in der Zürcher Kantonsbibliothek. Der klösterliche Weinkeller wird von der Staatskellerei Zürich genutzt.

www.klosterkircherheinau.ch

Die Kuppel der Klosterkirche mit ungewöhnlichen Wasserspeiern.

Blick über den Rhein zur Spitzkirche St. Magdalena auf der Klosterinsel.

Nun spaziert man den Fußweg bergab zur Poststraße, die rechter Hand von niedrigen hübschen Häusern gesäumt wird. In der Rechtskurve (Unterer Steig) sieht man links das 1492 erbaute Wirtshaus zum Buck. Vorbei am Restaurant Augarten führt der Weg zum weitläufigen Klosterplatz. Hier stehen die einstigen Ökonomiegebäude des Klosters: Scheunen, Keller, Trotte, Stallungen, Wagnerei und Küferei. Heute arbeitet hier die Staatskellerei Zürich in den alten Räumlichkeiten. Seit über 400 Jahren werden im Klosterkeller Weine produziert, seit 1862 keltert die Staatskellerei den Wein von insgesamt 26 Zürcher Weinbaugemeinden des Kantons Zürich.

Eine kleine Brücke führt auf die **Klosterinsel** **03**. Nach dem Blick in die Klosterkirche sollte man noch am Ufer entlang bis zur kleinen Spitzkirche St. Magdalena vorgehen. Sie wurde Ende des 16. Jhs. erbaut.

Wieder zurück auf dem Klosterplatz folgen wir der Beschilderung „Rundwanderweg" und steigen die paar Stufen rechts neben der Brücke zum Rhein hinunter. Von hier aus genießt man einen schönen Blick auf die Klosterinsel mit der mächtigen Kirche, den ehrwür-

Die Alte Zollbrücke über den Rhein

Historisch belegt ist an dieser Stelle eine Holzbrücke seit 1247; sie diente wohl als Verbindung vom Kloster zu den Ländereien auf dem Festland. 1444 wurde die Brücke im Zürichkrieg zerstört und 1799 von französischen Truppen endgültig abgerissen. In ihrer heutigen Form wurde sie 1804 bis 1806 errichtet. Die etwa 80 m lange und 4,3 m breite Brücke besteht aus einer 63 m langen gedeckten Holzbrücke und zwei Steinbrücken als Widerlager auf jeder Seite.

digen Klostergebäuden und der zierlichen Spitzkapelle. Entlang des Uferwegs wurde ein ökologischer Lehrpfad angelegt, der über die hier heimischen Pflanzen und Tiere informiert.

Mit Blick über den träge dahinfließenden Rhein und das Ufer der bewaldeten deutschen Halbinsel Schwabenau folgt man nun dem Uferweg, leider nicht immer mit Blick auf das Wasser. Dafür entschädigen die Blicke über die Felder hinüber nach Rheinau mit Bergkirche und Klosterkirche.

Wenn der Fußweg auf eine Straße trifft, folgen wir dieser nach rechts hinunter zum Rhein, können aber nicht direkt am Wasser weiterlaufen, sondern müssen die parallel verlaufende Sandackerstraße nehmen. Sie führt zwischen Wohnhäusern hindurch zu zwei weiteren Sehenswürdigkeiten: dem Historische Gasthaus zum Salmen mit einem netten Kastaniengarten und zur **Alten Zollbrücke** **04**.

Links neben dem Gasthaus führt eine Treppe (Rotlaubenweg) in die Oberstadt. Der Rotlaubenweg geht über in den Salmenweg, diesem folgen wir bis zur Austraße, in die wir rechts einbiegen. An der T-Kreuzung biegen wir nach links in die Ochsengasse ein und stoßen bei der Raiffeisenbank wieder auf die Poststraße. Rechts geht es zurück zur **Bergkirche** **02** und zum **Parkplatz** **01**.

DER RHEINFALL VON SCHAFFHAUSEN

Zum zweitgrößten Wasserfall Europas

4,3 km 1:10 h 61 hm 61 hm

START | Bahnhof Dachsen, 395 m
[GPS: UTM Zone 32 x: 471.016 m y: 5.279.376 m]
CHARAKTER | Einfacher Spaziergang auf naturbelassenen Wegen und Teerstraßen.

Der Rheinfall und das ihn überragende Schloss Laufen zählen zu den bekanntesten Ausflugszielen der Schweiz, entsprechend viel los ist hier an schönen Sommertagen. Wer die Möglichkeit hat, am Nachmittag zu kommen, wird mit einer schönen Beleuchtung von Westen belohnt. Reizvoll an der Wanderung ist, dass man quasi einmal den Rheinfall umrundet und ihn so aus ganz unterschiedlichen Perspektiven bestaunen kann. Auch Bootsfahrten zum Rheinfall-Felsen, eine Rundfahrt im Rheinbecken bzw. hinüber zum Schloss haben ihren Reiz.

▶ Die Wanderung startet ganz gemütlich am **Bahnhof von Dachsen** 01, wo Wegweiser die zahlreichen Wandermöglichkeiten in alle Richtungen aufzeigen. Wir folgen dem Wegweiser zum Rheinfall und Schloss Laufen und biegen zunächst in die Bahnhofstraße nach rechts und gleich links in den Rheinfallweg, dem wir aus dem Ort folgen. Rechter Hand liegen Felder, doch schon bald taucht die Evangelisch-

Blick von einer der Plattformen auf den tosenden Rheinfall.

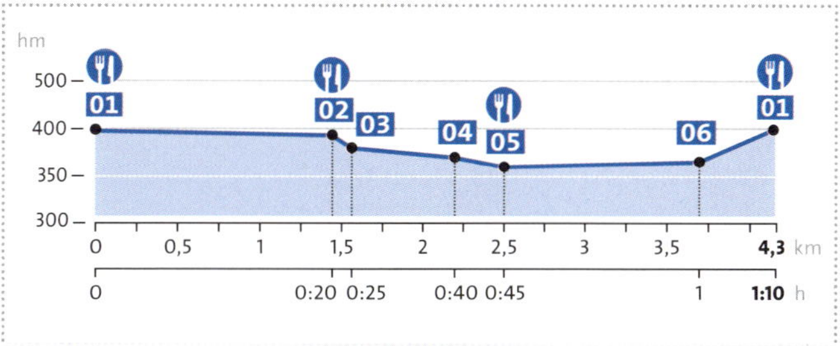

01 Bahnhof Dachsen, 395 m, **02** Schloss Laufen, 387 m, **03** Eisenbahnbrücke, 378 m, **04** Unterste Aussichtsplattform, 371 m, **05** Schiffsanleger, 361 m, **06** Fußgängersteg Nohl, 366 m

Reformierte Kirche in Laufen auf. Beim **Schloss Laufen** 02 bieten sich erste spektakuläre Möglichkeiten, einen nahen, wenn auch kostenpflichtigen Blick auf den Rheinfall zu werfen.

Rechts vom Schloss Laufen führt ein Weg hinunter zur Rheinbrücke. Hier unbedingt die Treppe hinuntergehen und die Unterführung nehmen. Da es sich um eine Eisenbahnbrücke handelt, kann man auf der Brücke nicht mehr die Seite wechseln.

Die **Eisenbahnbrücke** 03 selbst bietet allen, die nicht zur Aussichtsplattform unterhalb des Schlosses gelaufen oder gefahren sind, einen ersten Blick auf den Rheinfall, sozusagen auf seine Rückseite.

Nach Verlassen der Brücke führt ein „Panoramaweg“ mit mehreren Aussichtsplattformen, zunächst am Hang entlang, dann hinunter zum Rhein. Von der **untersten Aussichtsplattform** 04 kann man den Booten, die bei Schlössli Wörth starten, beim Anlegen am Felsen mitten im Rheinfall zuschauen. Beim **Schiffsanleger** 05 neben dem Schlössli Wörth geht es entsprechend lebhaft zu. Hier beginnen die kurzen Schiffsfahrten, es gibt mehrere Einkehrmöglichkeiten und die obligatorischen Souvenirshops.

Bei diesen ist auch der Wanderweg Nohl – Rheinau (siehe Tour 48) ausgeschildert. Er führt zunächst direkt am Wasser entlang. Immer wieder lohnt sich der Blick zurück zum Wasserfall. Am Ufer vertäut liegen zahlreiche schmale Ausflugsboote. Rundfahrten werden nicht hier nur zum Wasserfall, sondern auch nach Rheinau angeboten.

Schloss Laufen mit dem Panoramaaufzug hinunter zu den Plattformen.

Auf dem Weg zum Fußgängersteg in Nohl.

Hinter dem Bootshaus mit der Werbung für die Rundfahrten führt eine Treppe hinauf Richtung Nohl und zum **Fußgängersteg Nohl** **06**. Wieder auf Dachser Seite wandert man nach rechts hinauf auf das Hochufer und über den Fähreweg zur Bahnunterführung, quert diese und gelangt so wieder zum **Bahnhof** **01**.

ANTENNENTURM AUF DEM CHOLFIRST

Schaffhausen von oben

7,4 km 2:10 h 196 hm 196 hm

START | Bahnhof Schaffhausen, 402 m
[GPS: UTM Zone 32 x: 472.430 m y: 5.282.796 m]
CHARAKTER | Einfache Wanderung mit nur leichten Anstiegen, naturbelassene Waldwege und Teerstraßen.

Schaffhausen liegt in einer Senke am Hochrhein, umgeben von waldreichen Hügeln. Gleich im Süden der Stadt erhebt sich der Cholfirst, ein zum Rhein hin relativ steil abfallender Höhenzug. Ein beliebtes Ausflugsziel der Schaffhauser Bevölkerung ist der Sendeturm Cholfirst, auch Antennenturm genannt. Der Aufstieg zur Plattform ist „luftig" und auch etwas anstrengend, dafür entschädigt aber der grandiose Panoramablick auf die Stadt.

Vor dem **Bahnhof Schaffhausen** 01 wendet man sich nach rechts, folgt der Bahnhofstraße bis zum Rondell und biegt dort nach links in die Straße „Oberstadt" ein, die später in die Vordergasse übergeht. Man quert den Zebrastreifen der Bachstraße und läuft durch die Straße „Unterstadt" bis zum Freien Platz mit dem Schiffsanleger. Rechts geht es über die **Rheinbrücke** 02 hinüber nach Feuerthalen. Wenige Meter folgt man der Zürcherstraße berg-

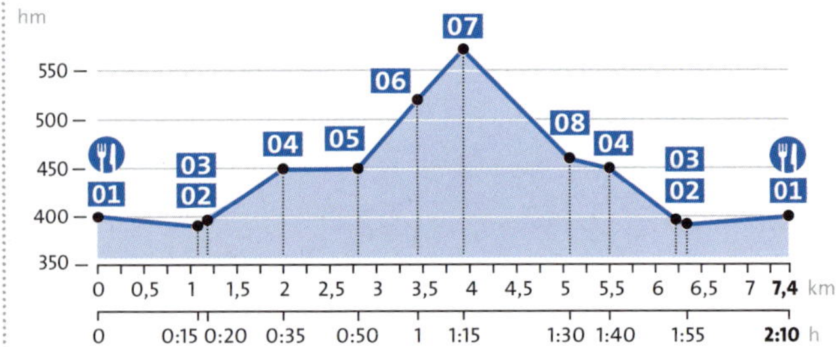

01 Bahnhof Schaffhausen, 402 m, 02 Rheinbrücke, 392 m, 03 Adlergasse, 397 m, 04 Weggabelung, 450 m, 05 Stadtweg, 450 m, 06 Turmweg, 520 m, 07 Antennenturm, 570 m, 08 Flurlingen, Steinhaus, 460 m

auf, dann zweigt schräg rechts die **Adlergasse** 03 ab. Ab hier ist der Fußweg zum Cholfirst und Antennenturm ausgeschildert. Am Ende der Adlergasse geht es durch eine Fußgängerunterführung und auf der Uhwieserstraße bergauf.

Bald sind die letzten Häuser erreicht und man wandert zwischen Wiesen auf einem breiten Kiesweg bergan nach Südwesten. An einer Weggabelung (nach einem schattigen Abschnitt zwischen Bäumen) biegen wir an einer **Weggabelung** 04 nach links ab und wandern oberhalb der Häuser von Feuerthalen an einer Schrebergartensiedlung vorbei und dann rechts hoch in den Chüngelibachweg, der nach Osten führend in den **Stadtweg** 05 einmündet.

Der Aufstieg zur Plattform ist anstrengend.

Blick auf Büsingen am Hochrhein, im Hintergrund Gailingen.

Wir steigen weiter bergauf und achten auf die gelben Wegweiser und Wanderschilder. Schon bald erreichen wir eine weitere Weggabelung, an der links der **Turmweg** 06 angeschrieben ist. Ein gelber Wegweiser weist darauf hin, dass es sich bei diesem um einen steilen Aufstieg handelt. Es sind zwar nur 70 Höhenmeter, aber die spürt man. Wem das zu anstrengend ist, folgt der alternativen Beschilderung über den Forstweg. Nach Niederschlägen kann der Turmweg etwas rutschig sein.

Erst wenn man fast schon unter ihm steht, wird der **Antennenturm** 07 sichtbar. Nun müssen nochmals luftige 191 Stufen zur Plattform erklommen werden. Dann erst kann man die herrliche Aussicht auf die Stadt, den Hochrhein, den Hegau und die Alpen genießen. Es lohnt sich, bei guter Fernsicht hochzusteigen.

Wer sich satt gesehen hat, klettert wieder hinunter und folgt den Wegweisern Feuerthalen/ Schaffhausen nach rechts. Auch hier finden sich unterwegs Wegnamen auf Holzschildern, wir folgen der Cholfirststraße talwärts und wechseln dann in den Eggässliweg. Der kleine Hohlweg führt weiter zügig bergab, vorbei an einem Aussichtspunkt hinunter auf eine Fahrstraße.

Wir kommen zu einem **Steinhaus** 08 am Ortsrand von **Flurlingen**, bei dem wir den Wegweisern folgend nach rechts abbiegen. Schon bald ist die **Weggabelung** 04 vom Hinweg erreicht. Hier schließt sich der Kreis.

Auf bekanntem Weg geht es durch Feuerthalen hindurch zurück zum Rhein und in die Altstadt, durch die man gemütlich zurück zum **Bahnhof** 01 bummeln kann.

Schloss Munot thront über der Altstadt von Schaffhausen.

IM ZÜRCHER WEINLAND

Wein und Burgen im Stammertal

10,4 km 2:50 h 138 hm 138 hm

START | Bahnhof Stammheim, 411 m
[GPS: UTM Zone 32 x: 484.135 m y: 5.275.747 m]
CHARAKTER | Aussichtsreiche Wanderung über naturbelassene Wege und Teerstraßen durch Weinberge und über Felder.

Nur wenige Kilometer südwestlich von Stein am Rhein liegt das Stammertal mit den Gemeinden Unter- und Oberstammheim, Waltalingen, Guntalingen und Girsberg. Diese Orte mit ihren schönen Ortsbildern lassen sich auf einer Rundwanderung erkunden.

Vor dem **Bahnhof Stammheim** 01 wendet man sich nach rechts und folgt einem parallel zu den Schienen verlaufenden Fußweg und den blauen Wegweisern der Schaubrennerei. Die Bahn und die Waltalinger Straße werden unterquert. Anschließend geht es immer geradeaus zum **Hof Stammheimer Hopfentropfen** 02. Hier dreht sich alles um Hopfen und Malz, es gibt einen Hofladen, Führungen, Brau- und Whiskyseminare, einen Lehrpfad und eine Schaubrennerei.

Weiter geht es über den Mülibach nach Guntalingen, wo wir nach links abbiegen und der Straße zur

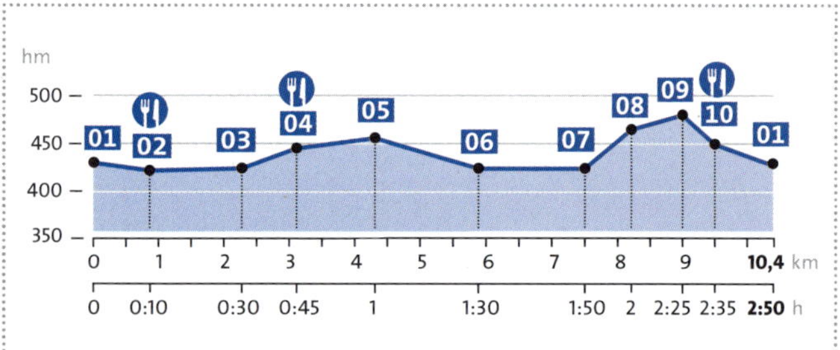

01 Bahnhof Stammheim, 431 m, 02 Hof Stammheimer Hopfentropfen, 422 m, 03 Rietmüli, 424 m, 04 Schlosshotel Schwandegg, 445 m, 05 Ortseingang Guntalingen, 454 m, 06 Girsberg, 424 m, 07 Bahnunterführung, 424 m, 08 Kirche, 465 m, 09 Tütteltalstraße, 480 m, 10 Landgasthof Zum Schwert, 450 m

Rietmüli 03 folgen. Hinter den Gebäuden biegen wir nach rechts und gleich darauf nach links ab und wandern am Waldrand nach Waltalingen hinein. Ein Fußweg führt hinauf zum **Schlosshotel Schwandegg** 04. Vom Hotel aus folgt man den gelben Markierungen Richtung Guntalingen, zunächst über einen Höhenrücken durch Wald, dann an Feldern entlang. Unterwegs genießt man schöne Ausblicke auf die gegenüberliegende Talseite nach Unter- und Oberstammheim und zum Schloss Girsberg. Eine kleine Anhöhe mit einem Baum wird rechts leicht abfallend umrundet.

Am **Ortseingang von Guntalingen** 05 stößt man auf einen weiß gekalkten Verteilerturm und wandert halb um den Turm herum zur Dorfstraße. Hier rechts abbiegen und der Dorfstraße ins Tal folgen. Wunderschöne Fachwerkhäuser säumen die Straße, ein Türmchen krönt das Gebäude der Raiffeisenbank. Hinter einem schönen Dorfbrunnen weisen Schilder Richtung Girsberg.

Auf der Teerstraße geht es weiter nach **Girsberg** 06, über dessen (wenigen) Häusern ein Schloss thront (in Privatbesitz). Unterhalb des Schlosses folgt man dem Straßenverlauf nach rechts und wandert ein zweites Mal über den Mülibach. Auf Höhe der Firmengebäude nach links und in die nächste Straße rechts abbiegen, so kommt man zur **Bahnunterführung** 07. Auf der Durchfahrtsstraße in den Ort hinein und nach wenigen Metern links die Straße „Möhe“ hinauf zur Kirche nehmen. An der **Kirche** 08 vorbeilaufend folgt man der Straße „Oberdorf“ aus dem Dorf hinaus und biegt nach wenigen Metern in eine kleine Straße rechts ab, die zu einem Fachwerkhaus führt. Nun wandert man oberhalb der Rebstöcke bis zu einer T-Kreuzung, an der man sich links hält.

Blick vom Höhenrücken vor Guntalingen auf Unterstammheim.

Der Wirtschaftsweg durch den Weinberg endet schließlich in der **Tütteltalstraße** 09, der man nun bergab folgt. Ist man auf Höhe des **Landgasthofs Zum Schwert** 10, quert man die Hauptstraße und erreicht über den Rietweg wieder den **Bahnhof** 01.

Die Riegelhäuser im Stammertal

Riegelhaus ist der Schweizer Ausdruck für ein Fachwerkhaus, besonders schöne finden sich im Stammertal. Seine Blütezeit erlebte der Fachwerk- oder Riegelbau dort im 18. Jh. Für die Hausbauer (meist Bauern), die durch den Wein zu einem gewissen Wohlstand gekommen waren, war es ein günstiges Haus, da sie das notwendige Eichenholz entweder gratis oder sehr günstig von der Gemeinde beziehen konnten.

Dorfstraße in Guntalingen.

In **Oberstammheim** finden sich schöne alte Häuserzeilen entlang des Hornerwegs, sehenswert ist auch das Gemeindehaus des Ortes. Zu den schönsten der Ostschweiz zählt der denkmalgeschützte Gasthof zum Hirschen (1684 erbaut). Das älteste noch erhaltene Fachwerkhaus des Tales ist das Girsbergerhaus in **Unterstammheim**, es wurde 1420 erbaut. Sehenswert ist auch das Unterstammheimer Gemeindehaus von 1530; seine mit vielen Wappen geschmückte Gemeindestube zählt zu den schönsten der Schweiz.

BURG HOHENKLINGEN • 591 m

Wo der Hochrhein den Bodensee verlässt

6,5 km | 2:15 h | 220 hm | 220 hm

START | Stein am Rhein, Bushaltestelle beim Untertor im oberen Teil der Altstadt (gebührenpflichtiger Parkplatz), 408 m [GPS: UTM Zone 32 x: 489.225 m y: 5.278.727 m]
CHARAKTER | Längerer Steilaufstieg. Ausreichend beschilderte Wanderwege und Anliegersträßchen, kurze Wirtschafts- und Forstwegabschnitte. Grenzübertritt.

Der Aufstieg zur fast 200 m über dem städtebaulichen Kleinod Stein am Rhein thronenden Burg ist zwar nicht besonders lang, zählt aber zu den steilsten Wegen rund um den Bodensee.

Als erstes weisen uns in der Nähe des Untertors in **Stein am Rhein** 01 das Wanderwegschild und wenig später der Richtungszeiger „Ergeten" den Kurs. Beim Ortsrand nimmt uns ein Wirtschaftsweg auf. An dessen Ende folgen wir der Huberlistraße und gleich darauf einem Wanderweg über einen Weinberg.

Im weiteren Verlauf steigt man verhältnismäßig gemächlich bergan durch den stillen Wald, ab und an führt der Weg über Holzstufen.

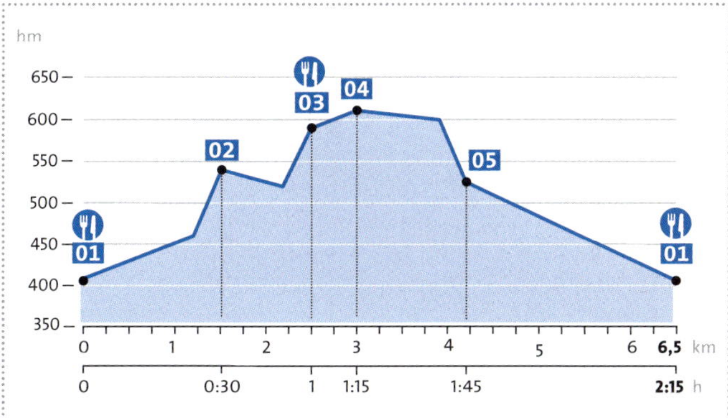

01 Stein am Rhein, Untertor, 408 m, 02 Forstwegquerung, 540 m, 03 Burg Hohenklingen, 591 m, 04 Aussichtspunkt, 610 m, 05 Einödhof Bleicki, 525 m

Verschachteltes mittelalterliches Stadtbild: Stein am Rhein.

Burg Hohenklingen

Die Geschichte der rund 200 m über dem Rhein thronenden Burg steht in engem Zusammenhang mit Stein am Rhein und dem Kloster St. Georgen. Ein erster Wohnturm wurde um 1200 auf einem ost-westlich verlaufenden Grat, dem Schiener Berg, erbaut. Da die Burg nie zerstört wurde, sieht sie von ihrem Erscheinungsbild heute noch so aus wie im Mittelalter zwischen 1200 und 1422.
Führungen sind während der Öffnungszeit der Burg möglich.
Öffnungszeiten: 1. Mai – 30. Sept. Di–Sa 10–22, So 10–18 Uhr, 1. Okt. – 31. April Mi–Sa 10–22, So 10–18 Uhr
www.burghohenklingen.com

An einer **Forstwegquerung** 02 beginnt Richtung Burg Hohenklingen ein längerer anstrengender Aufstieg. Nach nur kleinem Höhenverlust auf einem Forstweg kreuzt man ein Sträßchen und wandert vollends hinauf zur **Burg Hohenklingen** 03 mit Restaurant. Erhebend ist der Tiefblick auf den jungen Hochrhein. Bei klarer Sicht sieht man sogar Eiger, Mönch und Jungfrau am Horizont.

Vorbei an einer Grillstelle geht es anschließend über eine 610 m hohe Anhöhe zu einem beschilderten **Aussichtspunkt** 04: In ihrer ganzen Pracht liegt nun die Westbucht des Untersees vor uns, die Insel Werd ebenso wie ihre zwei benachbarten Inseln. Über Obstgärten steigt der Seerücken an, mit den Dörfern Mammern und Eschenz.

Wir setzen die schattige Höhenbummelei fort und müssen am Beginn des Abstiegs über den **Einödhof Bleicki** 05 zweimal die Staatsgrenze wechseln. Ein kurviges Anliegersträßchen bringt uns über sonnige Rebhänge zurück nach **Stein am Rhein** 01.

RUND UM STEIN AM RHEIN

Ein Kulturspaziergang entlang des Rheins

10,7 km | 3:35 h | 203 hm | 203 hm

START | Bahnhof Stein am Rhein, 411 m
[GPS: UTM Zone 32 x: 489.150 m y: 5.278.074 m]
CHARAKTER | Bis auf den kurzzeitig steilen Aufstieg ab Hemishofen eben oder absteigend, auf naturnahen Wegen, aber auch ermüdenden Teerstraßen.

Stein am Rhein bietet nicht nur eine sehenswerte Altstadt, sondern noch eine ganze Reihe weiterer kultureller Sehenswürdigkeiten. Der Spaziergang rund um die Stadt führt zu einigen von ihnen.

Vom **Bahnhof** 01 läuft man durch die Bahnhofstraße zum Kreisel, dort nach rechts und die Charregass hinunter zur **Rheinbrücke** 02. Noch vor dieser biegt rechts der Rhiweg ab, der zum Ortseingang von Eschenz führt. Dort weisen Schilder den Weg zwischen den Häusern hindurch zum Parkplatz vor der **Insel Werd** 03. Das Rheinwasser ist glasklar, viele Fische stehen in der Strömung.

Wieder auf dem Festland, geht es auf dem Hinweg zurück – mit malerischen Ausblicken auf die Stadt und Burg Hohenklingen. Noch vor

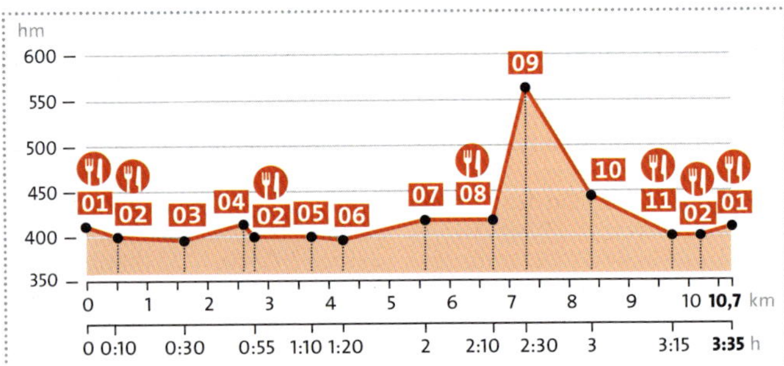

01 Bahnhof, 411 m, 02 Rheinbrücke, 402 m, 03 Insel Werd, 397 m, 04 Kirche Burg, 414 m, 05 Propstei Wagenhausen, 400 m, 06 Campingplatz, 396 m, 07 Eisenbahnbrücke Hemishofen, 417 m, 08 Abzweig Bürglerstraße, 418 m, 09 Abzweigung „Sandsteinhöhlen“, 565 m, 10 Wegweiser Sandsteinhöhlen, 444 m, 11 Stein am Rhein, Eingang zur Altstadt, 400 m

Blick nach Stein am Rhein vom Steg, der hinüber zur Insel Werd führt.

der Rheinbrücke folgt man links dem braunen Wegweiser „Kirche Burg" und kommt so zur **Kirche Burg** 04. Die einstige Johanneskirche ist mit ihrer Ersterwähnung 799 die älteste Kirche des Kantons Schaffhausen und birgt schöne Fresken (um 1410). Hinter der Kirche wurden Ruinen eines spätantiken Kastells, dessen Grundriss noch erkennbar ist, freigelegt und wieder zugänglich gemacht.

Vom Kirchplatz sind es nur wenige Schritte zwischen schönen Altstadthäusern hindurch zur **Rheinbrücke** 02. Nun wandert man auf dem Espiweg am Badi Espi vorbei Richtung Propstei und Dissenhofen. Am Weg liegen schöne alte Häuser, gepflegte Gärten, eine Gärtnerei. Zuletzt geht es am Wasser entlang zur Kirche der **Propstei Wagenhausen** 05. Die Marienglocke im Kirchturm ist mit dem Gussjahr 1291 eine der ältesten noch funktionierenden Glocken der Schweiz. Vom Hügel der Propstei aus hat man wieder einmal einen schönen Blick auf die Altstadt und Burg Hohenklingen.

Weniger schön ist der nächste Abschnitt des Weges, denn er führt über Teerstraßen um einen **Campingplatz** 06 herum und weiter zur **Eisenbahnbrücke Hemishofen** 07. Parallel zur Straßenbrücke verläuft eine eingleisige Eisenbahnbrücke, die 1875 gebaut wurde. Von der Straßenbrücke zweigt rechts ein Weg hinunter zur Straße ab, unter der Brücke hindurch geht es zu den ersten Häusern von Hemishofen.

Am **Abzweig Bürglerstraße** 08 weisen Wegweiser hinauf zur Burg Wolkenstein und nach Stein am Rhein. Immer den Wegweisern folgend geht es nun stetig im lichten Wald bergauf bis zur **Abzweigung „Sandsteinhöhlen"** 09. Ein breiter Fahrweg führt von dort weitere 20 Minuten durch den Wald, erst dann geht es auf die Wiesen und Weinberge hinaus – mit schönem Blick auf die gegenüberliegende Rheinseite und die Altstadt von Stein am Rhein.

Ab dem **Wegweiser „Sandsteinhöhlen"** 10 sind es noch 15 Minuten hinunter zur Altstadt, zuletzt durch ein Wohngebiet. Die **Altstadt** 11 betritt man durch das Untertor. Nach einem Bummel durch die Gassen geht es zum Rhein hinunter und zurück zum **Bahnhof** 01.

Insel Werd

Die Insel liegt östlich von Stein am Rhein im Untersee (Rheinsee). Mit „Ward“ wird seit dem 8. Jh. eine Flussinsel bezeichnet. Archäologen haben herausgefunden, dass die Insel schon 5.000 v. Chr. von Pfahlbauern bewohnt wurde, sie fanden Steingeräte von Jägern und Sammlern. Der erste Abt des Klosters St. Gallen, Otmar, starb 759 in Gefangenschaft auf der Insel, er lag hier beerdigt, wurde später aber nach St. Gallen umgebettet. Über seinem ehemaligen Grab wurde im 10. Jh. eine romanische Kapelle errichtet. Seit 1957 leben Franziskanermönche auf der Insel, heute sind es noch fünf Mönche. Hinweistafeln bitten die Besucher, diesen Ort der Ruhe zu respektieren.

RUINE NEUBURG • 530 m

Fjordstimmung am Untersee

9 km | 2:30 h | 140 hm ↗ | 140 hm ↘

START | Mammern, Bahnhof mit Parkplatz, 410 m
[GPS: UTM Zone 32 x: 493.530 m y: 5.276.744 m]
CHARAKTER | Kleine Anstiege. Gut beschilderte Pfade, Wirtschafts- und Wanderwege, kaum nennenswertes Straßenstück.

Auf der Landzunge des von Obstgärten umschlossenen Thurgaudorfs Mammern siedelten bereits die Pfahlbauer. Auffallend sind im Ort am Fuß des Thurgauer Seerückens die schönen Riegelbauten. Im 1621 erbauten Schloss befindet sich eine Privatklinik.

Beim Aufstieg zur stattlichen Ruine Neuburg, einst Sitz der Edlen von Mammern, genießt man einen herrlichen Blick auf den skandinavisch anmutenden Untersee, der mit der umgebenden, behutsam gestalteten Kulturlandschaft zu einem Gesamtwerk verschmilzt – ein unvergessliches Erlebnis.

▶ Beim Kirchlein unweit des **Bahnhofs Mammern** 01 richten wir uns nach dem Wegweiser „Ruine Neuburg". Ein Wanderweg führt über den Eggmühlbachsteg. Nach einem kurz ansteigenden Wirtschaftsweg schwenken wir auf einen erholsamen Waldpfad ab. Und schon erfreut uns das Juwel des Untersees mit seiner farbenprächtigen Ausstrahlung. Schlank schmiegt sich der südwestlichste Bodenseeausläufer an die beiderseitigen Berghänge, einem norwegischen Fjordarm nicht ganz unähnlich. Über dem Gegenufer breitet sich das Dorf Öhningen aus.

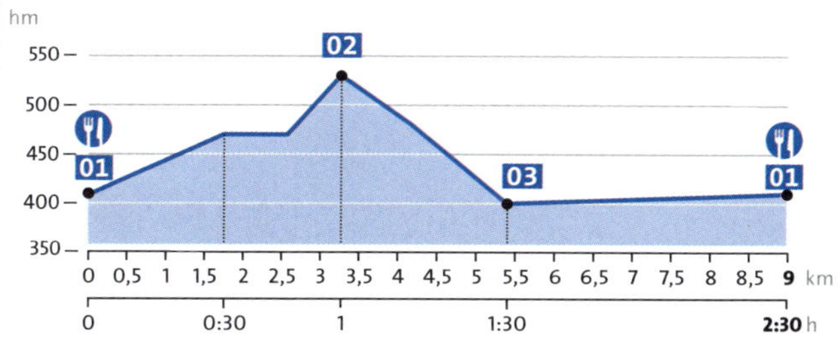

01 Mammern, Bahnhof, 410 m, 02 Ruine Neuburg, 530 m, 03 Glarisegg, 398 m

Teilweise auf einem Forstweg wandern wir über den Weihertobel hinauf zur **Ruine Neuburg** 02. Von der früher größten Wehranlage am Untersee sind noch ansehnliche, inzwischen sanierte Turm- und Mauerreste vorhanden. Im Westen verlässt der Hochrhein die Bucht des Untersees.

Der Turm der Ruine Neuburg.

Zwei weitere Tobelbäche querend geht's nun allmählich talwärts nach **Glarisegg** 03. Jenseits des immer wieder bezaubernden Seefingers zeigen sich das badische Dorf Wangen und die Höri. Am etwas nüchtern in Erscheinung tretenden Schloss Glarisegg sehen wir uns gezwungen, ganz kurz die Bundesstraße zu benützen, bis uns die Unterführung auf die andere Seite wechseln lässt.

Zurück gibt es teilweise einen Wanderweg, der die erste Zeit – unmittelbar am schattigen Seeufer entlang – verlockende Badeplätze bietet. Abschnittsweise führt auch ein Wirtschaftsweg an Obstkulturen entlang nach **Mammern** 01.

VON STECKBORN NACH BERLINGEN

Beglückender Schweizer Seerücken

11 km | 3:15 h | 215 hm | 215 hm

START | Steckborn, Bahnhof mit gebührenpflichtigem Parkplatz, 400 m [GPS: UTM Zone 32 x: 498.630 m y: 5.279.021 m]
CHARAKTER | Längere leichte Anstiege. Gut beschilderte Wirtschafts- und Forstwege, kurze Wanderwege und Pfade.

Eine mit märchenhaften Ausblicken verwöhnende Höhenwanderung am Thurgauer Seerücken, hoch über der Öffnung des Untersees.

▶ Startpunkt ist der **Bahnhof in Steckborn** 01, der Hauptort am Schweizer Unterseeufer. Der Wegweiser „Höhenweg Ober-Fruthwilen“ und die Wanderwegschilder leiten zielsicher durchs Dorf mit seinem teilweise noch mittelalterlichen Erscheinungsbild in den Ortsteil Seehalde. Vom Ortsende steigt ein Wirtschaftsweg leicht bergan über Obstwiesen. Dabei liegt uns der gesamte Untersee zu Füßen. Am Nordufer ragt über der malerischen Halbinsel Höri der Waldrücken des Schiener Bergs auf. Eine fantastische Traumlandschaft breitet sich bereits hier vom unteren Bereich des Seerückens vor uns aus.

Auf dem Höhenzug über dem Heeristobel, dem mit 540 m **höchsten Punkt** 02 der Tour, wechselt die Ober-Fruthwiler-Route zwischendurch in einen Wiesenpfad. Nach kleinem Straßenabschnitt, der

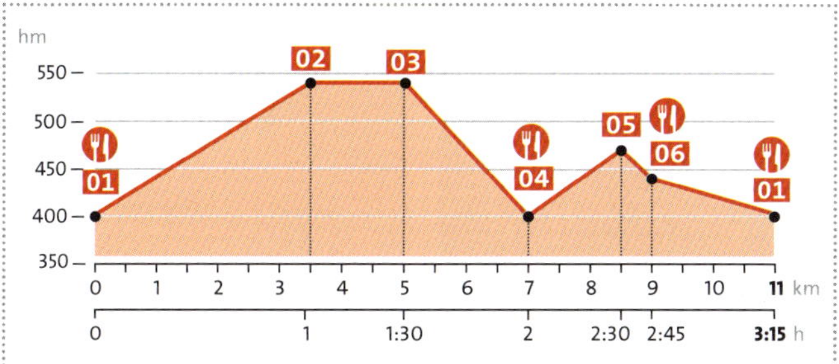

01 Steckborn, Bahnhof, 400 m, 02 Höchster Punkt, 540 m, 03 Burst, 540 m, 04 Berlingen, Landungssteg, 397 m, 05 Weisser Fels, 470 m, 06 Wirtschaft Jochental, 440 m

Steckborn

Bei einem Bummel durch die kleine, aber schöne historische Altstadt begeistern die vielen Fachwerkhäuser, der Turmhof aus dem 14. Jh. (Heimatmuseum), der Wacht- und Pulverturm, das Alte Schloss (1451), das Alte Schulhaus (1457) und die Obere Mühle sowie weitere Gebäude wie das Neue Schloss (16. Jh.) und der Kehlhof aus dem 18. Jh.

den Wildbach überquert, schwenken wir in einen Forstweg ein. Auf der sogenannten **Burst** 03 weist uns das Wanderwegtäfelchen den Weg aus dem Wald hinaus. Auf der folgenden Lichtung lenkt die Beschilderung bergab nach Berlingen mit weithin sichtbarem Kirchturm.

Im schmucken uralten Ort, einer ehemaligen Schenkung Karls des Großen an das Kloster Reichenau, geht man hinunter zur Seestraße und folgt dieser links, bis der Zugang zum **Landungssteg** 04 möglich ist. Auf der Strandpromenade erliegt man wieder dem eigenen Charme des in sattes Türkis getauchten Untersees.

Am Restaurant Adler kreuzt man erneut die Seestraße und wandert

Berlingen am Untersee.

vom Ortsende auf einem anfangs asphaltierten Wirtschaftsweg, zuletzt auf einem Wanderweg, leicht bergan. **Weisser Felsen** 05 heißt die höchste Stelle des Rückwegs. Der eher vergraute Sandsteinfelsen mit sehenswerten Auswaschungen horizontal gelagerter härterer Schichten macht seinem Namen keine besondere Ehre. Doch zum Schwärmen sind nochmals die Ausblicke nach Horn – sie erinnern fast an mediterrane Landschaften.

Blick auf den Hafen von Berlingen.

Nach kleinem Abstieg zur **Wirtschaft Jochental** 06 schließt sich wenig später auf einem Wirtschaftsweg in **Steckborn** 01 der Kreis.

NACH MANNENBACH UND FRUTHWILEN

Hoch über der Insel Reichenau

12 km | 3:30 h | 205 hm | 205 hm

START | Ermatingen, gebührenpflichtiger Parkplatz am Bahnhof, 402 m [GPS: UTM Zone 32 x: 506.401 m y: 5.279.657 m]
CHARAKTER | Kurze Aufstiege. Gut beschilderte Wirtschafts-, Wander- und Forstwege, Pfade und ruhige Sträßchen.

Schloss Wolfsberg liegt malerisch auf der Anhöhe und bietet einen wunderbaren Ausblick auf den Untersee. Lohnenswert ist ein Besuch des zum See hin orientierten Schlossgartens aus dem 19. Jh. mit einem Englischen und Französischen Garten sowie einem Föhrengarten. Sehenswert sind auch die modernen Skulpturen im Freigelände. Das Schlossgebäude (1571–1850) wird heute als Ausbildungszentrum von der Schweizer Bank genutzt.

Der Wegweiser „Zum Seeweg" eröffnet am **Bahnhof Ermatingen** 01 diese kurzweilige Ufer- und Hügelwanderung. Bevor wir den Kurs Richtung Mannenbach einschlagen, lohnt sich an der Schiffslände ein Blick über die Bogenbrücke des hier mündenden Bergbachs.

Durch eine Parkanlage geht's auf dem Bodensee-Rundweg zum Strandbad. Danach begleitet ein Wanderweg neben der Bahn mit

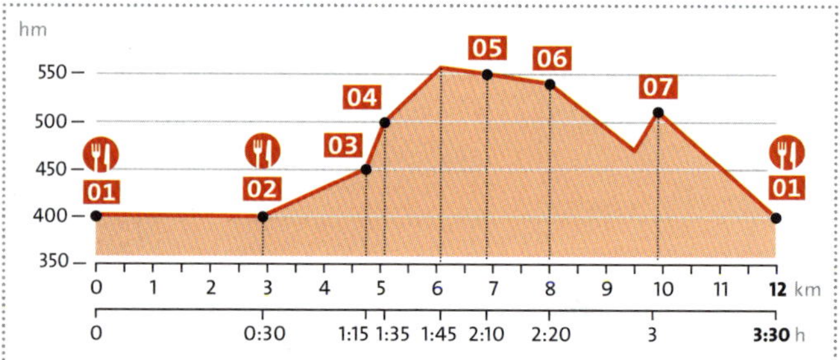

01 Ermatingen, Bahnhof, 402 m, 02 Mannenbach, 398 m, 03 Schloss Arenenberg, 450 m, 04 Salenstein, 499 m, 05 Ober-Fruthwilen, 553 m, 06 Hueb, 536 m, 07 Schloss Wolfsberg, 515 m

Blick zur Reichenau das Ufer des Untersees.

In **Mannenbach** 02 halten wir uns kurz Richtung Bahnhof und richten uns anschließend nach dem Schild „Napoleon Museum". Teilweise mit Stufen angelegt steigt ein Wanderweg zu dem am Eingang mit zwei Mammutbäumen geschmückten Napoleonmuseum im **Schloss Arenenberg** 03. Von diesem genießt man einen faszinierenden Blick auf die Mannenbacher Bucht. Zwischen 1817 bis 1906 war Schloss Arenenberg wiederholt Aufenthaltsort Louis Napoleons, des späteren Kaisers Napoleon III., seiner Gattin Eugenie, aber auch seiner Mutter, Königin Hortense.

Kurz daruf schlendern wir hinauf nach **Salenstein** 04 mit privatem Schloss. Am Ortsende begeben wir uns auf den Wiesenpfad Richtung Adelmoos. Nach einem ganz kurzen Straßenabschnitt lenkt das Wanderwegschildchen auf einen Wirtschaftsweg.

Solarfähre „Reichenau"

Eine Solarfähre verbindet Mannenbach mit der Insel Reichenau – rund 2.000-mal im Jahr. Betrieben wird sie mit zwei Elektromotoren, die an Sonnentagen ihren Strom aus dem Solardach beziehen, das gleichzeitig als Sonnenschutz dient. Mit nur 12 km/h ist die Solarfähre relativ langsam unterwegs. Pro Fahrt können 12 Fahrgäste mitgenommen werden.
www.solarfaehre-reichenau.de

Ein verkehrsfreies Sträßchen steigt nun vollends hinauf zur 560 m hohen Anhöhe, dem höchsten Punkt der Wanderung. Dort hält man sich links mit Unterseeblick nach

Tiefblick vom Schloss Arenenberg nach Mannenbach und Berlingen.

Ober-Fruthwilen 05. Die Talstraße verlassen wir gleich wieder und nehmen im Ortsteil **Hueb** 06 den „Romantischen Tobelweg" nach Ermatingen. Der Waldpfad quert zwei kleine Bäche. An einer Gabelung achten wir auf das Schild „Fussweg nach Wolfsberg". Unser Kurs mündet über einem Tobel in einen weiter fallenden Forstweg. Wir wandern vorbei an einer winzigen Waldhütte und halten uns nach der Bachquerung bei einer Sandsteinwand an die Wolfsberger Route. Auf einem kleinen Straßenabstecher erreicht man das ehemalige **Schloss Wolfsberg** 07.

Ein ruhiges Sträßchen bringt uns hinunter nach **Ermatingen** 01.

AM SEERHEIN NACH ERMATINGEN

Ein langer Weg zu einem alten Fischerdorf

21,5 km 5:30 h 10 hm 10 hm

START | Kreuzlingen, Bahnhof mit gebührenpflichtigem Parkplatz, 403 m [GPS: UTM Zone 32 x: 513.297 m y: 5.277.297 m]
CHARAKTER | Gut beschilderte und steigungsfreie Fußgänger-, Wander- und Wirtschaftswege.

Wer sich zum Malen, Dichten oder Musizieren inspirieren lassen will, der muss das liebenswerte Thurgaudorf Ermatingen besuchen. Der blanke Seespiegel, das heimelige Dorf und das gewellte, fröhlich stimmende Hinterland verschmelzen hier zu einer bewegenden Harmonie.

▶ Das Schild „Gottlieben" weist am **Bahnhof Kreuzlingen** 01 durch die Unterführung. Auf Fußwegen, zwischendurch auf einem Wirtschaftssträßchen, zeigt uns das Wandertäfelchen stets den Kurs. Am Seerhein, der in Konstanz den Obersee verlassen hat, führt ein uferbegleitender Weg innerhalb eines Waldstreifens zur Seerhein-Schenke Kuhhorn. Vorbei an der einladenden **Badebucht** 02 des Schwimmbads Tägerwilen spazieren wir nach **Gottlieben** 03 mit seinen hübschen Fachwerkfronten.

Am jenseitigen Rheinufer dehnt sich das Wollmatinger Ried aus. Man folgt nun dem Seeweg und bummelt danach an einer weiten Schilfzone entlang.

Auf einem Wirtschaftsweg kommt man zum hübschen **Badeplatz bei Triboltingen** 04. Hier, wo sich der Alpenfluss zum Untersee

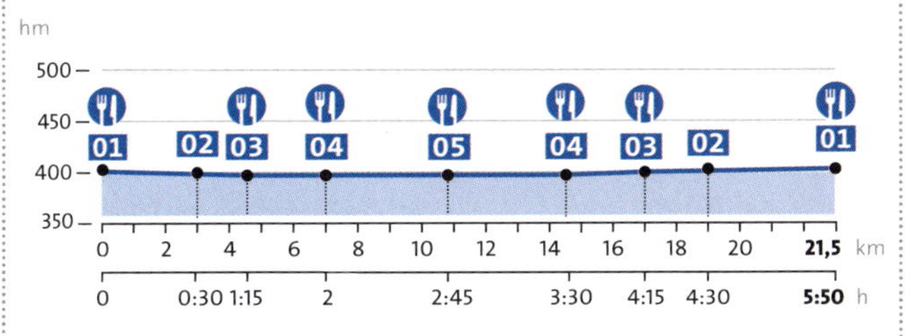

01 Kreuzlingen, Bahnhof, 403 m, 02 Badebucht, 399 m, 03 Gottlieben, 399 m, 04 Badeplatz bei Triboltingen, 396 m, 05 Ermatingen, Hafen, 398 m

Im heimeligen Fischerdorf Ermatingen.

verbreitert, bietet sich die ideale Gelegenheit, eine behagliche Pause zum Schauen und Genießen einzulegen.

Bald nach dem Passieren eines Grillplatzes taucht unser Ziel auf: der **Hafen von Ermatingen** 05. Zwischen Untersee und Gnadensee grüßt die Gemüseinsel Reichenau. Halbinselartig gelegen begeistert der alte Fischerort mit aufwendig restaurierten Fischerhäusern und abermals beeindru-

Unterwegs am Untersee.

ckendem Fachwerk. Auch kulinarisch kann sich der Besucher verwöhnen lassen. Neben den bekannten Ermatinger Fischgerichten sind vor allem die hier in einer Nordwestlage angebauten Schweizer Rebensäfte keinesfalls zu verschmähen. Als Rückweg zum **Bahnhof Kreuzlingen** 01 wählt man vorzugsweise die bekannte Route. Wen bereits der Schuh drückt, der kann auch den Bus in Anspruch nehmen oder mit dem Schiff zurückkehren.

VON KREUZLINGEN NACH BOTTIGHOFEN

Von Kreuzlingen nach Bottighofen

9,5 km | 2:30 h | 10 hm | 10 hm

START | Kreuzlingen, Bahnhof mit gebührenpflichtigem Parkplatz, 403 m [GPS: UTM Zone 32 x: 513.668 m y: 5.277.271 m]
CHARAKTER | Gut beschilderte Fußgängerwege ohne jegliche Steigungen.

Kilometer Null zur einfachen Spritztour am lebendigen Südufer des Konstanzer Trichters ist der **Bahnhof Kreuzlingen** 01. Wir gehen auf der Bahnhof- und Hafenstraße Richtung Kreuzlingen-Hafen, bis der Wegweiser „Seeburg" zum Hafenrestaurant lenkt. An der Tafel „Seemuseum" orientierend durchziehen schöne Promenadenwege den ansprechenden **Seeburgpark** 02 mit seinen betagten Platanen und Pappeln. Liegewiesen verleiten zum bewussten Zeitvertrödeln.

Die Seeburg in Kreuzlingen.

Nach reizvollen Kleingewässern und einem Reservat für Wattvögel kommen wir zu mehreren Tiergehegen des Tierparks Seeburg. Hier findet man eine artgerechte Haltung bedrohter, alter Haustier-

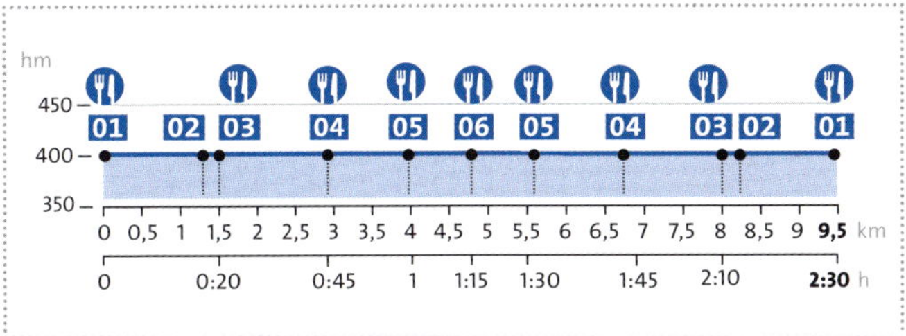

01 Kreuzlingen, Bahnhof, 403 m, **02** Seeburgpark, 398 m, **03** Seeburg, 399 m, **04** Restaurant Fischerhuus, 398 m, **05** Bottighofen, 398 m, **06** Badeplatz Bottighofen, 396 m

rassen vor. An einem Heilkräuter- und Gewürzgarten vorbei geht es zu der zwischen Mammutbäumen versteckt liegenden **Seeburg 03**, einer früheren Sommerresidenz der Kreuzlinger Äbte. In dem vormals Schlössli genannten Anwesen befinden sich das Didaktische Zentrum des Kantons Thurgau und ein Restaurant. Am glockengeschmückten Eingangstor bergab gelangt man zum Seemuseum in den restaurierten Räumen der früheren Kornschütte mit einem außerhalb ausgestellten Schaufelrad. Das 1717 erbaute Kornhaus war einst Weinkeller und Trotte des Kreuzlinger Au-

Sommer am Bodenseeufer.

gustiner-Chorherrenstifts. Als nächstes erreicht man auf dem Bodensee-Rundwanderweg, der hier im Übrigen identisch mit den Fernwanderwegen E 4 und E 5 ist, den Seegarten mit mächtigem Springbrunnen. Dort passiert man den Yachthafen, wo sich ein hübscher Blick zum Konstanzer Häusermeer bietet. Die Beschilderung „Bottighofen" weist nun zum **Restaurant Fischerhuus** **04**, dem „gmüetliche Ess-Beizli am See". Die nächsten Stationen nach der Einkehr sind am Seeufer der Campingplatz Fischerhaus und das Schwimmbad Kreuzlingen.

Dann ist der Hafen von **Bottighofen** **05** erreicht, wo der Biergarten der Wirtschaft am Schlössli lockt. Am Wassersport-Center bringt uns schließlich ein Fußgängerweg zum **Badeplatz Bottighofen** **06**.

Hier, am Thurgauer Sonnenufer, kann man abseits des Verkehrs so richtig nach Herzenslust ausspannen – fast wie an der Riviera. Erfreulicherweise haben wir ja keinen weiten Rückweg vor uns.

Apropos Rückweg: Es gibt zwar Alternativwege nach Kreuzlingen, aber keine vergleichbar schöneren.

VON ROMANSHORN NACH UTTWIL

Thurgauer Schlenderei mit Vitaparcours

11,5 km | 3:00 h | 55 hm | 55 hm

START | Romanshorn, Bahnhof mit gebührenpflichtigem Parkplatz, 399 m [GPS: UTM Zone 32 x: 528.539 m y: 5.268.087 m]
CHARAKTER | Ausreichend beschilderte Fußgänger- und Wanderwege, Forst- und Wirtschaftswege ohne große Steigungen.

Der Name der im 19. Jh. mehrmals niedergebrannten Hafenstadt Romanshorn bezieht sich angeblich auf das römische Cornu romanorum. Fast der ganze Schweizer Kornmarkt lag einst in den Händen der schon früh reich gewordenen Stadt an der größten Breite des Bodensees. Die 1855 eröffnete Trajektfähre der Schweizerischen Bundesbahn nach Friedrichshafen wurde 1976 wegen mangelnder Rendite eingestellt.

▶ Auf der seezugewandten Seite des **Bahnhofs** 01 beim Fährhafen in Romanshorn orientieren wir uns am Schild „Ortszentrum". Beim Seepark auf dem vorgeschobenen Horn folgen wir dem Seeweg, einem Promenadenweg, durch die ansprechenden Grünanlagen Richtung Uttwil.

Man sollte sich inmitten der blühenden Blumenpracht ruhig ein wenig Zeit gönnen und das Flair des größten Schweizer Bodenseehafens gebührend auf sich wirken lassen. Die originellen Pusteblumen-Wasserspiele an der Einfahrt der Friedrichshafer Autofähre sollen sonst angeblich nur noch im neuseeländischen Christchurch

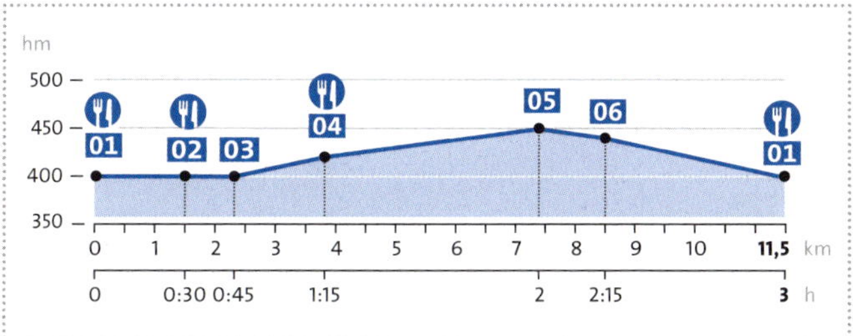

01 Romanshorn, Bahnhof, 399 m, 02 Seebad, 400 m, 03 Holzensteiner Badi, 400 m, 04 Utwil, 419 m, 05 Neuwald, 451 m, 06 Bauernhof Gesserrüüti, 437 m

Unverwechselbar – die Romanshorner Wasserspiele.

zu bestaunden sein. Nahe des Schlossbergs und der stattlichen Kirche geht es am mächtigen Findlingsblock Inseli vorbei.

Am **Seebad** **02** mit Einkehrmöglichkeit beachten wir die Beschilderung und schlendern auf einem geteerten Uferweg zum **Holzensteiner Badi** **03**. In aller Seelenruhe nähern wir uns auf dem Bodensee-Rundwanderweg dem Dörfchen **Uttwil** **04**, in dem man auf schöne Fachwerkfassaden stößt. Nach dem Bad-Hotel queren wir den Bahnübergang und halten uns bei der Kirche Richtung Amriswil zum Ortsende. Dort wählen wir die Oberdorfstraße und Weiherstraße. An einem Bauernhof nimmt uns ein Wirtschaftsweg auf, der im **Neuwald** **05** in einen Forstweg und wenig später in einen Vitaparcours wechselt. Auf diesem können sich diejenigen, die sich von dem gemütlichen Flachlandkurs zu wenig gefordert fühlen, nebenbei körperlich ertüchtigen.

Nach einem hakenschlagenden Wanderwegabschnitt unweit des **Bauernhofs Gesserrüüti** **06** spaziert man wieder für eine Weile auf einem Forstweg. Außerhalb des Waldgebietes stößt man erneut auf einen Wanderweg, der zurück nach Romanshorn führt, wo sich am **Bahnhof Romanshorn** **01** der Kreis schließt.

ÜBER EGNACH NACH BURKETSUELIHUS

Beliebter Seeweg

17 km | 4:30 h | 45 hm | 45 hm

START | Arbon, Bahnhof mit gebührenpflichtigem Parkplatz, 398 m [GPS: UTM Zone 32 x: 532.632 m y: 5.261.993 m]
CHARAKTER | Ausreichend beschilderte Fußgänger- und Wirtschaftswege, Pfade und Pfadspuren ohne nennenswerte Steigungen, zuletzt ruhige Straßen.

Der beliebte Bodensee-Rundweg von Arbon nach Egnach führt durch eine noch weitgehend unverfälschte Landschaft, die den Alltag rasch vergessen lässt.

Wir schlendern vom **Bahnhof Arbon** 01 zur nahen Schifflände und auf dem Seeweg durch den geräumigen, durch bunt leuchtende Blumenrabatten aufgelockerten Seepark. Hier lagerten bereits vor 5500 Jahren die Steinzeitjäger. An einer Liegewiese mit Grillplatz, später am Schwimmbad und Campingplatz Arbon vorbei sowie an einer Natur- und Vogelschutzzone entlang geht es auf dem Bodensee-Rundwanderweg zum **Strandbad Buchhorn** 02.

Nach dem Frasnachter Ortsteil Chratzere säumen in einem der wohl größten Schweizer Obstanbaugebiete Niederstammkulturen den erholsamen Weg. Wir passieren die Wirtschaft und den **Campingplatz Wiedehorn** 03 und treffen schon bald auf einem Pfad in **Egnach** 04 ein. Landeinwärts am Bahnhof vorbei Richtung Wit-

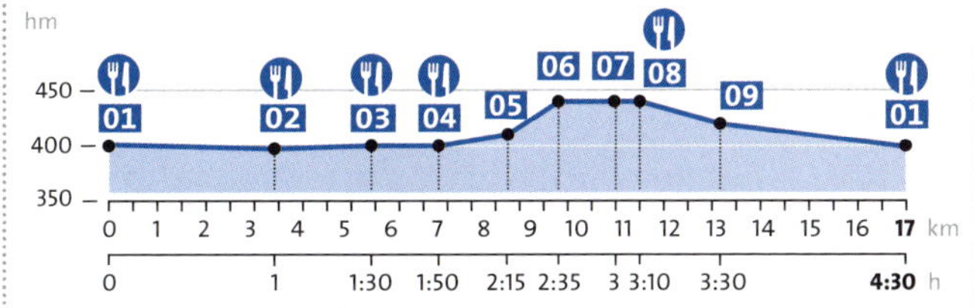

01 Arbon, Bahnhof, 398 m, 02 Strandbad Buchhorn, 397 m,
03 Campingplatz Wiedehorn, 400 m, 04 Egnach, 401 m,
05 Bundesstraße 13, 410 m, 06 Amriswilerstraße, 441 m, 07 Moos, 443 m,
08 Burketsuelihus, 440 m, 09 Autobahnunterführung, 420 m

tenbach nach Buech lassen wir uns von den Wanderwegschildern leiten. Wir queren die **Bundesstraße 13** 05 und finden über die einsame Wiesenebene zum Weiler Ringenzeichen nur noch eine Pfadspur vor, dazu auch noch eine ungewöhnlich lange. Doch wie gewohnt in der stets vorbildhaft ordentlichen Schweiz ist auch dieser Wegabschnitt zuverlässig ausgeschildert. So macht das Wandern Spaß!

Man hält sich in Richtung Moos und kreuzt im Nachbarort Stocken die **Amriswilerstraße** 06. Ein Wirtschaftsweg wechselt nach der Querung des Feilenbachs nochmals in eine Pfadspur.

Von **Moos** 07 ist es auf einem verkehrsfreien Sträßchen nur noch ein Katzensprung nach **Burketsuelihus** 08, wo unsere Route nach Osten abdreht. Auf einem Wirtschaftsweg setzen wir den nun nach Arbon beschilderten Flachlandkurs über Obstplantagen fort. In Riedere wird die Straße von Roggwil gekreuzt.

Am Hofener Findlingsgarten leitet ein stilles Sträßchen durch die **Autobahnunterführung** 09, das in Stachen nochmals den Feilenbach quert.

Zuletzt passiert man in Arbon die pittoreske Fachwerkfront des Rathauses und das teilweise auf den Fundamenten des Römerkastells aufgebaute Schloss, heute Kulturzentrum mit Historischem Museum. Die Wanderung endet am **Bahnhof Arbon** 01.

Ein Morgen in Egnach mit Blick Richtung Arbon.

Bucht
03
Wiedehorn
Chratzere
Lugge
acht
415
401
02
Arbon-West
Steineloh
426
431
414
398
Historisches Museum
60
Büelhof
ofe
09
60
Nüüsätz
ARBON
Feile
60
B
ere
398
01
400
0 500 m

VON RORSCHACH NACH STEINACH

An eidgenössischen Sonnenufern promenieren

16 km 4:00 h 55 hm 55 hm

START | Rorschach, Bahnhof mit gebührenpflichtigem Parkplatz, 398 m [GPS: UTM Zone 32 x: 538.069 m y: 5.258.379 m]
CHARAKTER | Kleine Steigungen. Gut beschilderte Fußgänger- und Wirtschaftswege, kurzer Pfad.

Die Riedlandschaft des Naturschutzgebietes Altenrhein erhielt ihr heutiges Gesicht durch die Nutzung des Menschen. Ohne menschliches Zutun würde sich dort längst ein Weichholz-Auwald ausdehnen. Das Vegetationsmosaik setzt sich zusammen aus Röhrichtzonen, Groß- und Kleinseggenrieden, Pfeifengraswiesen, Dotterblumenwiesen, Hochstaudenfluren und Wassergräben.

▶ Dieser einfach nachvollziehbare Seespaziergang im Grenzbereich der Kantone St. Gallen und Thurgau mit Rückweg durchs heitere Hinterland startet am **Bahnhof Rorschach** 01. Erst einmal geht es ohne Eile auf einem Fußgängerweg am Strand ins Zentrum mit Hafen, wo die Weiße Flotte von Lindau und Friedrichshafen anlegt. Gleich darauf passieren wir das Automobilmuseum (Alte Garage Rorschach) und das vor allem für Familien mit Kindern faszinierende Museum im Kornhaus.

Danach bleiben wir der Seepromenade treu und spazieren an der pfahlbauartigen alten Bad-

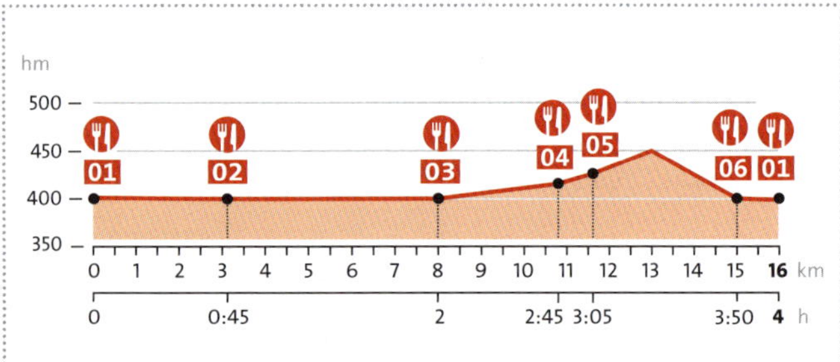

01 Rorschach, Bahnhof, 398 m, 02 Freibad Seegarten, 396 m, 03 Steinach, 397 m, 04 Tübach, 415 m, 05 Kellenbrücke, 425 m, 06 Rorschach, Hafen, 398 m

Die alte Rorschacher Badhütte.

hütte vorbei zum **Freibad Seegarten** 02 am Ortsrand von Goldach. Nach Queren der B 13 benützt die Wanderroute beim Horner Holz die zweite Bahnbrücke über die Goldach. Wir wechseln dabei vom Kanton St. Gallen in den Kanton Thurgau.

Nun folgen wir erst dem Wirtschaftsweg Richtung Tübach und lassen uns später vom Wandertäfelchen den Kurs zum Hafen von Horn zeigen. Dort setzt man den genüsslichen Uferspaziergang auf dem Bodensee-Rundwanderweg mit weiten Ausblicken über den Bodensee nach **Steinach** 03 fort, womit man wieder zurück im Kanton St. Gallen ist.

Bei der Steinachmündung bleiben wir noch am See, nehmen nach einem behaglichen Wirtshausbesuch den Seeweg und im weiteren Verlauf den Fußgängerweg über die Bahnlinie Richtung Tübach. Am Ortsende überschreiten wir die Steinach und wandern auf einem Wirtschaftsweg übers Wiesenland. Nach Queren der Straße von Obersteinach geht's zu Beginn auf einem Anliegersträßchen, später auf einem Pfad hinauf nach **Tübach** 04.

Im Unterdorf beginnt nach der Kirche ein Wirtschaftsweg, der zur holzgedeckten **Kellenbrücke** 05 über die hier wildbachartig eingegrabene Goldach und weiter zur Gemeinde Goldach ansteigt. Beim Feuerwehrhaus kreuzen wir die St. Galler Straße und lassen uns daraufhin einfach immer vom Wanderwegschild leiten.

Im oberen Ort spaziert man zur Bahnstation und ab dort auf Fußgängerwegen und Anliegersträßchen mit zweimaliger Querung der Gleise Richtung Bahnhof zum **Hafen von Rorschach** 06.

Kurz darauf trifft man, erfüllt mit neuen Eindrücken auf bekannter Route wieder am Ausgangspunkt, dem **Bahnhof** 01, ein.

Rorschacher Sandkunstwerk.

Blick auf die Uferpromenade von Rorschach.

KAIENSPITZ • 1120 m

Aussichtsberg zwischen Bodensee und Alpsteinmassiv

6,5 km | 2:15 h | 385 hm ↗ | 385 hm ↘

START | Bushaltestelle Kaien oder Parkplatz Kaien, 972 m [GPS: UTM Zone 32 x: 538.418 m y: 5.252.966 m]
CHARAKTER | Naturbelassene Wege und Teerstraßen; der Aufstieg von Heiden hinauf zur Kaienspitz ist durchgehend schattenlos.

Die Wanderung führt zunächst in den Kurort Heiden, der malerisch rund 400 m über dem Bodensee liegt. Von dort wandert man über den Alpenpanoramaweg hinauf zur Kaienspitz, von der aus man auf die Schweizer Alpen blickt.

▶ Wir starten ander **Bushaltestelle Kaien** 02 bzw. vom Wanderparkplatz (wenige Schritte weiter östlich) auf eine aussichtsreiche, aber auch anstrengende Wanderung. Gelbe Wegweiser geben die Richtung vor: Ober Höchli, Grub und Heiden sind die ersten Etappenziele. Auf einem Fahrweg geht es gleich steil bergauf zu den Häusern von Oberrechstein und in den Wald hinein. Gleich nachdem das kurze Stück durch den Wald durchschritten ist, genießt man nicht nur einen fantastischen Blick über den Bodensee und Heiden, sondern stößt auch auf den **Wegweiser** 02, der den nun folgenden Abstiegsweg via Brunnen nach Heiden vorgibt. Über Wiesen

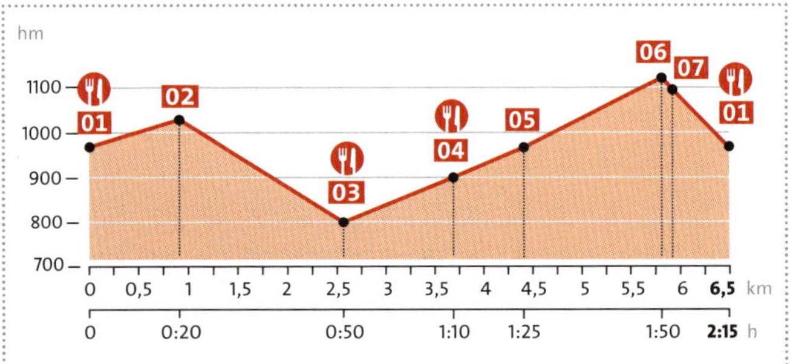

01 Bushaltestelle/Parkplatz Kaien, 972 m, 02 Wegweiser nach Heiden, 1027 m, 03 Heiden,Hasenbühlweg, 802 m, 04 Bänzenrüti, 902 m, 05 Forstweg, 966 m, 06 Kaienspitz, 1120 m, 07 Wegweiser (Kaien/Scheidweg), 1096 m

Der Wiesenweg hinunter nach Heiden.

geht es bergab zu den Häusern von Brunnen – immer den gelben Wegweisern folgend. Für den anstrengenden Abstieg entschädigen die schönen Fernblicke zumindest ein wenig. Am Ortsrand von Heiden führt eine Anwohnerstraße, die Brunnenstraße, weiter steil bergab zur Werdstraße, wo wir am Gasthof Metzgerei Hirschen vorbei wenige Schritte nach links gehen, um sogleich wieder links in den **Hasenbühlweg** 03 einzubiegen.

Alles, was man nun seit dem Wegweiser auf der Höhe abgestiegen ist, wandert man nun wieder hinauf, zunächst gut markiert durch eine Wohnsiedlung. Beim Wegweiser „Rosenberg" halten wir uns Richtung Bänzenrüti, wandern vorbei an der Wirtschaft zur Weid und erreichen schließlich den Weiler **Bänzenrüti** 04. Weiterhin stetig ansteigend wandert man über einen Wiesenpfad hinauf zu einer Scheune mit Aussichtsbank, weiter zu einem Strommast und vorbei an einem Einzelgehöft in den Wald. Kurze Zeit später wird ein breiten **Forstweg** 05 erreicht, an dem man sich links hält. Weiter bergauf auf dem Forstweg folgt man den Wegweisern durch ein kleines Waldstück, bis man auf einen zur Hälfte waldfreien Hügel schaut: die Kaienspitz. Rechts vom Weg liegt das Naturfreundehaus.

Auf der **Kaienspitz** 06 angekommen lädt eine Bank zur Pause ein. Unterhalb des Gipfels liegen das Naturfreudehaus und ein Bauernhof. Auch die Kaienspitz ist, wie so viele Berge im Appenzellerland, ein herrlicher Aussichtsberg. Man schaut nach Norden über den Bodensee, Richtung Süden zu den Hügeln um Trogen und Speicher und zur bekannten Silhouette des Alpsteinmassivs.

Blick von der Kaienspitz Richtung Bodensee.

Der Rückweg ist zum Glück nicht lang. Vom Wegweiser **07** aus folgt man dem Schild nach Kaien/ Scheidweg bzw. St. Anton und wandert auf einem breiten, schön gekiesten Weg eine Weile bergab, bis in einer Kehre rechts ein nicht ganz gut markierter Pfad talwärts abzweigt (die Markierung versteckt sich an einem Baum).

Nach dem letzten Hof geht es sehr steil bergab über die Wiese, durch ein Waldstück und nochmals über eine Wiese hinunter zur **Bushaltestelle** bzw. zum **Parkplatz** **01**.

SCHWEIZER RHEINSPITZ

Vergnügungstour am Fuß der Appenzeller Berge

10,8 km | 3:00 h | 45 hm | 45 hm

START | Rheineck/Buriet, Bushaltestelle beim Landgasthof Schiff, 402 m; Parkplatz nördlich der Bahnunterführung
[GPS: UTM Zone 32 x: 543.532 m y: 5.258.351 m]
CHARAKTER | Gut beschilderte Wirtschafts- und Wanderwege.

Die Riedlandschaft des Naturschutzgebietes Rheindelta erhielt ihr heutiges Gesicht durch die Nutzung des Menschen. Ohne menschliches Zutun würde sich dort längst ein Weichholz-Auwald ausdehnen. Das Vegetationsmosaik setzt sich zusammen aus Röhrichtzonen, Groß- und Kleinseggenrieden, Pfeifengraswiesen, Dotterblumenwiesen, Hochstaudenfluren und Wassergräben.

Die erholsame Wanderung beginnt in Buriet am **Landgasthof Schiff** 01, von dort geht es durch die Bahnunterführung Richtung Rheinspitz zum Waldlehrpfad in Buriet. Der Weg durch einen Auwaldstreifen entlang den Altwasserzonen des früheren Rheins mündet an zwei Schwarzpappeln in einen Wirtschaftsweg. Später führt am Ufer ein Wanderweg zum **Schweizer Rheinspitz** 02 am Ortsrand von Altenrhein mit Hafen und Freizeitgelände. Hier mündet der Alte Rhein in den Bodensee.

Durch die Verlandungszone des Naturschutzgebietes in Richtung Staad finden wir erneut einen Lehrwanderweg vor. Das Flachmoor von nationaler Bedeutung ist Lebensraum für seltene Flora und Fauna. In **Altenrhein** 03 weist

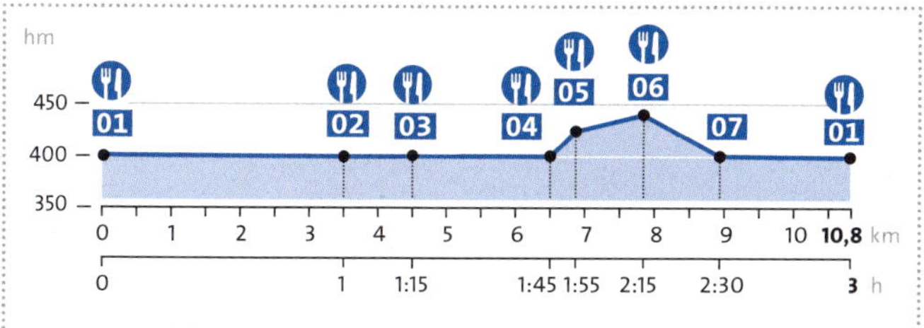

01 Buriet, Landgasthof Schiff, 402 m, 02 Schweizer Rheinspitz, 397 m, 03 Altenrhein, 397 m, 04 Staad, 399 m, 05 Buechen, 426 m, 06 Fuchsloch, 441 m, 07 Buechsee, 399 m

Im Thaler Ortsteil Altenrhein.

am modernen Kirchturm das Schild „Jägerhaus“ zum Hafen mit kleiner Parkanlage. Nach dem Restaurant Jägerhaus beachten wir das Wandertäfelchen und halten uns weiterhin Richtung Staad. Am Dorfende nimmt uns ein Wirtschaftsweg auf, der nochmals das hier renaturierte Seeufer berührt.

In **Staad** **04** zweigt man auf den Blattenweg ab. Nun bergan über die Häuser von Blatten in den angrenzenden Ortsteil **Buechen** **05**. Dort lenkt die Beschilderung „Fuchsloch“ auf einen Waldweg, der über den folgenden kleinen Höhenzug einen hübschen Seeblick bietet. In einem Waldstück stößt man unter einer kleinen Sandsteinwand auf den versperrten Eingang am **Fuchsloch** **06**. Ein Wirtschaftsweg leitet über die Bahn. Gleich dahinter schwenkt man auf einen Pfad ab, der am Seegraben durch das Feuchtgebiet (Naturschutzgebiet) des ehemaligen **Buechsees** **07** leitet. Auf einem Sträßchen trifft man wieder in **Buriet** **01** ein.

UNTERWEGS AUF DEM THURGAUER SEERÜCKEN

Von Müllheim nach Steckborn

10,2 km | 2:40 h | 340 hm | 330 hm

START | Müllheim, Haltestelle „Dorf, Post“, 413 m [GPS: UTM Zone 32 x: 500.138 m y: 5.272.040 m]
CHARAKTER | Einfache Wanderung, relativ hoher Anteil an Teerstraßen, sonst Fost- und Wirtschaftswege.

Der stark bewaldete Thurgauer Seerücken ist ein in West-Ost-Richtung verlaufender Hügelrücken zwischen dem Bodensee im Norden und dem Tal der Thur im Süden. Er ist verhältnismäßig schwach besiedelt und ländlich geprägt. Die Wanderung führt über aussichtsreiche Höhen zum Untersee und endet in der sehenswerten Altstadt von Steckborn.

▶ Von der **Bushaltestelle „Dorf, Post“ in Müllheim** 01 wandert man die Kreuzlingerstraße Richtung Osten bis zur nächsten Bushaltestelle (Rosengasse) und biegt dort links in die Rosengasse ein. Nun Richtung Norden bis zum Kirchweg, wo der Wegweiser die Richtung zur Burg Klingenberg anzeigt. Gelbe Markierungen führen den Wanderer zuverlässig durch

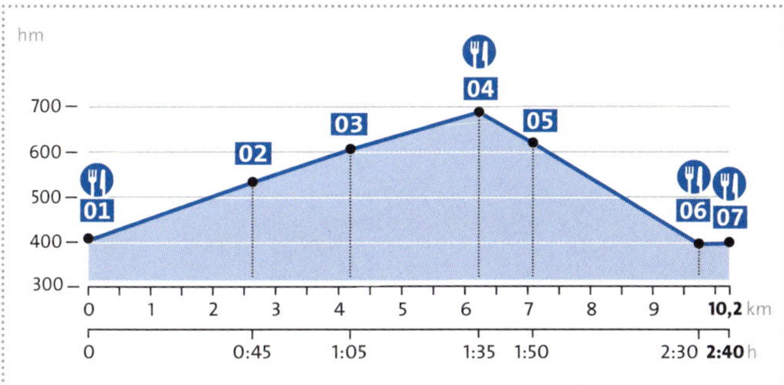

01 Müllheim, Haltestelle „Dorf, Post“, 413 m, 02 Schloss Klingenberg (Chlingebärg), 535 m, 03 Homburg, 607 m, 04 Gasthof Haidenhaus (Haadehus), 691 m, 05 Wegkreuzung Schoren, 620 m, 06 Steckborn, Schiffslände. 396 m, 07 Steckborn, Bahnhof , 400 m

die beiden oberen Siedlungen von Müllheim hinaus auf die Felder.

Wenig später betritt man das Waldreservat Egg und wandert auf einem gekiesten Weg durch den Eggwald, quert nochmals einige Felder (links und rechts liegen Höfe) und erreicht schließlich **Schloss Klingenberg (Chlingebärg)** **02**. Seine Geschichte reicht bis ins 13. Jh. zurück. Schon bald geht es wieder über offene Felder nach **Homburg** **03**. Durch den Ort folgt man weiterhin den gelben Wegweisern, läuft vorbei an der erhöht liegenden Kirche Peter und Paul und verlässt die Ortschaft im Norden über die Sonnenbergstraße mit dem Ziel Haidenhaus.

Der Weg führt durch den netten Weiler Euggerschwil, von dem aus es nur noch 10 Minuten zum Gasthof Haidenhaus sind. Schön ist in Euggerschwil das Fachwerkhaus Zur Mühle. Die Euggerschwilerstraße führt nun (ein letztes Mal) bergauf, noch vor dem Kamm biegt man an der Mauer eines schön gelegenen Wohnhauses nach rechts ab und steuert geradewegs auf den **Gasthof Haidenhaus (Haadehus)** **04** zu (Mo und Di Ruhetag). Es liegt quasi am höchsten Punkt der Wanderung und ist einer der der schönsten Aussichtspunkte des Thurgaus. An Tagen mit guter Fernsicht reicht der Blick bis weit in die Berner Alpen und zu den Gipfeln der Innerschweiz.

Wir queren die Straße und tauchen gleich in den Wald ein, wandern auf einem breiten Forstweg den Markierungen folgend durch den Wald und kommen schließlich zur **Wegkreuzung Schoren** **05**. Das Ziel rückt nun in greifbare Nähe: Nur noch 30 Minuten sind es laut Wegweiser bis Steckborn. Weiter auf einem Forstweg, dann

Das Riegelhaus „Zur Mühle" in Euggerschwil.

Adolf-Dietrich-Haus
Nööchsthorn
13
Hörifähre
06
Turmhof
Steckborn
Fäldbach
07
Hooraa
515
Chapf
538
Segelhafen
64
Obermüli
Höfl
13
541
Strandbad
Riet
Walch
461
Heeretschwiile
05
Hardhof
Speck
Buech
Salen
686
Dachsloch
Muure
Tägermoos
573
Haadehus
04
Maxenhof
Hagenbuech
Bulge
591
Freudenberg
Selwisen
Saasseloo
653
Hochstross
608
Euggerschw
Gaasshus
Uuwiile
591
Chatzeloo
Neuhof
Lööre
555
Freihof
Homburg
Reckenwil
579
Sunebärg
615
03
Hörhausen
Aspi
Schwürzi
591
Prathus
Riet
Truubeschloo
Müli
Oberschappel
Ritbrune
563
Altehuuse
535
Haserüüti
Ober-
557
Underschappel
Chlingebärg
541
02
Hirte
Chrüzmoos
Gschmel
Bleiki
Unter-
Rank
Tägehart
Büel
519
-Hörstetten
Lochmüli
Bethlehem
Langen
482
502
Rüüti
Egg
480
Ob. hungerbüel
485
Sonebärg
Wingarte
Oberhof
441
Töbeli
480
Hungerbüel
477
Säntisblick
Himelbärg
Müllheim
421
0
500 m
Maltbach
450
413
01
404
Ziegelhütte
Rank
Aspibach

Traumhafter Blick von der Schiffslände in Steckborn zum Turmhof.

auf einem schmaleren Pfad, erreichen wir schließlich eine Teerstraße, von der aus wir erstmals auf den Untersee, den Schiener Berg, Schloss Marbach und den Rodenberg schauen.

Kurz wandern wir nochmals durch Wald, dann ist der Ortsrand von Steckborn erreicht und der Blick weitet sich. Über die Wiesen wandern wir zum links liegenden Hof und ab dort die Straße bergab. Der Weg verläuft über die Burggrabenstraße und die Frauenfelderstraße in den Ort hinein, quert die Bahngleise (links ist das Bahnhofsgebäude) und leitet zu einem Platz mit dem Fachwerkhaus Gasthaus Sonne. Rechts am Gasthaus vorbei kann man gleich danach nach links zum Wasser hinunter und am Ufer des Untersees entlang zur **Schiffslände** 06 gehen.

Durch den Ort sollte jeder auf eigene Faust schlendern. In Steckborn empfiehlt sich der Besuch des Museums im Turmhof (eingeschränkte Besucherzeiten), der um 1320 als befestigter Stützpunkt errichtet wurde und heute als Heimatmuseum genutzt wird.

Vom **Bahnhof** 07 fahren Busse zurück nach **Müllheim** 01 (mit Umsteigen).

STÄHLIBUCKTURM • 653 m

Panoramawanderung über Thundorf

10,7 km 2:40 h 180 hm 180 hm

START | Kirche/Haltestelle Lustdorf, 591 m
[GPS: UTM Zone 32 x: 499.016 m y: 5.266.294 m]
CHARAKTER | Einfache Wanderung mit wenigen Steigungen und gleich zwei Einkehrmöglichkeiten zwischendurch.

Diese Rundwanderung führt durch die abwechslungsreiche Kulturlandschaft rund um Thundorf. Grandios ist die Fernsicht auf dem Weg zum Stählibuckturm und von seiner Plattform aus. An seinem Fuß lädt eine Grillstelle zu einer längeren Pause ein.

Die schöne Wanderung startet an der **Bushaltestelle** 01 vor der Kirche in Lustdorf. Den Wegweisern zum Stählibuck folgend geht es aus dem Dorf heraus (vorbei an der großen Holzscheune) und dann auf einem schönen Höhenweg entlang nach Westen. Weit reicht der Weg von der baumlosen Höhe über Lustdorf und Thundorf, bei guter Fernsicht bis hin zu den Alpen. Beim Hof Friedberg biegt der Wanderweg nach links ab, nach wenigen Metern ist die **Gastwirtschaft V7 Bar** 02 mit schattiger Aussichtsterrasse erreicht. Nach der willkommenen Einkehr geht es auf der Zufahrtsstraße abwärts, dann biegt der Weg nach rechts ab und führt in den Wald hinein zum **Stählibuckturm** 03.

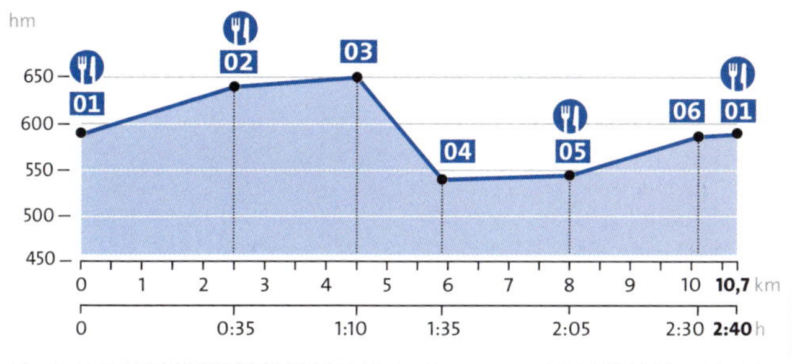

01 Lustdorf, Bushaltestelle, 591 m, 02 Gastwirtschaft V7 Bar, 642 m, 03 Stählibuckturm, 653 m, 04 Abzweigung, 539 m, 05 Thundorf, Straße „Am Bach“, 544 m, 06 Kreuzung Straße, 588 m

Blick vom Höhenweg auf Thundorf.

Unterhalb des Turms finden sich eine Grillstelle und Infotafeln über den Stählibuckturm, oben auf der Plattform mit 360°-Blick helfen Tafeln beim Identifizieren der unzähligen Gipfel, die zu sehen sind. Nach dem Gipfelpanorama folgt man den Wegweisern nach Dingenhart und stößt kurze Zeit später auf das Gasthaus zum Stählibuck mit einem eigenen Rentiergehege. Zwischen den Feldern hindurch wandert man in den eigentlichen Ort hinein und folgt den Wegweisern nach Chöll und Schloss Sonnenberg, leider einmal mehr auf Teerstraße.

Kurz nachdem der Tuenbach erreicht ist, verlassen wir an einer **Abzweigung** **04** den markierten Wanderweg nach Chöll und wandern dem Bach folgend wieder Richtung Lustdorf, sprich nach Osten. Durch ein hübsches Wiesental führt der gekieste Fahrweg, vorbei an Holzstapeln und einem Holzschild mit der Aufschrift „Schwarzer Rain“.

Bei der Dietlismüli wandern wir zwischen den Gebäuden hindurch, queren den Tuenbach und laufen nun auf seiner Südseite auf einer Fahrstraße zu den ersten Gebäuden von Thundorf: links befindet sich ein Pferdestall, rechts stehen Gewächshäuser.

In Thundorf biegen wir auf die nach Norden führende Matzingerstraße ein, wechseln aber noch vor dem Bach in die **Straße „Am Bach“** **05** (Zone-30-Schild). Noch

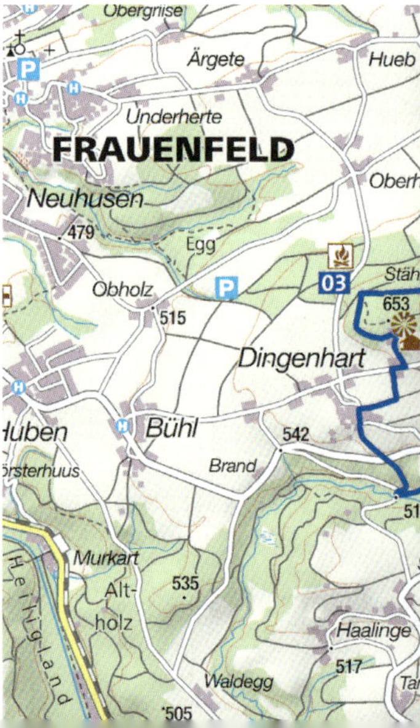

Das letzte Haus in der Straße „Am Bach" in Thundorf.

ein letztes hübsches Haus auf der rechten Seite, dann ist man wieder auf den Feldern unterwegs, rechts vom Tuenbach. Auf Höhe eines Stallgebäudes wechseln wir auf die Nordseite des Tuenbachs und wandern nun auf gekiestem Weg weiter Richtung Lustdorf, dessen Kirchturm ebenso wie der markante Hügel rechts davon schon von Weitem zu sehen sind. Schließlich stößt man wieder auf Wegweiser und folgt diesen zu einer **Kreuzung** **06**. Hier weisen Wanderwegschilder den Weg zurück nach Lustdorf, das in wenigen Minuten erreicht ist. Der Weg mündet neben der **Bushaltestelle** **01** in die Hauptstraße von Lustdorf ein.

Stählibuckturm

Der 653 m hohe Stählibuck ist der Hausberg von Frauenfeld, er wird überragt vom 27 m hohen Stählibuckturm, der 1908 als Stahlfachwerkturm errichtet wurde. Von der Aussichtsplattform, die man über 148 Stufen erreicht, blickt man nicht nur Richtung Bodensee und Schwarzwald, sondern auch auf Churfirsten und Alpstein und bei ganz klarer Sicht bis hin zu den Berner Alpen. Die Orientierung erleichtern Schautafeln mit den Gipfelnamen.

Er lässt sich im Wald nur schwer fotografieren: der Stählibuckturm.

VON WEINFELDEN AUF DEN OTTOBERG

Durch die Weinberge von Weinfelden

7,6 km 2:10 h 155 hm 155 hm

START | Bahnhof Weinfelden mit gebührenpflichtigem Parkplatz, 431 m [GPS: UTM Zone 32 x: 507.965 m y: 5.268.135 m]
CHARAKTER | Einige Steigungen, ein Großteil der Wanderung verläuft auf Teerstraßen.

Weinfelden trägt seinen Namen zu Recht: Noch heute bauen in Weinfelden über 40 Familien Wein an und keltern ihn meist auch selbst. Weinreben werden an den Hängen des Ottobergs nachweislich seit dem 9. Jh. angepflanzt. Der Weg raus aus der Stadt und hinein in die Weinberge führt an einigen Weinbaubetrieben vorbei und verläuft z. T. auf dem Rebwanderweg, der umgekehrt zur Ausschilderung begangen wird.

Startpunkt ist der **Bahnhof in Weinfelden** 01, von dort wandern wir über die Bahnhofstraße bis zur Frauenfelder Straße und biegen in diese links ein. An der nächsten Kreuzung geht es nach rechts in die Schlossgasse, der wir ansteigend folgen, bis schräg links vor uns ein hübsches Fachwerkhaus mit Durchfahrt ins Auge fällt.

Dort biegen wir links in die **Schlosshaldenstraße** 02 ab (der Wegweiser nennt schon das Ziel Ottoberg/Märstetten) und folgen dieser bis zu einer T-Kreuzung. Hier biegen wir nach rechts in die Thurbergstraße ab, die in die

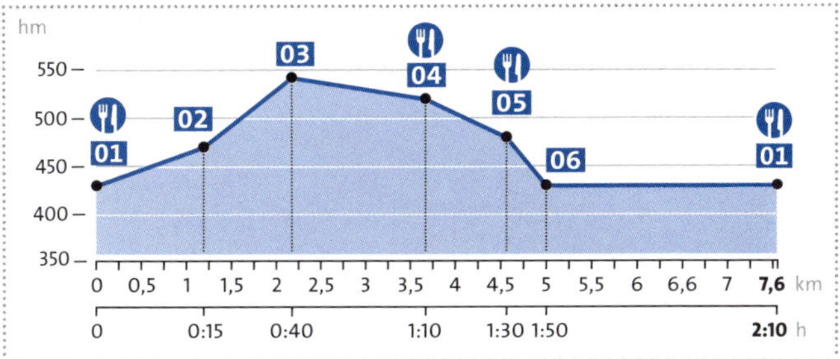

01 Bahnhof Weinfelden, 431 m, 02 Schlosshaldenstraße, 470 m, 03 Forster Weinbau, 543 m, 04 Ottoberg, 529 m, 05 Bushaltestelle „Ottoberg, Weinberg", 477 m, 06 Tal-Wanderweg, 433 m

Weinberge führt. Wir stoßen nun auf eine erste Infotafel des Rebwanderwegs, auf dem wir jedoch in entgegengesetzter Richtung wandern. An der Thurbergstraße liegen gleich mehrere Weinbaubetriebe, u. a. das Weingut Burkhart, das Rebgut Sunnhalde und **Forster Weinbau** 03. Bei den Häusern „Im Berg" sind für den restlichen Weg nach Ottoberg noch 20 Minuten genannt. Der Weg führt nun an den links liegenden Gebäuden leicht bergab und macht eine scharfe Linkskurve, biegt dann nach rechts ab und führt an einem schönen Fachwerkgebäude mit einem eindrucksvollen Blumen- und Gemüsegarten vorbei. Auf dem folgenden Abschnitt nach Ottoberg finden sich weitere Infotafeln des Rebwanderwegs.

Kurz darauf sind die ersten Häuser von **Ottoberg** 04 erreicht. Vor dem Rückweg nach Weinfelden sollte man durch die Gassen von Ottoberg bummeln und die wunderschönen Fachwerkhäuser (Riegelhäuser) bewundern. Bis vor 40 Jahren war das Bauerndorf Ottoberg noch selbstständig.

Auf der Hauptstraße von Ottoberg geht es nun wieder zurück nach Weinfelden, zunächst entlang der Straße bis zur **Bushaltestelle „Ottoberg, Weinberg"** 05. Kurz darauf zweigt unterhalb des Schlossguts Bachtobel eine Fahrstraße in den Rebhang ab, eine Zufahrtsstraße zu einem Hof inmitten der Reben. Am Hof vorbei führt der Weg leicht fallend ins Tal und mündet in den **Tal-Wanderweg** 06 zwischen Märstetten und Weinfelden. Entlang von Obstplantagen und Feldern mit freiem Blick hinauf zu den Rebhängen des Ottobergs wandern wir gemütlich zurück nach Weinfelden. Über die Untere Weinbergstraße und vorbei am Gasthaus zur Rebe folgen wir der Beschilderung, bis wir wieder auf die Schlossgasse stoßen, wo sich der Kreis schließt. Auf bekanntem Hinweg geht es zurück zum **Bahnhof** 01.

Ein schönes Wohnhaus am Rebwanderweg.

Der Weg führt durch eine malerische Gasse in Ottoberg.

NOLLEN • 735 m

Aussichtsberg am Thurgauer Panoramaweg

8,3 km 2:05 h 275 hm 275 hm

START | Gemeindehaus oder Bushaltestelle Zuzwil SG, 538 m [GPS: UTM Zone 32 x: 508.448 m y: 5.257.951 m]
CHARAKTER | Kurze, steile Anstiege bis kurz unter dem Schweizerhof; Wirtschaftswege, Forstwege und Teerstraßen im Wechsel.

Der Nollen (auch Nole genannt) ist ein nettes Ausflugsziel, gibt es doch auf seinem Gipfel ein Hotel-Restaurant zum Einkehren und einen fantastischen Blick von den Alpen über den Bodensee bis zu den Vulkankegeln des Hegaus.

▶ Gestartet wird an der **Bushaltestelle von Zuzwil** 01 gegenüber vom Gemeindehaus. Nach rechts wendend kommt schon bald ein Wegweiser in Sicht, an dem man nach links abbiegt (Wegweiser Nole). Der steil ansteigende Weg durch die Siedlung ist dank der durchgehenden gelben Markierung leicht zu finden. Oberhalb der letzten Terrassenhäuser mit schöner Aussicht gen Süden wendet man sich an einer **Weggabelung** 02 nach rechts (Richtung Zuckenriet) und wandert durch ein Wäldchen bzw. am Waldrand entlang gen Nordosten. Auf einer Wiese haben Touristiker eine Fo-

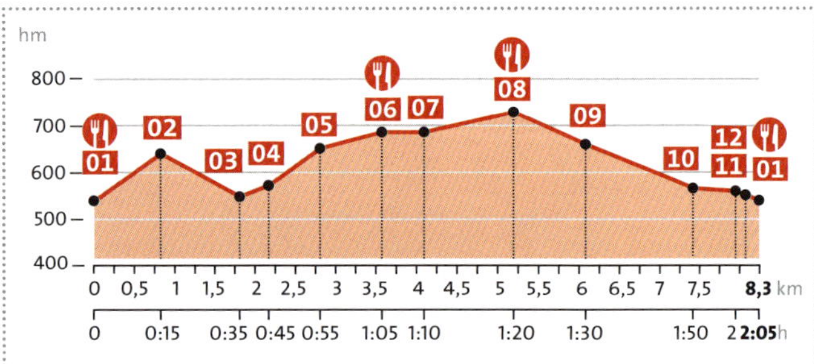

01 Bushaltestelle Zuzwil, Gemeindehaus, 538 m, 02 Weggabelung, 637 m, 03 Wegweiser Richtung Zuckenriet, 564 m, 04 Rörlibad, 573 m, 05 Weggabelung, 652 m, 06 Ghf. Schweizerhof, 684 m, 07 Abzweig Wanderweg zum Nollen, 683 m, 08 Hotel-Restaurant Nollen, 735 m, 09 Weggabelung, 662 m, 10 Straße, 567 m, 11 Wegkreuz, 559 m, 12 Wegweiser „Looberg“, 557 m

Oberhalb des Weilers Rörlibad steigt der Weg steil an.

totafel mit dem Bergpanorama aufgestellt; wer gute Fernsicht hat, kann sich so leicht orientieren. Kurze Zeit später stößt man auf einen gekiesten Fahrweg, dem man beim **Wegweiser Richtung Zuckenriet** 03 nach links in den Wald hinein folgt. Am Waldrand lohnt sich ein Blick zurück auf Uzwil, den Alpstein, die Churfirsten und die Glarner Alpen. Nun geht es ein Stück durch den Wald und über eine Holzbrücke zu den Häusern des Weilers **Rörlibad** 04.

Der Nollen mit Gipfelkreuz, Triangulationspunkt und Hotel-Restaurant.

Ging es bisher im leichten Auf und Ab gemütlich dahin, wird der Weg Richtung Nollen nun richtig steil. Nach Verlassen des Waldes erreicht man eine weitere **Weggabelung** 05 (Abzweig nach Oberham), hält sich hier links und erreicht so Ruedewiil. Auf der gegenüberliegenden Straßenseite liegt der **Gasthof Schweizerhof** 06. Links geht es Richtung Hosenruck/Nollen. Nach 700 m zweigt rechts der **Wanderweg** 07 zum Nollen von der Hauptstraße ab. Vorbei an einer militärischen Schießanlage geht es leicht ansteigend bergauf und an einem kleinen Wanderschild nach links ab.

Schon bald sind das Kreuz und der einstige Triangulationspunkt der Schweizer Landesvermessung erreicht. Von hier aus genießt man einen herrlichen Blick Richtung Norden über Weinfelden und den Ottoberg bis hin zum Bodensee. Zum **Hotel-Restaurant Nollen** 08 sind es nur noch wenige Schritte. Vom Parkplatz bietet sich ein freier Blick nach Westen und Süden.

Für den Weg zurück beim Wegweiser die Richtung Hosenruck/Zuzwil wählen und der von Bäumen gesäumten Straße abwärts folgen. In Hosenruck auf den Wegweiser Richtung Waldwis/Leuberg/Zuzwil achten, nach 100 m zweigt die Route rechts in die Alpsteinstraße ab. In Waldwies halten wir uns an der **Weggabelung** 09 Richtung Hagenbuechwald rechts und wandern in den Hagenbuecher Tobel. Der Wanderweg mündet schließlich auf die **Wuppenauer Straße** 10. Zunächst wandert man links ein Stück die Straße entlang, wechselt aber schon bald auf den rechts abzweigenden Wanderweg. Ein Bach wird über eine schöne Holzbrücke (Pfadfinderbrücke) überquert. Zwischen Wiesen und Sträuchern geht es leicht ansteigend auf eine Kuppe zu einem Kunstwerk des Skulpturenwegs („Bürger-Musik“) und einem **Wegkreuz** 11.

Weiter geradeaus ist gleich darauf der **Wegweiser „Looberg“** 12 beim Parkplatz vor der Kirche erreicht (hier könnte man parken).

Unterhalb der Kirche führt ein Fußweg hinunter zum Gemeindeamt und zurück zur **Bushaltestelle** 01.

VON BISCHOFSZELL NACH KRADOLF

Entlang der Thur zur Burgruine Last

11 km 2:40 h 140 hm 190 hm

START | Bahnhof Bischofszell mit gebührenpflichtigem Parkplatz, 511 m [GPS: UTM Zone 32 x: 518.176 m y: 5.259.893 m]
CHARAKTER | Naturbelassene Wege und Teerstraßen, keine nennenswerten Steigungen.

Gleich am Anfang liegt das erste Highlight der Wanderung, die Alte Thurbrücke. Das heutige Ziel, die Burgruine Last, erinnert an alte Zeiten im Thurgau. Wieder zurück in Bischofszell sollte man sich Zeit nehmen für einen Stadtbummel durch die historischen Gassen und einige der Rosengärten besuchen: Bischofszell ist seit dem 18. Jh. auch als Rosenstadt bekannt.

▶ Vom **Bahnhof** 01 den Kreisel halb umrunden und die Bahnhofstraße entlang bis zur links abzweigenden Kirchgasse laufen. Dieser folgen wir bis zu ihrem Ende und nehmen dann die Thurbruggstraße, die in einer Linkskurve hinunter zu einer Fahrstraße leitet. Diese queren wir und gehen auf die **Alte Thurbrücke** 02 zu. Infotafeln informieren über die Geschichte und die Sanierung der historischen Brücke.

Auf der anderen Brückenseite können wir wahlweise rechts dem Thurweg folgen und so die ganze Thurschleife auslaufen, ober aber

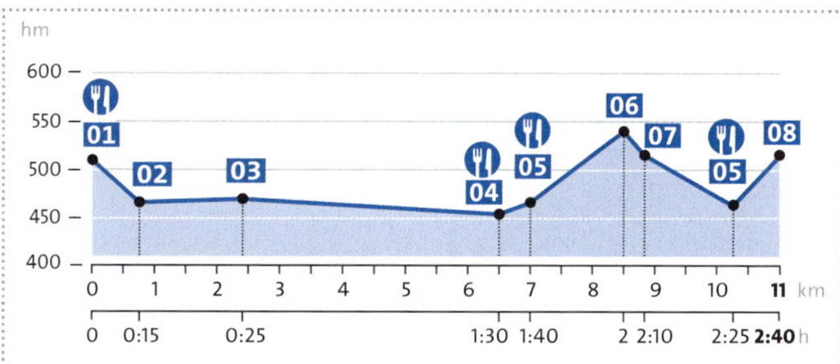

01 Bahnhof Bischofszell, 511 m, 02 Alte Thurbrücke 467 m, 03 Muggesturm, 473 m, 04 Thurbruggstraße ,455 m, 05 Wegweiser beim Gasthaus Mühle, 465 m, 06 Burgruine Last, 542 m, 07 Kneippbecken, 516 m, 08 Bahnhof Schönenberg-Kradolf, 456 m

Historische Brücke über die Thur

Wer die alte Thurbrücke betritt, erkennt gleich, warum die achtjochige spätmittelalterliche Steinbrücke auch die „krumme Brücke“ genannt wird. Grund dafür ist die Geologie: Die Brückenpfeiler konnten auf den Nagelfluhriffen in der Thur nicht in einer Flucht gegründet werden. Die Brücke ist 116 m lang und die längste noch erhaltene Natursteinbrücke des Landes. Eingeweiht wurde sie 1487.

an der Fahrstraße entlang zum schönen Fachwerkhaus des ehemaligen **Landgasthofs Muggesturm** **03** wandern, dessen Nutzung 2015 ungeklärt war.

Der Thurweg folgt dem Lauf der Thur, mal mit Blick aufs Wasser, mal hinter Büschen und Bäumen versteckt. Auf Höhe von Buech verlässt er kurzzeitig den Fluss, führt eine Treppe hinauf und für

Bischofszell

Noch vor 919 wurde der älteste Stadtteil „im Hof“ vom Bischof von Konstanz gegründet. Seit dem 13. Jh. hat Bischofszell das Stadtrecht und begeistert heute mit einer kleinen, aber schönen historischen Altstadt. Zu den Sehenswürdigkeiten zählen die katholische Pfarrkirche (14. Jh.), die Michaelskapelle (15. Jh.), das barocke Rathaus, Schloss Bischofszell und einige schöne spätgotische und spätbarocke Bürger- und Adelshäuser in den Gassen.

ein paar Minuten an der Straße entlang, um dann im Ort Halden wieder über den Thurweg zurück zum Fluss zu führen. Grund für die Umleitung sind Hangrutschungen im Bereich des Prallhangs.

Dort, wo der Thurweg wieder am Fluss entlangführt, könnte man über den Steeg Halden ans andere Ufer wechseln. Nun verläuft der Weg wieder direkt am Wasser und abschnittsweise durch Wald. Schließlich geht es an Feldern entlang über einen gekiesten Fahrweg zügig nach Schönenberg. Links am Hang erhebt sich ein schlossartiges Gebäude, das Hotel Klein Rigi. Vorbei an einem alten Seilspanner betritt man nun das Auengebiet Thurfeld-Schönenberg. Die Stadt begrüßt den Wanderer mit der Einladung, doch das am Weg liegende Schwimmbad zu besuchen.

Der Weg mündet in die **Thurbruggstraße** **04**, in die wir links abbiegen. An ihrem Ende stoßen wir auf **Wegweiser beim Gasthaus Mühle** **05**, einem wunderschönen Fachwerkhaus mit herrlichem Vorgarten.

Ab hier folgen wir den grünen Schildern des Kleinen Ruinenwegs (insgesamt gibt es drei unterschiedlich lange Varianten), zunächst die Neukircher Straße hinauf. In der Linkskurve zweigen alle drei Ruinenwege nach rechts ab.

Burgruine Last.

Wir folgen nun den Wegweisern zur **Burgruine Last** 06. Die Burg war einst zum Schutz von Bischofszell vor Angriffe aus dem Thurtal errichtet worden, Besitzer war das Geschlecht der Schönenberger, die im Dienste des Bischofs von Konstanz standen. Erhalten sind die Reste eines Wohnturms. An den Hängen des Burghügels wurde früher Wein angebaut.

Anschließend wandern wir zwischen Feldern hindurch zu einem Wohnhaus an der Neukircher Straße. Wir queren die Straße und biegen hinter dem Wohnhaus Richtung Bach ab (Wegweiser: Zu den Ruinenwegen). Zwei blaue **Kneippbecken** 07 laden zum Wassertreten ein. Über die Wiese und eine kleine Treppe tauchen wir in den Wald ein, queren den Bach und laufen über einen Wiesenpfad zu einem Wohnhaus (mit schönem Blick zurück zur Burgruine). Zwischen den Gebäuden hindurch auf eine Zubringerstraße und weiter auf die Hauptstraße und talwärts zurück zum **Gasthaus Mühle** 05.

Die Thurbruggstraße entlang zur Thurbrücke und über die Thur. Gleich auf der anderen Seite befindet sich der **Bahnhof** der Doppelgemeinde **Schönenberg-Kradolf** 08, von dem aus regelmäßig Züge nach Bischofszell fahren.

Beim einladenden Gasthaus Mühle starten die Ruinenwege.

HISTORISCHE FISCHWEIHER IN HAUPTWIL

Ein Sommerspaziergang mit Bademöglichkeit

3,9 km | 1:10 h | 89 hm | 80 hm

START | Bahnhof Hauptwil mit gebührenpflichtigem Parkplatz, 599 m [GPS: UTM Zone 32 x: 518.962 m y: 5.258.201 m]
CHARAKTER | Einfache Wanderung mit nur kurzen Anstiegen, meist naturbelassene Wege.

Mitte des 17. Jhs. verlegte die St. Galler Kaufmannsfamilie Gonzenbach ihren Produktionsort in die kleine Ortschaft Hauptwil, wo sie eine Leinenmanufaktur gründete und dafür insgesamt 40 Gewerbe- und Wohnhäuser bauen ließen, u. a. zwei Mühlen, eine Färberei, eine Sägerei, verschiedene Handwerksbetriebe, aber auch ein Schloss, ein Kaufhaus und ein Gasthaus. Nach 1800 entwickelte sich Hauptwil zu einem wichtigen Standort der Textilfärberei. Von großer Bedeutung war dafür das aus den Weihern abfließende Wasser als Antrieb der Maschinen.

▶ Die kleine Wanderung startet am **Bahnhof Hauptwil** 01, wo der Hauptwegweiser das für uns relevante Ziel nennt: Wilen (Gottshaus). Eine Treppe führt hinunter zur Bahnhofstraße, der man nach links bis zur Kreuzung folgt. Dort hält man sich an die Ausschilderung zur Sitterfähre, läuft links einige Meter auf der Hauptstraße,

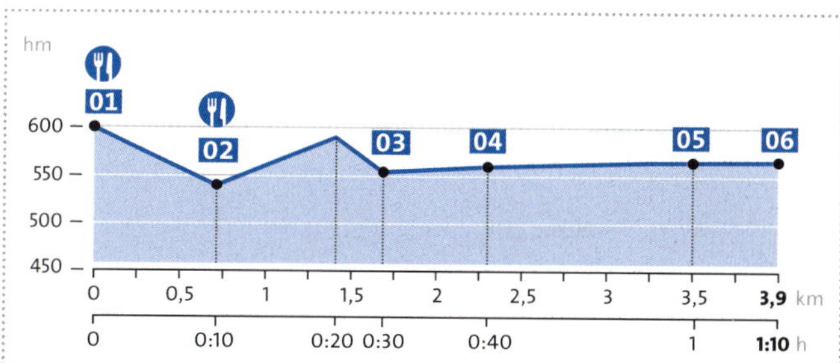

01 Bahnhof Hauptwil, 599 m, 02 Hauptwiler Weiher, 540 m, 03 Damm, 555 m, 04 Wanderparkplatz, 559 m, 05 Gebäude, 565 m, 06 Wilen (Gottshaus), Bushaltestelle, 565 m

Die historischen Fischweiher

Die fünf Weiher (auch Weier geschrieben) wurden um 1430 für die Fischzucht vom Bischofszeller Pelagiusstift künstlich angelegt. Durch die Fische (Karpfen und Hechte) konnte das Nahrungsangebot der Chorherren und des Obervogts von Bischofszell erweitert werden. Die Fische waren wichtig in der fleischlosen Fastenzeit und ließen sich leichter als Fleisch konservieren.

um dann rechts in die Dorfstraße einzubiegen, die direkt auf den **Hauptwiler Weiher** 02 zuläuft. Hier findet sich auch eine Tafel des Industrielehrpfads nach Bischofszell, der die Geschichte des Weihers erläutert.

Am See folgen wir den Schildern zur Sitterfähre und wandern nun etwas oberhalb des Sees auf seiner Nordseite entlang und können nun auch einen Blick auf das Badi am gegenüberliegenden Ufer werfen. Auf einem gekiesten Fahrweg wandern wir einen Hügel hinauf und spazieren in den Wald, der den schönen Namen Büelhölxli trägt und den See immerhin um rund 50 m überragt. Diese sind schnell wieder hinuntergelaufen. Der Waldweg endet schließlich am zweiten See, dem Gwandweiher. Umrahmt wird er von altehrwürdigen Bäumen. Am Schilfgürtel entlang spazieren wir zu seinem Ende und überqueren einen **Damm** 03, der den Gwandweiher vom Hoorbacher Weiher trennt. Am Dammende befindet sich eine Grillstelle.

Der Weg führt nun als schmale Trittspur an der Ostseite des Hoorbacher Weihers zwischen Schilfzone und leicht ansteigenden Wiesen entlang. Auch wir müssen ein paar Höhenmeter überwinden, bis wir das Ende des Sees erreicht haben. Auf der gegenüberliegenden Seite liegen am Hang die Häuser von Hoorbach. Eindrucksvoll ist

Der Hauptwiler Weiher mit Badi.

Der Horbacher Weiher.

eine kurze, hohe Pappelallee, unter der der Weg entlangführt. Am Ende der Allee biegen wir nach links auf die Fahrstraße ab und passieren gleich darauf rechts den **Wanderparkplatz 04**.

Romantisch ist der von Seerosen bedeckte Rüütiweiher, von dem aber nur kurz die Südspitze zu sehen ist. Auf einer gekiesten Fahrstraße geht es zwischen Wiesen eine Anhöhe hinauf und in den Wald hinein und auf schmalem Pfad durch diesen hindurch. Schließlich erhascht man auch noch einen Blick auf den letzten der Teiche, den Horber Weiher. Der Weiherweg endet bei den ersten Gebäuden von Wilen (Gottshaus), zwischen denen man hindurch auf die Birnstilstraße geleitet wird. Dieser folgt man nach Osten, vorbei an einem lang gestreckten **Gebäude 05** links und einem Lebensmittelhersteller auf der rechten Seite und stößt schließlich auf die quer verlaufende Hauptstraße.

Links befindet sich die **Bushaltestelle Wilen (Gottshaus) 06**, die Busse fahren nach Bischofszell, von wo aus Züge zum **Bahnhof Hauptwil 01** fahren.

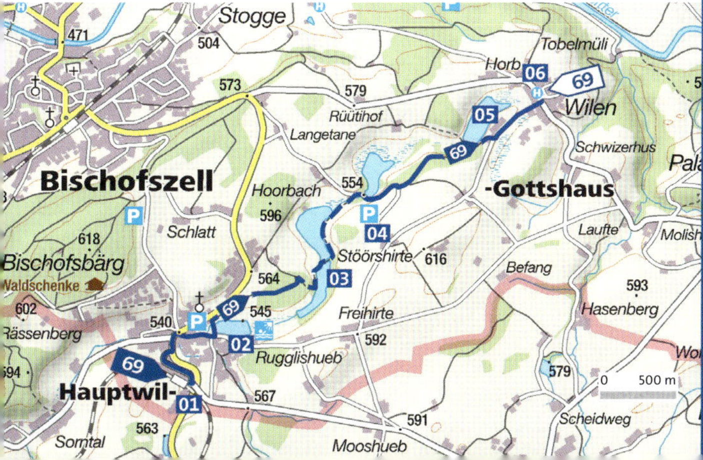

BRÜCKENWEG ST. GALLEN

18 Brücken und Viadukte über die Sitter

8,8 km 2:40 h 160 hm 260 hm

START | Bahnhof St. Gallen-Haggen mit gebührenpflichtigem Parkplatz, 678 m [GPS: UTM Zone 32 x: 525.510 m y: 5.250.516 m]
CHARAKTER | Der Weg ist bis auf den Anstieg der Haggen-Stein-Fachwerkbrücke flach. Neben nauturbelassenen Wegen und Wirtschaftswegen, rund 3 km asphaltiert.

Eine abwechslungsreiche Wanderung im Tal der Sitter im Südwesten von St. Gallen: 18 Viadukte, Hängebrücken, gedeckte Holzbrücken und moderne Auto- und Bahnbrücken überspannen das Tal der Sitter und den Fluss auf relativ kurzer Distanz. Bei jeder Brücke finden sich Informationen zur Geschichte der Brücke bzw. zu technischen Details. Ein Schnellkurs im Brückenbau!

Bei den Wegweisern der **Bahnstation St. Gallen-Haggen** 01 folgen wir den braunen Pfeilen für den St. Galler Brückenweg. Der Weg führt durch ein Wohnviertel zur Wirtschaft zum **Schlössli Haggen** 02, ein zwischen 1642

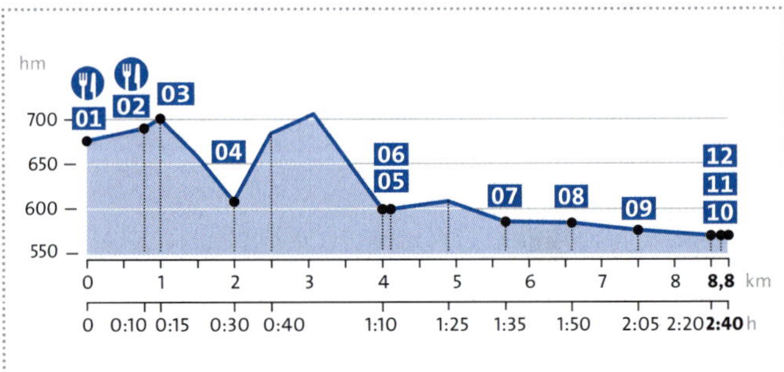

01 Bahnstation St. Gallen-Haggen, 676 m, 02 Schlössli Haggen, 687 m, 03 Fachwerkbrücke Haggen – Stein, 700 m, 04 Hüslibrücken (Zweibruggen), 610 m, 05 Holzbrücke über die Urnäsch, 598 m, 06 Holzbrücke über die Sitter, 597 m, 07 Sittersteg, 585 m, 08 Kläranlage, 585 m, 09 Ganggelibrogg/Rechen, 575 m, 10 Sitterbrücke (Firma Filtrox), 572 m, 11 Gedeckte Spiseggbrücke, 571 m, 12 Bushaltestelle Spisegg, 572 m

Ganggelibrugg

Blick vom Aufstiegsweg auf die Fachwerkbrücke.

Ganggelibrugg – Wackelbrücke – ist der Spitzname, den die Appenzeller der Fachwerkbrücke Haggen – Stein gegeben haben. Als die 355 m lange Brücke 1837 fertig wurde, bemerkte man schon bei der Einweihung, das sie unangenehm zu schwingen anfing. Eigentlich als Autobrücke konstruiert und auch mit entsprechendem Belag versehen, wurde sie daraufhin nur für Fußgänger freigegeben. Die Brücke hat übrigens einen Höhenunterschied von 14 m.

und 1644 erbautes Herrenhaus mit schlossartigem Charakter. Auf der Haggenstraße geht es nun aufwärts zur ersten Brücke, der imposanten, modernen **Fachwerkbrücke Haggen – Stein** 03, die 98,6 m über der Sitter das Tal überspannt. (Wer nicht so viel Zeit hat bzw. sich einen Ab- und folgenden Anstieg sparen will, kann hier die Tour abkürzen und einfach über die Brücke spazieren).

Nun wandern wir ins Tal zur Sitter hinunter – ins Schutzgebiet „Sitter- und Wattbachlandschaft". Zunächst verläuft der Weg über eine Teerstraße, in einer Spitzkehre wird der Wattbach überquert. Über uns überspannt die Fachwerkbrücke zierlich das Tal und gibt die Höhe vor, auf die wir später zurückkehren müssen. Zunächst aber schauen wir uns die alten **Hüslibrücken** 04 über

Zweibruggen mit den zwei Hüslibrücken über Sitter und Wattbach.

Hüslibrücken

Gedeckte Brücken – Hüslibrücken auf Schweizerdeutsch – sehen nicht nur schön aus, sondern wurden auch aus ganz praktischen Gründen mit einem Dach gebaut. Zum einen wurde der tragende Holzbalken so vor Verwitterung geschützt (sonst hätte er alle 10 bis 15 Jahren ersetzt werden müssen), zum anderen konnte man die Gefahr minimieren, das Pferde beim Überqueren der rauschenden Wassermassen zu scheuen begannen. In Europa gibt es heute noch rund 200 überdachte Brücken. Zu den bekannten Brückenbauern in der Schweiz zählten die Gebrüder Grubenmann. Von ihnen stammt die Holzbrücke über die Urnäsch, die einzige ihrer Brücken, die noch erhalten ist.

die Sitter bzw. den Wattbach an. Beide wurden 1787 gebaut, diejenige über den Wattbach gilt als die schönste der erhaltenen Holzbrücken. Bevor es die moderne Brücke gab, waren die Menschen jahrhundertelang von Stein kommend ins Sittertal abgestiegen, hatten in „Zweibruggen" Sitter und Wattbach überquert und mussten dann nach Haggen hoch die „Hundwilerleiter" mit ihren 364 Stufen hinaufsteigen.

Der Brückenweg führt durch die Hüslibrücke über die Sitter und nun über Wiesen in einem Bogen steil ansteigend hinauf auf das Niveau der modernen Fußgängerbrücke und weiter zu den ersten Häusern von Störgel. An der nächsten Weggabelung biegen wir rechts ab und wandern – leider auf Teerstraße – aussichtsreich auf den Höhen über dem Sittertal nach Westen. Es ist eine idyllische, von der Landwirtschaft geprägte Hochfläche mit schönen Bauernhäusern, vielen Obstbäumen und grasenden Kühen.

An einem Hof zweigt der Brückenweg nach rechts ab und führt – nun wieder auf Naturbelag – hinunter zu den zwei gedeckten Kubel-Brücken. Die **Holzbrücke über die Urnäsch** **05** ist voller Sprüche und wird deswegen auch die „sprechende Brücke" genannt. Sie wurde 1780 erbaut, nachdem zwei Jahre zuvor ein Hochwasser alle Brücken und Stege über die Urnäsch zerstört hatte.

Die zweite **Holzbrücke über die Sitter** **06** (um 1800 erbaut) durchschreiten wir. Hier könnte man die Wanderung abbrechen und zur Bahnstation St. Gallen-Bruggen hochsteigen. Über den Holzbrücken erhebt sich das Bahnviadukt der SOB, auch das schon über 100 Jahre alt. Nun kommen wir zu den Gebäuden der St. Gallisch-Appen-

Der Abstiegsweg hinunter zu den zwei Holzbrücken im Weiler Kubel unter dem Sitterviadukt der Bodensee-Toggenburg-Bahn.

zeller Kraftwerke mit einer eigenen Kavernenbrücke und laufen unter dem SBB-Bahnviadukt hindurch.

Unter der steinernen, 1807 erbauten Kräzern-Straßenbrücke kann man nicht durchlaufen, stattdessen folgt man der Straße hoch zur Kräzernstraße, vorbei an einem Zollhäuschen von 1778, das zur Erhebung des Brückenzolls für die hölzerne Vorgängerbrücke erbaut worden war. Auch hier könnte man die Wanderung abbrechen und Richtung Stocken (an der Straße rechts) zur Bushaltestelle laufen. Nach Überqueren der Kräzernstraße geht es gleich links wieder hinunter zur Sitter (Sittertalweg) und unter einer weiteren Straßenbrücke, der Fürstenland-

Die Ganggelibrogg über den Rechen schaukelt ganz ordentlich.

brücke, hindurch. Nun folgt ein schönes, wenn auch kurzes Wegstück entlang des Bachs und des Sitterkanals. Bei der Wasseraufbereitungsanlage queren wir die Sitter auf dem **Sittersteg** 07 (von 1882) und wandern durch Wiesen und dem 53 m langen Aquadukt Tobel hindurch.

Gleich hinter dem Aquadukt biegt der Brückenweg in die Rechenwaldstraße ein und überquert die Rechenwaldbrücke. Nun folgt der unschöne, rund 20-minütige Marsch vorbei an einer (stinkenden) **Kläranlage** 08. Hier ist Durchhalten angesagt; unbeirrt der Straße für rund 800 m folgen. Dann endlich die Erlösung: Nach einem Waldstück zweigt der Wanderweg links zu einem Firmengelände ab.

Vor der Schranke rechts am Holz-Atelier Bettina Portmann vorbei überqueren wir die **Ganggelibrogg** 09, eine 65 m lange

Hängebrücke. Kurz darauf macht der Weg einen Knick nach rechts und führt zur Sitter hinunter.

Auf dem Burentobelweg geht es am Ufer unter dem Sitterviadukt der A1 hindurch zum Firmengelände von Filtrox. Die Firma hat ihre eigene **Sitterbrücke** **10** über den Fluss, wir überqueren sie und sind nun fast schon am Ziel.

Links in die Hauptstraße abbiegen und von dieser zur alten **Gedeckten Spiseggbrücke** **11** abbiegen. Die geschindelte Holzbrücke wurde 1779 errichtet. Wer will, kann nun noch zur letzten Brücke, der neuen Spiseggbrücke, vorlaufen, von dort hat man einen schönen Blick auf die alte Holzbrücke. Von der neuen Brücke geht man einige Schritte zurück zur **Bushaltestelle Spisegg** **12**. Von hier fährt regelmäßig das Postauto zum Hauptbahnhof St. Gallen mit Umsteigemöglichkeit zum Bahnhof St. Gallen-Haggen **01**.

PANORAMAWEG ST. GALLEN

Badespaß in den Drei Weieren

4,3 km | 1:45 h | 130 hm | 130 hm

START | Bushaltestelle „Kirche St. Georgen", 760 m
[GPS: UTM Zone 32 x: 528.819 m y: 5.251.547 m]
CHARAKTER | Gemütlicher Spaziergang mit der Aussicht auf ein Bad in einem der schönsten Naturschwimmbäder der Schweiz.

Das besondere Highlight dieses Spaziergangs entlang der Weiherlandschaft unterhalb des Freudenbergs sind die Jugendstil-Badeanstalten direkt über der Altstadt von St. Gallen. Die „Drei Weieren" locken im Sommer zu einem kühlen Bad, im Winter sind sie ein Treffpunkt der Eisläufer.

▶ Gestartet wird die leichte Wanderung an der **Bushaltestelle „Kirche St. Georgen"** 01 in der St.-Georgen-Straße. An der Kirche vorbei führt der Gessnerweg oberhalb eines Schulhofs hinauf zur Gessnerstraße, in die von rechts die Biserhofstraße einmündet. **Wegweiser** 02 zeigen zum Treppenweg in der Kurve, dem man bergauf folgt. Oben angekommen, biegt man den Wegweisern folgend links in die Straße ein und wandert kurz unter ein paar Bäumen und dann mit freiem Blick oberhalb von einigen Häusern Richtung Osten. Auf diesem

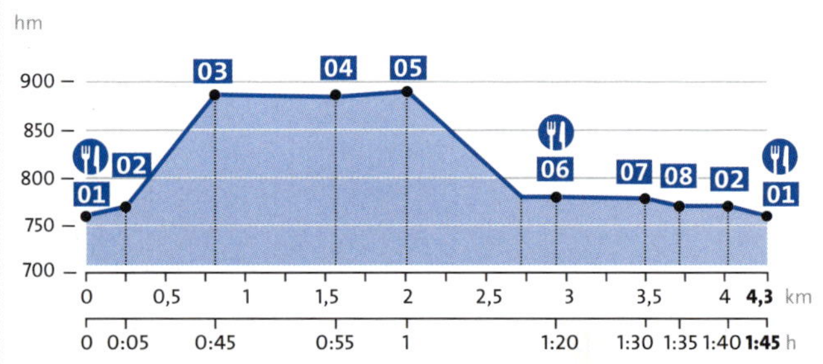

01 Bushaltestelle „Kirche St. Georgen", 760 m, 02 Wegweiser Gessnerstraße, 772 m, 03 Freudenberg, 886 m, 04 Kreuz, 884 m, 05 Chrüzhof, 891 m, 06 Familien- und Gemeinschaftsbads Dreilinden, 781 m, 07 Wegweiser „Drei Linden", 778 m, 08 Mannenweiher, 768 m

Badespaß in historischen Bädern

Drei Teiche waren 1610 zur Wasserversorgung der Textil-Bleichen (Leinenindustrie) und der Feuerwehren angelegt worden (daher der Name „Drei Weieren"), 1648 kamen noch zwei weitere hinzu. Erst im 18. Jh., als die Leinenindustrie an Bedeutung verlor, wurden die Seen zu Badeseen. Der damaligen Zeit entsprechend durfte die St. Galler Bevölkerung in diesen nur nach Geschlechtern getrennt baden. Der östlichste, der Kreuzweiher, wurde so zum „Frauenweiher", der mittlere zum „Buebenweiher", der westlichste zum „Mannenweiher" erklärt. Jeder der Seen erhielt zwischen 1896 und 1900 sein eigenes Badehäuschen. Das schöne Holzgebäude des Frauenweihers war sogar mit einem Turm mit Rettungsglocke ausgestattet. Im Mannenweiher darf auch heute noch gratis gebadet werden. Das Badeverbot für Frauen im Mannenweiher wurde 1972 offiziell aufgehoben.

Abschnitt sind ein erstes Mal die „Drei Weieren" zu sehen: Mannenweiher, Buebenweiher und ganz rechts das Frauenbad im Kreuzweiher (heute Familien- und Gemeinschaftsbad Dreilinden).

Mal am Waldrand, dann zwischen Bäumen, schließlich über Wiesen folgt man dem Kammweg und genießt die Panoramablicke. Bald ist der **Freudenberg** 03 erreicht, an dem man die Möglichkeit hätte, in 15 Minuten zum Dreilindenbad abzusteigen. Der nach wie vor aussichtsreiche Kiesweg führt hinauf zu einer Aussichtsbank und einem **Kreuz** 04 mit traumhaftem Blick über den Bodensee und das Kloster Notkersegg. Immer noch auf dem Wiesenkamm weiterwandernd wird schließlich der Wegweiser Chrüzhof Kapf oberhalb des **Chrüzhofs** 05 erreicht.

Hier macht der Weg nun eine Wendung nach Nordwesten und leitet entlang eines Wiesenhangs bergab zur Straße, die das Dreilindenbad und das Kloster verbindet.

Blick auf die „Drei Weieren" in St. Gallen. Das Gebäude rechts wurde um 1900 erbaut.

Blick vom Panoramaweg auf die Altstadt von St. Gallen.

Weit reicht der Blick: Unterhalb des Wegs das Kloster und die östlichen Stadtteile von St. Gallen, der Bruggwald und dahinter der Bodensee mit der Rorschacher Bucht. Unten angekommen biegt man nach links Richtung Dreilinden ab, passiert den im Wald liegenden Parkplatz und erreicht schließlich das hübsche hölzerne Badehaus (1896) des **Familien- und Gemeinschaftsbads Dreilinden** 06.

Vom Familienbad folgt man dem Dreilindenweg leicht aufwärts hinauf zur Promenade, die, links von einer Hecke und rechts von einem Zaun gesäumt, entlang des Buebenweihers (er ist wegen seines Pflanzenbewuchs nicht mehr zum Schwimmen freigegeben) und des Mannenweihers Richtung St. Georgen führt.

Hier geht es überraschend idyllisch zu. Auf den Wiesen weiden Kühe, der Blick fällt auf die historische Altstadt von St. Gallen mit seinen Wahrzeichen, der barocken Stiftskirche aus dem 18. Jh. Von der Stadt führt die Gesstreppe hinauf zum Promenadenweg.

Direkt am Buebenweiher steht der **Wegweiser „Drei Linden“** 07. Infotafeln informieren hier über die geologische Entstehungsgeschichte der Stadt und des „Tals der Drei Weieren“. Der Weg zurück zur Bushaltestelle führt am

Traumlage oberhalb der Altstadt.

westlichsten der drei Weiher, dem **Mannenweiher** 08 vorbei. Hier ist das Schwimmen sogar gratis möglich. Mehrere Holzstege ragen ins Wasser und erleichtern den Einstieg, an den steilen Wiesen wurden Reihen langer Holzbänke zum Liegen und Ausruhen geschaffen. Über Gessnerstraße und Gessnergasse geht es zurück zur **Bushaltestelle „Kirche St. Georgen“** 01.

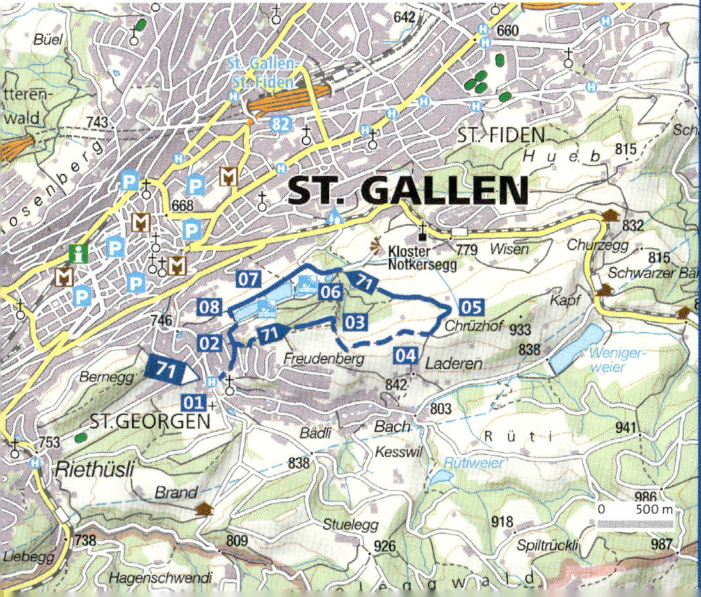

HUNDWILER HÖHI

Weiter Blick über das Appenzellerland

6 km | 2:30 h | 400 hm | 400 hm

START | Bahnhof Gonten mit gebührenpflichtigem Parkplatz, 898 m [GPS: UTM Zone 32 x: 526.257 m y: 5.241.719 m]
CHARAKTER | Zum Teil sehr steile Wiesenwege (vor allem bergab), sonst Forst- und Wirtschaftswege.

Vom Gipfel des herrlichen Aussichtsbergs über Gonten bietet sich dem Wanderer ein 360-Grad-Blick vom Bodensee über das hügelige Appenzeller Land bis zum Alpsteinmassiv, dazu noch kulinarische Genüsse im Bergrestaurant. Der Weg führt zum großen Teil durch bäuerliche Kulturlandschaft, vorbei an vereinzelt stehenden Höfen und grasenden Kühen.

Der „Feldweg" zur Alpe Göbsi.

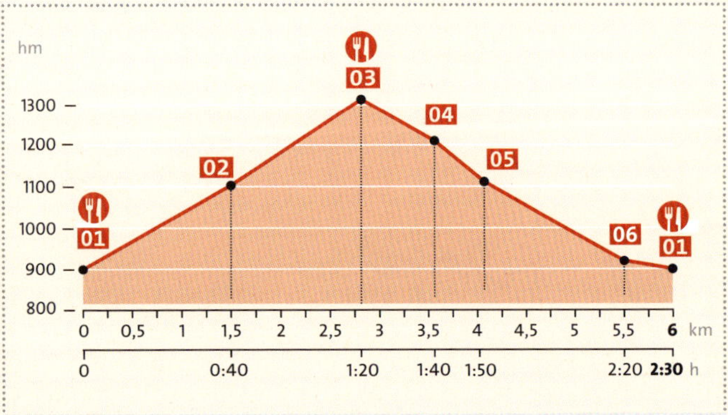

01 Bahnhof Gonten, 898 m, 02 Alpe Göbsi, 1103 m, 03 Hundwiler Höhi, 1305 m, 04 Hofstelle Ochsenhöhi, 1209 m, 05 Wiesenweg nach Gonten, 1109 m, 06 Loos, 920 m

▶ Vom renovierten **Bahnhof Gonten** 01 gehen wir zur Hauptstraße und dort nach links. Gleich hinter dem Hotel Bären nehmen wir den so bezeichneten „Feldweg“ hinauf zur Alpe Göbsi, er beginnt direkt neben dem Haus. Der Weg scheint an der Hangkante entlang geradewegs gen Himmel zu führen. Ein Strommast auf einem Hügel gibt die Richtung vor. Immer weiter geht es steil über Wiesen bergauf, bis endlich die **Alpe Göbsi** 02 in Sicht kommt.

Weiter bergauf führt der gut markierte Weg über Wiesen. Eine rote Bank weist zwischendurch einmal den Weg, dann geht es gleich darauf in ein Wäldchen unterhalb des Gipfels. Durchs Drehkreuz durch und man verlässt das Weidegebiet.

Nun geht es erneut auf einem baumlosen Rücken weiter, vorbei an einem Wohnhaus und geradeaus weiter zum Ziel, der **Hundwiler Höhi** 03. Oben wird man mit einer fantastischen Rundumsicht über das Appenzellerland belohnt. In der Ferne sind Pilatus, die Glarner Alpen und die Hügel des Zürcher Oberlandes zu sehen. In südlicher Richtung schaut man auf Kronberg und Alpstein, im Norden in den Kanton Thurgau und zum Bodensee. Wer keine eigene Brotzeit dabei hat, kann im Bergrestaurant Hundwilerhöhe einkehren.

Nach einem kurzen Besuch des Windrads beginnt der Abstieg in östlicher Richtung. Kurz zwischen Bäumen hindurch, meist aber aussichtsreich am Waldrand entlang

Der Weg hinauf zur Hundwiler Höhi führt rechts des Hofes am linken Bildrand vorbei durch den Wald hinauf zum Bergrestaurant.

geht es über einen Wiesenrücken steil zur einsamen **Hofstelle Ochsenhöhi** **04** hinunter.

Hier ändert sich nun die Himmelsrichtung, statt weiter nach Osten wandern wir nun nach Süden Richtung Gonten. Zunächst folgt man dem Zufahrtsweg zur Hofstelle talwärts bis zu einem Schuppen. Dort verlassen wir die Fahrstraße und wechseln auf den **Wiesenweg** **05** rechts vom Schuppen und steigen nun bis Gonten die meiste Zeit über (zum Teil steile) Bergwiesen hinunter. So geht es zügig von Hof zu Hof ins Tal. Die Knie sind nicht begeistert, die Augen über den herrlichen Blick Richtung Berge umso mehr. Wem der Wiesenweg zu anstrengend ist, kann alternativ dem Fahrweg mit seinen vielen Schleifen folgen.

Im Ortsteil **Loos** **06** hat man die meisten Höhenmeter geschafft, zum Bahnhof sind es nur noch wenige Minuten. Der Wanderweg führt unterhalb der Terrasse eines Wohnhauses vorbei und dann parallel zur Hauptstraße zu den ersten Häusern von Gonten. Auf der Nordseite der Wohnhäuser läuft man vor zur Ortsmitte, die man

Zurück in Gonten, rechts das Hotel Bären.

bei der Bäckerei Motzer erreicht. Wenige Schritte Richtung Kirche, dann zweigt links auch schon der Stichweg zum **Bahnhof** **01** ab.

EGGEN HÖHENWEG

Wanderklassiker im Appenzeller Mittelland

7,3 km | 2:20 h | 202 hm | 381 hm

START | Bahnstation Vögelinsegg (Parkplatz in der Nähe), 944 m [GPS: UTM Zone 32 x: 532.897 m y: 5.251.486 m]
CHARAKTER | Anfangs Teerstraßen, dann Forst- und Wirtschaftswege.

Der Höhenweg besticht nicht nur durch seine herrliche Fernsicht, sondern auch durch die gute Erreichbarkeit mit öffentlichen Verkehrsmitteln. Die Trogener Bahn fährt ab dem Hauptbahnhof St. Gallen bis zur Station Vögelinsegg, die Gaiserbahn bringt Wanderer von Lustmühle aus wieder zurück zum Hauptbahnhof. An schönen Wochenenden kann es auf dem Höhenweg und in der Wirtschaft Waldegg (einzige Einkehrmöglichkeit) schon mal voll werden.

Unweit der **Haltestelle Vögelinsegg** 01 weisen gelbe Wegweiser neben einer neu entstehenden Wohnanlage eine Treppe hinauf zum Höhenweg, zu dem hin man die erste Viertelstunde auf einem Teersträßchen läuft. Für den harten Belag entschädigen dafür der weite Blick über den Bodensee bzw. das hübsche Dorf Trogen und das Appenzeller Mittelland.

Beim Anstieg zwischen Bergwiesen wandert man auf zwei

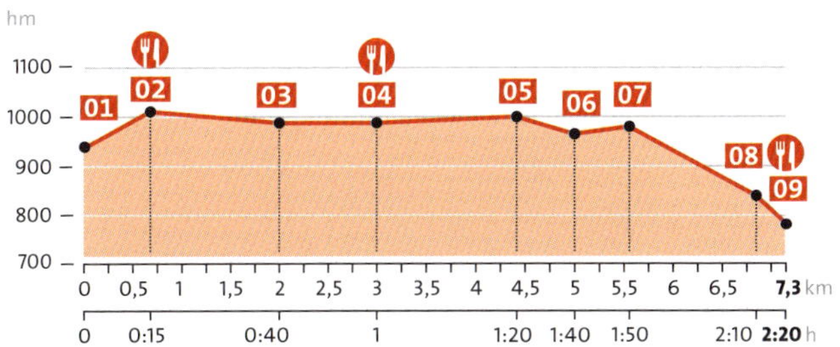

01 Haltestelle Vögelinsegg, 944 m, 02 Abzweigung, 1010 m, 03 Oberhorst, 987 m, 04 Höhenrestaurant Waldegg, 986 m, 05 Moosbänkli, 1000 m, 06 Schäflisegg, 965 m, 07 Fröhlichsegg, 981 m, 08 Gstalden, 839 m, 09 Bahnstation Lustmühle, 781 m

Blick vom Höhenweg auf die Ortschaft Speicher.

Gebäude zu: links ein stattliches Wohnhaus, rechts hinter einem Baum das Restaurant Besenbeiz in traumhafter Lage. Kurz bevor dieses erreicht ist, nehmen wir jedoch die **Abzweigung** 02 nach links und gehen am Wohnhaus vorbei auf den Wald zu. Ein Fahrweg führt nun durch den Steineggerwald, der Höhenweg verläuft im steten Auf und Ab auf einem aussichtsreichen Höhenrücken. Immer wieder laden bunte Bänke unterwegs zur Rast ein. Zum Wei-

ler Oberhorst geht es zunächst steil bergab auf einem durch die starken Niederschläge im Sommer 2015 stark ausgewaschenen Waldweg.

Ab dem Weiler **Oberhorst** 03 verläuft der Höhenweg auf einem breiten Wiesengrat – mit grandioser Aussicht auf die Alpsteinkette. Wer die Aussicht länger genießen will, kann nun im **Höhenrestaurant Waldegg** 04 einkehren, das letzte von einst sieben Gasthäusern entlang des Eggen Höhenwegs. Im Waldegg befinden sich inzwischen mehrere gastronomische Erlebnisbetriebe unter einem Dach, dazu viele Attraktionen für Familien mit Kindern.

Auf dem weiteren Weg säumen Lehrtafeln zu heimischen Pflanzen den Weg, auch dies eine von vielen Initiativen der Waldegg-Wirtsleute. Durch Wald und über Wiesen und Weiden wandert man weiter (mit mal mehr, mal weniger Aussicht) zum **Moosbänkli** 05 und zur Siedlung **Schäflisegg** 06.

Durch den Wald ist bald auch **Fröhlichsegg** 07 erreicht, wo ein großer Picknickplatz mit Tischen, Bänken und einer Feuerstelle zur Pause einladen. Der Wegweiser „Ahorn" weist anschließend den Weg zur Bahnstation Lustmühle, die nur noch eine knappe halbe Stunde entfernt liegt.

Über Wiesenpfade geht es aussichtsreich talwärts, an den schön gelegenen Häusern von Spiessenrüti vorbei und dann auf einem gekiesten Fahrweg relativ steil hinunter zu den Häusern von **Gstalden** 08 (mit einem schönen Bauerngarten am Wegrand). Auf den letzten 10 Minuten zur Bahnstation geht es über steile Wiesen bergab, dann ist die **Bahnstation Lustmühle** 09 erreicht.

GÄBRIS • 1247 m

Lehrreicher Aufstieg zum Trogener Hausberg

9,6 km | 2:45 h | 371 hm | 371 hm

START | Bahnstation Trogen mit gebührenpflichtigem Parkplatz, 911 m [GPS: UTM Zone 32 x: 534827 m y: 5.250.545 m]
CHARAKTER | Vorwiegend Forst- und Wirtschaftswege, zwischendurch auch Teerwege.

Ein schönes Gipfelziel für alle, die keine großen Höhenmeter zurücklegen und dennoch die Aussicht auf das Appenzeller Land genießen wollen. Und wer sich ein bisschen für das Wetter interessiert (was man als Wanderer ja sollte), kann hier einiges auf den informativen Tafeln des Meteo-Wanderweges zu diesem Thema lernen.

▶ Beim **Bahnhof Trogen** 01 weisen gelbe Wanderschilder den Weg durch das Quartier zum Gäbris. Eine kurze Steintreppe hoch und in die Straße Befang einbiegen. Vorbei an der „Herberge zum kleinen Glück" geht es zu einigen Garagen, an denen rechts ein Fußweg bergauf ins **Kinderdorf Pestalozzi** 02 führt. Dort nach

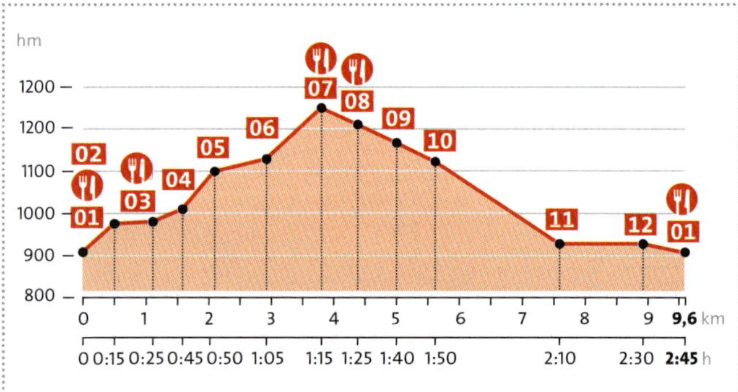

01 Bahnhof Trogen, 911 m, 02 Kinderdorf Pestalozzi, 965 m, 03 Wirtschaft Sand, 983 m, 04 Infotafel „Regen und Schnee", 1010 m, 05 Infotafel „Hundertjähriger Kalender", 1100 m, 06 Wetterstation/Windrad Chürstein, 1130 m, 07 Gasthaus Gäbris, 1247 m, 08 Gasthaus Unter Gäbris, 1210 m, 09 Gäbrisseeli, 1170 m, 10 Weggabelung Ruesitz, 1135 m, 11 Große Säge, 930 m, 12 Forst- und Bauamt der Gemeinde Trogen, 930 m

links wenden und bis zur T-Kreuzung laufen. Hier trifft man auf weitere Wegweiser. Man befindet sich nun auf dem Meteo-Wanderweg und trifft auch bald auf eine erste Infotafel, die über Gewitter informiert. Zwischen den Wiesen folgt man weiterhin der Beschilderung „Meteo-Wanderweg" und wandert auf einem Naturweg zur **Wirtschaft Sand** 03.

Auch auf dem weiteren Weg folgt man den blauen Schildern des Meteo-Wanderwegs und den gelben Wanderschildern zum Gipfel des Gäbris (noch 1 Stunde). Zwischen Wiesen zieht ein gekiester Fahrweg stetig bergan, vorbei an den Lichtmasten einer Skipiste und der Grillstelle Nistelbuel. Immer den Wegweisern folgend geht es über die Wiesen hinauf, bis eine weitere **Infotafel** 04 des Meteo-Wanderwegs zum Thema **„Regen und Schnee"** erreicht ist.

Und weiter bergauf über Wiesen, bis die **Infotafel** über den **Hundertjährigen Kalender** 05 in Sicht kommt. Nun geht es an Weidezäunen entlang kurz in eine Senke, in der der Hof Moos liegt. Von dort sind es immer noch knapp 200 Höhenmeter bis zum Gipfel. Weiter über Bergwiesen wandernd erreicht man schließlich einen kleinen Hügel, von dem aus die nächste Station des Meteo-Wanderwegs, ein **Wetterhäuschen** und das **Windkraftwerk Chürstein** 06, in Sicht kommen. Eine Infotafel informiert hier zum Thema „Wenn das Wetter verrückt spielt".

Der weiterhin über Wiesen verlaufende Pfad führt auf ein Wäldchen (Dreispitz-Wald) zu, in dem man sich an einer Forststraße rechts hält. Ein kurzes Stück durch den Wald und man ist endlich auf dem baumfreien Gipfel des Gäbris. Eine weitere Infotafel informiert über die Frage „Warum ist der Himmel blau?", doch spannender ist nun das Bergpanorama hinter dem **Gasthaus Gäbris** 07. Wer an einem Tag mit guter Fernsicht unterwegs ist (was sehr zu empfehlen ist!) erlebt ein grandioses Pa-

Passend zur Infotafel des Meteo-Wanderwegs über Gewitter eine eindrucksvolle Gewitterwolke.

Das Gipfelhaus auf dem Gäbris.
Rechts: Blick vom Gasthaus Unter Gäbris Richtung Süden.

norama: Säntis, Hoher Kasten, die Drei Schwestern, das Rheintal, der Bodensee, der Bregenzerwald, die Bündner und Glarner Berge.

Der Rückweg ist zunächst noch reines Genusswandern auf dem Höhenrücken Richtung Osten – mit baumfreiem Ausblick nach Süden. Bei den Wegweisern folgt man zunächst dem Ziel Landmark. Über das **Gasthaus Unter Gäbris** 08 (die älteste Wirtschaft auf dem Gäbris) geht es zum **Gäbrisseeli** 09, einem Moorsee, den ein Landwirt eigenhändig angelegt hat.

Beim Wegweiser Gäbrisseeli läuft man zunächst noch weiter Richtung Landmark, bis bei der **Weggabelung Ruesitz** 10 der Weg nach Trogen/Große Säge nach links abbiegt und damit die Kammhöhe verlässt. Ein breiter Forstweg führt zunächst in zwei Schleifen stetig bergab durch den Wald, über den Bruederbach und vorbei an einigen wenigen Häusern zur **Großen Säge** 11. Zwischen den Gebäuden des Sägewerks hindurch geht es nochmals über den Bruederbach und dann den Schildern nach Trogen folgend durch den Wald ein kurzes Stück bergauf, bis man den ersten Hof (unterhalb des Gasthauses Sand) erreicht hat.

Vorbei am **Forst- und Bauamt der Gemeinde Trogen** 12 ist bald darauf die Straße nach Sand erreicht. Sie wird überquert (auf die gelben Schilder achten), am rechts liegenden Pestalozzi-Kinderdorf vorbei wird man nun in die Siedlung Berg hineingeleitet. Ein Treppenweg links führt hinunter in die Straße Befang zur „Herberge zum kleinen Glück“. Auf bekanntem Weg zurück zum **Bahnhof Trogen** 01.

Chastenloch Moos
Wald
831
906
962
Geren
Flecken
Rechberg
Blatten
Girtannen
Speicher
Brändli
Chrombach
800
Gruenholz
Sandegg
Nideren
Witi
01
Bleichi
802
74
Wannen
Gfeld
Trogen
Bendlehn
Goldach
813
Habsat
828
Sägli
Bach
Nord
02
1000
74
Lindenbüel
864
Pestalozzidorf
12
Ebni
Trüen
Eugst
Bruederbach
976
Sand
Baschloc
Dicket
Ratholz
03
1046
Unterbach
04
74
1051
983
Nistelbüel
Neppenegg
930
Ebnetschachen
05
11
1066
1057
1118
1183
1157
1145
Höchi Bueche
Grueb
1130
Wissegg
Suruggi
Gschät
Moos
Chellersegg
Pfand
06
1100
1194
Brueder Bach
Gschwend
Chürstein
1142
Ruesitz
1155
09
10
Gomp
898
Steinlüten
08
74
Flue
Chriegersmüli
Hafenwald
1169
Studennord
Rad-Fahrverbot
Sa 13-18Uhr
So 7-18Uhr
1147
Hofstatt
Gäbris
Schwäbrig
07
1247
Gschwend
Häldeli
Schindelegg
1024
Boden
Hofguet
Schochengäbris
Chlosmer
1142
Langen
1049
0
500 m
Rotloch
1107
983
1115
Rotenwis
Bilchen
Obergais
1068
Brand
Buechstuden

VON OBEREGG NACH ST. ANTON

Freier Blick ins Appenzeller Land

7,5 km | 2:25 h | 275 hm | 275 hm

START | Bushaltestelle „Oberegg AI, Post“, 874 m
[GPS: UTM Zone 32 x: 541.677 m y: 5.252.224 m]
CHARAKTER | Aussichtsreiche Wanderung auf vorwiegend Forst- und Wirtschaftswegen, teils auch auf Asphaltstraßen.

St. Anton thront auf einem Hügel, von dem aus man eine grandiose Sicht ins Appenzeller Land, zum Bodensee, ins Rheintal und den Bregenzerwald genießt. Der Rundweg folgt über weite Teile einem markierten Gesundheitsweg, der über Heilmethoden und Heilpflanzen informiert.

▶ Von der **Bushaltestelle** 01 gehen wir wenige Schritte nach Westen und biegen dann links ab. In der folgenden Linkskurve zweigt ein Kiesweg zum Falbach ab. Von diesem führt der Weg am Waldrand entlang bergauf zum Hof Acker, an einer militärischen Schießanlage vorbei, durch ein Wäldchen hindurch und weiter über Wiesen bergauf zu den Masten einer Skipiste, die man quert. Vom **Skilift** 02 aus genießt man einen schönen Blick zurück auf Oberegg. Nochmals kurz durch ein Wäldchen und erneut über Wiesen bergauf, an einem Hof vorbei und die letzten Meter hinauf zum lang gezogenen Bergrücken, auf dem St. Anton liegt.

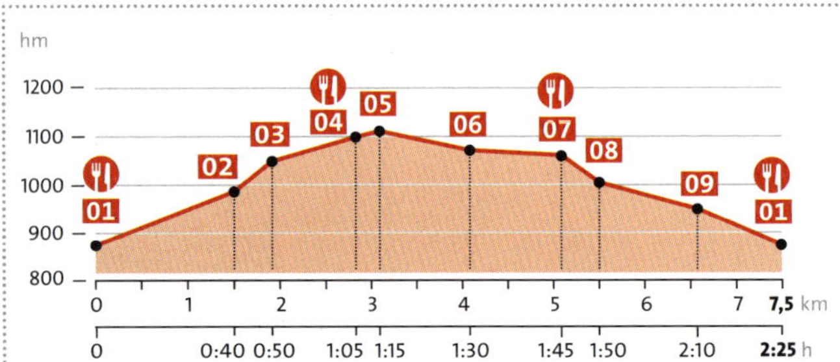

01 Bushaltestelle, 874 m, 02 Skilift, 988 m, 03 Abzweig Naturfreundehaus, 1050 m, 04 Gasthaus St. Anton, 1102 m, 05 Kapelle in St. Anton, 1110 m, 06 Verzweigung „Büelen“, 1068 m, 07 Wirtschaft Rütegg, 1059 m, 08 Hofstelle, Beginn Waldweg, 1005 m, 09 Hügel Laderen, 952 m

Endlich auf dem Kamm mit traumhaftem Blick zum Alpstein.

Oben angekommen schlagen wir am **Wegweiser** 03 zum **Naturfreundehaus** die entgegengesetzte Richtung ein, erreichen eine Fahrstraße und wandern auf dieser Richtung Westen zum **Gasthaus St. Anton** 04 und weiter zur **Kapelle in St. Anton** 05.

Nun beginnt der Rückweg, für den wir zunächst der Beschilderung Tanne/Heiden an der Kapelle vorbei bergab folgen. Vorbei an mehreren Höfen geht es talwärts bis zur **Verzweigung „Büelen“** 06. Ab hier ist auch Oberegg ausgeschildert. Weiterhin auf dem Gesundheitsweg wandern wir zur **Wirtschaft Rütegg** 07. Südlich der Gastwirtschaft folgen wir einem Pfad über einen Höhenrücken leicht abfallend zu einer **Hofstelle** 08. Von dort auf der Zubringerstraße in den Wald hinein und weiter bis zu den Häusern von Ebenau. Hier queren wir die Fahrstraße und wandern nochmals leicht ansteigend zum **Hügel Laderen** 09. Vor einem Wäldchen (links ein weißes Wohnhaus) halten wir uns rechts und folgen einem kleinen Pfad am Waldrand entlang. Wegspuren führen hinunter zu den nördlichsten Häusern von Oberegg. Bei der Tankstelle Rutlen erreichen wir die Rutlenstraße. Auf dieser hinunter zur Dorfstraße und links zurück zur **Bushaltestelle** 01.

TIPPS FÜR ...

Schlechtwettertage

Dornbirn: Inatura – Natur, Mensch und Technik erleben
Das überregional bekannte Museum zählt zu den modernsten Naturmuseen Europas. Sein Ziel ist es, interaktiv und spielerisch Wissen über die Natur, den Menschen und die Technik zu vermitteln. Anfassen ist hier ausdrücklich von den Museumsmachern erwünscht. Gerade für Kinder ist die Aufforderung zum Ausprobieren, Spielen und Erleben natürlich sehr spannend. Vorgestellt werden die Lebensräume Vorarlbergs, einige Naturwunder und der Mensch und seine technischen Errungenschaften. Und wo sonst hat man schon mal die Möglichkeit, durch einen menschlichen Körper zu wandern? Auch das ist hier möglich. In den „Science Zones" geht es um die Themenfelder Optik, Mechanik, Elektrizität, Magnetismus, Energie und Wasser.
Tägl. 10–18 Uhr
Jahngasse 9
www.inatura.at

Wissenswertes über den Menschen erfährt man im Inatura-Museum.

Konstanz: Bodenseemuseum und „Fenster zum See" im Sea Life Centre
Am Südrand des Hafens bieten gleich zwei Museen viele Informationen über den Rhein von der Quelle bis zur Mündung, über die (glaziale) Entstehungsgeschichte des Bodensees, über die Lebensräume des Sees und die Bodenseelandschaft im Allgemeinen. Das Bodenseemuseum ist etwas für die ganze Familie und bewusst zum Anfassen und Mitmachen konzipiert. Jan.–Juni 10–17 Uhr, Juli–Aug. 10–18 Uhr, Sept.–Dez. 10–17 Uhr
Hafenstr. 9
www.konstanz.de/naturmuseum

Lustenau: Museum Rhein-Schauen
Auch hier dreht sich alles um den Rhein – um die immer wiederkehrenden Gefahren von Hochwasser und Überschwemmungen, über Kultur, Technik und Natur am Rhein und im Alpenrheintal. Die ehemalige Baubahn der Internationalen Rheinregulierung ermöglicht zudem Ausflüge in die traumhaft schöne Landschaft am Bodensee.
Mi, Fr–So 13–17:30 Uhr, Fahrten des (Elektro-)Rheinbähnles: Sa–So 15 Uhr, ab und zu fährt auch eine Dampflokomotive.
Höchster Straße 4
www.rheinschauen.at

Rorschach: Museum im Kornhaus
Hier ist Anfassen, Mitmachen, Ausprobieren ausdrücklich erwünscht! Mit moderner Museumstechnik erschließen sogenannte „Erlebniswelten" die Welt unserer Vorfahren am Bodensee, informieren über die Kommunikation der Menschen über die Jahrtausende, über Optik (mit vielen Experimenten) und über Mathematik („Mathe-Magie"). Ergänzt wird

Spannend für Groß und Klein: das Dornier-Museum Friedrichshafen.

die Dauerausstellung durch sehenswerte Sonderausstellungen.
Ende März –Ende Okt. tägl. 10–17 Uhr
Hafenplatz 2
www.museum-rorschach.ch

Frauenfeld: Naturmuseum Thurgau
Unter dem Motto: „entdecken – begreifen – staunen" lassen sich hier Pflanzen und Tierpräparate in lebensechten Darstellungen bewundern. Der Museumsgarten mit alten Kultur- und Nutzpflanzen bietet zudem Natur zum Anfassen.
Di–Sa 14–17, So 12–17 Uhr
Freie Straße 24
www.naturmuseum.tg.ch

Friedrichshafen: Zeppelin-Museum
Das Museum im ehemaligen Hafenbahnhof der Stadt liegt direkt am Bodenseeufer und präsentiert mit 1500 Exponaten die weltweit größte Sammlung zur Luftschifffahrt – von den Anfängen im 18. Jh. bis heute. So kann man hier beispielsweise in einem Nachbau die Passagierräume der legendären „Hindenburg" begehen. Für Kunstliebhaber wird zudem eine große Kunstsammlung süddeutscher Meister vom Mittelalter bis zur Neuzeit gezeigt.
Mai–Okt. tägl. 9–17 Uhr, Nov.–April Di–So 10–17 Uhr
Seestraße 22
www.zeppelin-museum.de

Friedrichshafen: Dornier-Museum
Wer sich für das Fliegen interessiert, findet hier unzählige historische Flugzeuge im Hangar, Exponate aus der Raumfahrt und sogar ein begehbares Sonnensystem. Im Cineball werden historische Filmaufnahmen gezeigt. Und wer schon immer mal selbst ein Flugzeug fliegen wollte, kann hier seine ersten Versuche im Flugsimulator starten. Mai–Okt. tägl. 9–17 Uhr, Nov.–April Di–So 10–17 Uhr
Claude-Dornier-Platz 1 (Flughafen)
www.dorniermuseum.de

Kressborn: Museum für historische Schiffsmodelle
Wunderschöne Sammlung historischer Schiffsmodelle aus dem Rokkoko. April–Mitte Okt. Di–So 10–12, 15–18 Uhr.
Im Schlössle, Seestraße 20
www.historische-schiffsmodelle.com

Konstanz

Das bedeutendste Ereignis in der Stadtgeschichte war das „Konstanzer Konzil“ von 1414 bis 1418. Im sogenannten „Konzilsgebäude“, 1388 als Korn- und Lagerhaus errichtet, tagte 1417 das Konklave und wählte Martin V. zum Papst, die einzige Papstwahl auf deutschem Boden. Da die Stadt wegen ihrer Nähe zur Schweiz im Zweiten Weltkrieg nicht bombardiert wurde, ist die mittelalterliche Altstadt hervorragend erhalten. Der älteste Stadtteil ist die zwischen Münsterhügel und Rhein gelegene Niederburg mit engen Gassen und vielen Patrizierhäusern aus dem 12. bis 14. Jh. Das Konstanzer Münster wurde im 11. Jh. errichtet und erhielt zwischen dem 14. und 16. Jh. seine Türme. Der Obermarkt wird vom Hotel „Barbarossa“ und dem Haus „Zum Hohen Hafen“ (1420) beherrscht. Die Fassadenmalereien des Wohnturms „Zum Goldenen Löwen“ stammen von 1580. Das Hohe Haus von 1294 war seinerzeit das höchste Profangebäude der Stadt. Jünger ist das Alte Rathaus am Fischmarkt, das 1484 errichtet wurde. Einst schützte eine Ringmauer mit 20 Toren und Türmen die Altstadt, erhalten blieben nur der Rheintorturm, das Schnetztor und der Pulverturm. Ganze Straßenzüge im Jugendstil- und Gründerzeitstil finden sich im Paradies und in der Seestraße.

www.konstanz.de/tourismus

Meersburg

Das hübsche Städtchen ist ein beliebter Erholungsort am Nordufer des Bodensees. Von der Unterstadt mit Grethaus am Hafen (1505), Uferpromenade und Unterstadt-Kapelle (1390, gotische Altäre) führen 171 Stufen durch einen Weinberg hinauf in die Oberstadt. Wahrzeichen des Städtchens sind das Alte Schloss (die älteste bewohnte deutsche Burg, Dagobertsturm von 628, Wohnräume und Sterbezimmer der Dichterin An-

Meersburg: Das Grethaus mit seiner Staffelgiebelfront ist ein ehemaliger Kornspeicher, der 1505 gebaut wurde.

Die berühmte Lindauer Hafeneinfahrt mit ihren Wahrzeichen, dem 36 m hohen Neuen Leuchtturm und dem 6 m hohen Bayerischen Löwen.

nette von Droste-Hülshoff, Burgmuseum), das Neue Schloss (1750, ehem. Residenz der Konstanzer Erzbischöfe) und das Fürstenhäusle (Droste-Museum). Entlang der Steigstraße, der Kirchstraße und der Winzergasse liegen malerische Fachwerkhäuser. Der Marktplatz mit dem Obertor zählt zu den berühmtesten Städtebildern Deutschlands.
www.meersburg.de

Lindau
Lindau ist Deutschlands einzige Inselstadt mit fast schon mediterranem Charme. Beim einstigen Fischerdorf wurde im 9. Jh. ein Benediktinerinnen-Kloster „Unserer lieben Frau unter den Linden" gewidmet, daraus wurde später Lindau. Reich wurde die Stadt im Mittelalter – über die Stadt wurde der Warenhandel nach Mailand abgewickelt, vor allem Korn und Salz. Vom einstigen Wohlstand zeugen das Alte Rathaus (1422-1436) und imposante Patrizierhäuser wie das „Haus zum Cavazzen" (1730, heute Stadtmuseum). Der Schrannenplatz wird dominiert vom hübschen Diebsturm, der 1380 errichtet wurde und lange als Gefängnis diente. Südländische Atmosphäre herrscht auch auf dem Marktplatz. An der Seepromenade erhebt sich der Alte Leuchtturm (Mangturm), der als Signalturm einst Teil der Stadtbefestigung war. Das bekannteste Wahrzeichen der Stadt ist die Hafeneinfahrt mit dem Bayerischen Löwen und dem Neuen Lindauer Leuchtturm.
www.lindau-tourismus.de

St. Gallen
Die Ostschweizer Stadt wurde im 7. Jh. gegründet und war ein bedeutender Standort des Leinwand- und Stickereigewerbes. Zu den Hauptsehenswürdigkeiten zählen die Stiftskirche (18. Jh.) und die Stiftsbibliothek mit ihren alten Handschriften (beide UNESCO-Welterbe). In der Altstadt zeugen kunstvoll verzierte, bemalte und z. T. mehrstöckige Erker an den Patrizierhäusern vom Reich-

In der Altstadt von Schaffhausen steht das farbenfrohe „Haus zum Ritter“.

turm und der Reiselust der St. Galler Textilkaufleute im 18. und 19. Jh. Im Tröckneturm in Schönenwegen wurden einst die frisch gefärbten Stoffbahnen zum Trocknen aufgehängt. Noch aus dem Mittelalter stammt das einzig erhaltene Stadttor, das Karlstor (1569–1570).
www.stgallen.ch

Schaffhausen
Der Bummel durch die gut erhaltene Altstadt von Schaffhausen gleicht einer Reise in die Vergangenheit. Überall begeistern historische Gebäude mit Erkern und Fassadenmalerei. Überragt wird die Altstadt von der eindrucksvollen Stadtfestung, die zwischen 1564 und 1589 von den Schaffhauser Bürgern in Fronarbeit errichtet wurde. Von der alten Stadtbefestigung sind der Obertorturm, das Schwabentor und der Diebesturm erhalten. Vom Obertor zum Fronwagplatz, einem der schönsten Plätze der Stadt, zieht sich die Straße Oberstadt. Diese geht in die Vordergasse über, an die sich die Unterstadt anschließt und schließlich am Freien Platz an der Schiffslände endet. Dort erinnern der Güterhof und der Schweizerhof gemeinsam mit dem äußeren Salzstadl an den über Jahrhunderte florierenden Salzhandel. Die Türme des 1100 erbauten reinromanischen Münsters zu Allerheiligen zählen zu den schönsten der Schweiz. Innen lohnt ein Blick in den Kreuzgang. Es gibt öffentliche Führungen durch die Altstadt und eine Abendführung mit dem Nachtwächter.
www.schaffhauserland.ch

Rorschacher Badhütte.

Wasserratten

Arbon: Strandbad Buchhorn
Es zählt zu den schönsten der Schweiz und wurde 1928–33 in einem für die damalige Zeit sehr modernen, von der Bauhaus-Architektur beeinflussten Stil errichtet.

Bregenz: Mili Bregenz
Das wunderschöne Traditionsbad von 1825 ist die älteste Badeanstalt am Bodensee und wurde auf Holzpfählen in der Biege der Bregenzer Bucht errichtet. Gebaut wurde das Militärbad für junge Rekruten, die hier schwimmen lernen sollten.

Diepoldsau: Naturstrandbad
Das Strandbad am Alten Rhein existiert schon seit 1931 – damals wurde es überregional bekannt, weil hier von Anfang an auf eine Geschlechtertrennung verzichtet wurde.

Heiden: Häädler Badi
Das 1932 eröffnete Bad war seinerzeit das modernste der Schweiz und steht heute unter Denkmalschutz. Zu seinen markanten Bauten zählen der Sprungturm und das Restaurant mit dem alten Wasserturm.

Konstanz Rheinstrandbad
Die historische denkmalgeschützte Anlage nahm 1938 den Betrieb auf und besticht mit ihrer Architektur der 30er Jahre.

Rorschach: Badhütte
Das historische Kastenbad auf Stelzen steht im Bodensee und wurde 1923–24 gebaut – noch im Stil der Bäderkultur des 19. Jh. Es ist das einzige seiner Art auf Schweizer Seite, das überlebt hat.

St. Gallen: Familienbad Dreilinden
Die Anlage zählt zu den schönsten Naturschwimmbädern der Schweiz. Es gibt ein gebührenpflichtiges Bad (Frauenbad Dreilinden) und ein öffentliches Gratis-Gemeinschaftsbad (Mannenweiher).

Drei Weieren: der Mannenweiher.

Schaffhausen: „d'Rhybadi"
Das Flussbad im Rhein liegt unter dem Munot. Das Holzbad in Schiffsform wurde 1870 eröffnet und ist das größte erhaltene Kastenbad der Schweiz und hatte – wie damals üblich – zwei nach Geschlechtern streng getrennte Anlagen.

Stein am Rhein: Badi Espi
Das Flussbad am Rhein liegt gegenüber der historischen Altstadt.

UNTERWEGS MIT SCHIFF UND BAHN

Abendstimmung auf dem Bodensee.

Schiffe

Bodenseeschifffahrt
Hier findet man alles zu Fahrplänen, Sonderfahrten, Geschichte uvm.
www.bodenseeschifffahrt.de

Bodensee-Schiffsbetriebe GmbH
Fahrpläne, Ausflugsfahrten, Bodensee-Fähre von Friedrichshafen nach Romanshorn.
www.bsb-online.com

Vorarlberg Lines Bodenseeschifffahrt
Fahrpläne, Rundfahrten, Kreuzfahrten, Veranstaltungskalender.
www.bodenseeschifffahrt.at

Schweizerische Bodensee-Schifffahrtsgesellschaft SBS
Fahrpläne, Themenschiffe, Rundfahrten uvm.
www.bodensee-schiffe.ch

Autofähre Konstanz – Meersburg
Ganzjährig Pendelverkehr im 15-Minuten-Takt.
www.stadtwerke.konstanz.de

Autofähre Friedrichshafen – Romanshorn
Ganzjährig im Stundentakt, 45 Min. Fahrzeit.
www.bsb-online.com

Katamaran Konstanz – Friedrichshafen
Ganzjährig im Stundentakt, 45 Min. Fahrzeit.
www.der-katamaran.de

Dampfschiff „Hohentwiel“
Historischer Schaufelraddampfer von 1913, Rund- und Themenfahrten.
www.hohentwiel.com

Bodensee-Solarschifffahrt
Zwei Solarschiffe auf dem Untersee.
www.solarfaehre.de

Historische Autofähre Konstanz
Rund- und Eventfahrten in der Konstanzer Bucht mit der ersten Autofähre von 1928.
www.stadtwerkekonstanz.de

Bahnen

Bodenseegürtelbahn
Eisenbahnstrecke von Radolfzell bis Lindau, auf der zwei Linien mit unterschiedlichen Zügen fahren: „Seehänsele“ von Radolfszell bis Friedrichshafen, ab dort Regionalbahnen bis Lindau.

„Seehas“
Zug von Konstanz nach Engen mit Stopps in Engen, Singen, Radolfzell, Allensbach, Reichenau und Konstanz.

Appenzeller Bahnen (AB)
Linie St. Gallen – Gais – Appenzell
Linie St. Gallen – Trogen

Bodensee-Toggenburg-Bahn:
Fährt vom Bodensee ins Hinterland.

Erlebnisbus

Verbindet im Stundentakt den Affenberg Salem und das Schloss Salem mit dem Hafen in Unteruhldingen.

Bei den meisten hier vorgestellten Wanderungen gibt es Übernachtungsmöglichkeiten entweder direkt am Weg oder am Ausgangs- bzw. Zielort.

€ unter 30 EUR €€ 30 – 60 EUR €€€ über 60 EUR
(pro Pers/DZ/incl. Frühstück)

Arbon .... Plz CH-9320 Tel. +41 71
Hotel Brauerei Frohsinn (€€€), Romanshornerstr. 15, Tel. 447 84 84, www.frohsinn-arbon.ch
Hotel Römerhof (€€€), Freiheitsgasse 3, Tel. 447 30 30, www.roemerhof-arbon.ch
Hotel Wunderbar (€€€), Weitegasse 8, Tel. 440 05 05, www.hotel-wunderbar.ch
Bedhub Swisslodge Arbon (€€€), Schäfligasse 4, Tel. 440 38 93, www.bedhub.ch

Bischofszell .... Plz CH-9220 Tel. +41 71
Hotel le Lion (€€€), Grubplatz 2, Tel. 424 60 00, www.hotel-lelion.ch
Hotel Restaurant Linde (€€€), Grubplatz 6, Tel. 422 16 10, www.hotel-zur-linde.ch

Bodman-Ludwigshafen .... Plz D-78351 Tel. +49 7773
Bodenseehotel Adler (€€€), Hafenstr. 4, Tel. 933 90, http://seehotel-adler.de
Bodenseehotel Immengarten (€€€), Überlinger Str. 26, Tel. 937 420, www.bodenseehotel-immengarten.de
Bodenseehotel Krone (€€€), Hauptstr. 25, Tel. 931 30, www.bodenseehotelkrone.de

Bregenz .... Plz D-6900 Tel. +43 5574
JUFA Bregenz am Bodensee (€€), Mehrerauerstr. 5, Tel. 0570/83 540, www.jufa.eu
Bed & Breakfast Sonne (€€ - €€€), Kaiserstr. 8, Tel. 425 72, www.pensionsonne.at
Hotel Garni zum Grauen Bären (€€), Reichsstr. 8, Tel. 428 23, http://members.aon.at/zumgrauenbaeren
Hotel Bodensee (€€€), Kornmarktstr. 22, Tel. 42 30 00, www.hotel-bodensee.at
Hotel Messmer am Kornmarkt (€€€), Kornmarktstr. 16, Tel. 423 56, www.hotel-messmer.at

Dornbirn .... Plz A-6850 Tel. +43 5572
Harry's Home Hotel Dornbirn (€€€), Klostergasse 8, Tel. 20 80 00, www.harrys-home.com/dornbirn
Hotel Zum Verwalter (€€€), Schlossgasse 1, Tel. 23 379, www.zumverwalter.at
Pension Schnitzelhaus Bethlehem (€€ - €€€), Hatlerstr. 21a, Tel. 23215, www.6850.eu
Hotel Bischof (€€€), Hatlerstr. 7, Tel. 24 90 00, www.hotelbischof.at

Friedrichshafen .... Plz D-88049 Tel. +49 7541
Campingplatz Friedrichshafen-Fischbach (€), Grenzösch 3, Tel. 42059, www.camping-fischbach.de
Campinplatz CPA Rotach(€), Lindauer Str. 2, Tel. 70 07 77 77, www.cap-rotach.de
Hotel City Krone (€€€), Schanzstr. 7, D-88045, Tel. 70 50, www.hotel-city-krone.de

Gonten, Gasthof Bären.

Wellness Hotel Sieben Schwaben (€€€), Hauptstr. 37, D-88048, Tel. 60 90, www.h7s.de/hallo-hotel.html
Villa von Soden (€€€), Zeppelinstr. 32, D-88045, Tel. 95 390, www.villavonsoden.de
JH Graf Zeppelin (€), Lindauer Str. 3, D-88046, Tel. 72 404, www.jugendherberge.de

Gaienhofen .... Plz D-78343 Tel. +49 7735
Campingplatz Horn (€), Strandweg 3-18, Tel. 685, www.gaienhofen.de
Jugendhotel & Gästehaus am See(€), Hornstaaderstr. 54 b, Tel. 98 520, www.jugendhotelamsee.de
Landgasthof-Hotel Kellhof (€€), Hauptstr. 318, Tel. 20 35, www.kellhof.de

Gonten .... Plz CH-9108 Tel. +41 71
Gasthof Bären (€€€), Dorfstr. 40, Tel. 795 40 10, www.baeren-gonten.ch
Kurhaus Bad (€€€), Gonten Gontenbad, Tel. 794 11 24, www.badgonten.ch
Campingplatz Jakobsbad (€), Tel. 794 11 31, www.camping-jakobsbad.ch

Gottlieben .... Plz CH-8274 Tel. +41 71
Hotel Drachenburg & Waaghaus(€€€), Tel. 666 74 74, www.drachenburg.ch

Güttingen (bei Romanshorn) .... Plz CH-8594 Tel. (0) 2777
Hotel zum Goldenen Lamm (€€€), Hauptstr. 26, Tel. 690 08 07, www.lammguettingen.ch
Hotel Restaurant Seemöwe (€€€), Hauptstr 54, Tel. 695 10 10, www.seemoewe.ch

Hagnau am Bodensee .... Plz D-88709 Tel. +49 7532
Bodenseehotel DreiKönig (€€€), Hauptstr. 18, Tel. 80 79 60,
www.bodenseehotel-dreikoenig.de

Heiden .... Plz CH-9410 Tel. +41 71
Bed & Breakfast Heiden Haus Bischofsberg (€€), Bühlen 6, Tel. 891 55 33,
www.bedandbreakfast-heiden.ch
Hotel Linde (€€€), Poststr. 11, 898 34 00, www.lindeheiden.ch
Hotel Park (€€ - €€€), Seeallee 5, Tel. 891 11 21, www.hotelpark-heiden.ch

Höchst/Vorarlberg .... Plz A-6973 Tel. +43 5578
Hotel-Restaurant Hecht (€€), Gaißauer Str. 26, Tel. 754 08, www.hechtwirt.at
Hotel Die Linde(€€€), Kirchplatz 16, Tel. 753 8, www.die-linde.at

Hosenruck .... Plz CH-9515 Tel. +41 71
Hotel Nollen (€€€), Tel. 944 15 15, www.hotel-nollen.ch

Hundwil .... Plz CH-9064 Tel. +41 71
Bergrestaurant Hundwilerhöhe (€ - €€€), Tel. 367 12 16,
www.hundwilerhoehe.ch

Meersburg .... Plz D-88709 Tel. +49 7532
Alte Post (€€€), Seepromenade 15, Tel. 78 11, www.altepost-online.de
Flair Hotel zum Schiff (€€€), Bismarckplatz 5, Tel. 450 00, www.hotelzumschiff.de
Hotel 3 Stuben (€€€), Kirchstr. 7, Tel. 800 90, www.3stuben.de
Hotel Seehof (€€€), Unterstadtstr. 36, Tel. 80 76 90, www.seehof-meersburg.de
Hotel Seepromenade (€€€), Seepromenade 14, Tel. 49 57 57,
http://hotel-seepromenade.de
Hotel-Weinstube Löwen (€€ - €€€), Marktpl. 2, Tel. 430 40,
www.hotel-loewen-meersburg.de
JUFA Hotel Meersburg (€€ - €€€), Vorburggasse 1 Tel. 44 58 092,
www.jufa.eu/hotel/meersburg/
Mittelalterhotel-Gästehaus Rauchfang (€€€), Unterstadtstr. 27, Tel. 49 55 61,
http://hotel-rauchfang-bodensee.de

Konstanz .... Plz D-78462 Tel. +49 7531
Campingplatz Klausenhorn (€), Hornwiesenstraße 40-41, D-78465, Tel. 07533 63 72,
www.camping-klausenhorn.de
Gästehaus Centro (€€€), Bahnhofplatz 4, Tel. 45 71 818, http://gaestehauscentro.de
Hotel Augustiner Tor (€€€), Bodanstr. 18, Tel. 28 24 50, www.hotel-augustiner-tor.de
Hotel Barbarossa (€€€),Obermarkt 8-12, Tel. 12 89 90, www.hotelbarbarossa.de
Hotel Graf Zeppelin (€€ - €€€), Sankt-Stephans-Platz 15, Tel. 69 13 690,
www.hotel-graf-zeppelin.de
Hotel Ko'Ono (€€€), Martin-Schleyer-Str. 19, Tel. 36 19 00, www.koono.de
Jugendherberge Konstanz (€ - €€), Zur Allmannshöhe 16, Tel. 322 60,
www.jugendherberge.de
Landhotel Bodensee (€€ - €€€), Uferstr. 40, Tel. 07533 52 69,
www.landhotel-bodensee.de
Waldhaus Jakob (€€€), Eichhornstr. 84, 78464, Tel. 810 00, kein Internet

Das Steigenberger Inselhotel liegt auf einer Insel im Konstanzer Trichter.

Kreuzlingen .... Plz CH-8280 Tel. +41 71
Hotel Bahnhof Post (€€€), Nationalstr. 2, Tel. 672 79 72, www.hotel-bahnhof-post.ch
Hotel SiX (€€€), Hauptstr. 6, Tel. 525 34 34, www.hotelsix.ch
Hotel Plaza (€€€), Löwenstr. 23, Tel. 672 68 68, www.hotelplaza.ch
Jugendherberge (€€), Promenadenstr. 7, Tel. 688 26 63, www.youthhostel.ch

Lindau .... Plz D-88131 Tel. +49 8382
Bodenseehotel Lindau (€€), Rickenbacher Str. 2; Tel. 976 00, www.bodenseehotel-lindau.de
Das Mietwerk Hostel (€ - €€), Lindau Holdereggenstr. 11, Tel. 50 41 130, www.dasmietwerk.de
Hotel & Pension Seereich (€€€), Bregenzer Str. 16/18, tel. 37 36, www.seereich.de
Hotel am Rehberg (€€€), Am Rehberg 29, Tel. 33 29, www.hotel-am-rehberg.de
Hotel Bayerischer Hof (€€€), Bahnhofplatz 2, Tel. 9150, www.bayerischerhof-lindau.de
Hotel garni Reulein (€€€), Steigstraße 28, Tel. 964 50, www.hotel-reulein.de
Hotel-Gasthof Adler (€€), Bodenseestraße 16, Tel. 52 68, www.adler-lindau.de
Hotel Alte Post (€€€), Fischergasse 3, Tel. 934 60, www.alte-post-lindau.de
Hotel Seerose (€€ - €€€), Auf der Mauer 3, Tel. 24120, www.seerose-lindau.de

Lochau .... Plz A-6911 Tel. +43 5574
Gasthof Wellendorf (€€ - €€€), Landstr. 60, Tel. 420 20, www.wellenhof-lochau.at
Berggasthof Fritsch (€€€), Buchenberg 10, Tel. 430 29, www.fritschamberg.at

Lustenau .... Plz A-6890 Tel. +43 5577
Hotel Gasthof Meindl (€€€), Hofsteigstraße 15, Tel. 82 586, www.gasthof-meindl.at

Mammern .... Plz CH- 8265 Tel. +41 52 741
Camping Guldifuss (€), Guldifussstr. 1, Tel. 13 20, www.guldifuss.ch
Camping Seewiese (€ - €€), Hauptstr 6, Tel. 46 19, www.sccv.ch/de/campingplaetze/mammern-seewiese
Hotel Restaurant Schiff (€€€), Seestr. 3, Tel. 24 44, www.schiffmammern.ch
Hotel Hecht (€€ - €€€), Hauptstr. 5, Tel. 24 63, www.hecht-mammern.ch

Oberstammheim .... **Plz CH-8477 Tel. +41 52 745**
Landgasthof Zum Schwert (€€€), Hauptstr. 7, Tel. 11 14, www.schwert.ch
Gasthof zum Hirschen (€€€), Steigstr. 4, Tel. 11 24, www.hirschenstammheim.ch

Radolfzell am Bodensee .... **Plz D-78315 Tel. +49 7732**
Campingplatz NaturFreundehaus Bodensee (€), Radolfzeller Str. 1, Markelfingen, Tel. 82 37 70
Gasthof Seerose (€€ - €€€), Mooser Str. 36, Tel. 35 79, www.seerose-radolfzell.de
Hotel Krone am Obertor (€€€), Obertorstr. 2, Tel. 92 99 0, http://bodenseehotel-krone.com
Landgasthof Adler Liggeringen (€€ - €€€), Bodanrückstr. 18, Tel. 952 50, www.adler-liggeringen.de
Mögginger Adler (€€ - €€€), Liggeringer Str. 7, Tel. 100 55, www.moegginger-adler.de

Insel Reichenau .... **Plz D-78479 Tel. +49 7534**
Hotel Kreuz (€€), Zelleleweg 4, Tel. 332, www.kreuz-reichenau.de
Hotelbetrieb Seeschau (€€€), An der Schiffslände 8, Tel. 257, www.seeschau.com
Hotel Löchnerhaus (€€€), An der Schiffslände 12, Tel. 80 30, www.loechnerhaus.de
Campingplatz Sandseele (€), Bradlengasse 24, Tel. 7384, www.sandseele.de

Romanshorn .... **Plz CH-8590 Tel. +41 71 463**
Hotel Anker (€€€), Neustraße 6, Tel. 17 32, www.hotelanker-romanshorn.ch
Jugendherberge Romanshorn (€€), Romanshorn Gottfried-Keller-Straße 6, Tel. 84 00, www.youthhostel.ch/de/hostels/romanshorn

Rorschach .... **Plz Ch-9400 Tel. +49 7732**
Best Western Hotel Rebstock (€€€), Thalerstr. 57, Tel. 858 24 00, www.rebstock.org
Herberge See (€€ - €€€), Churerstr. 4, Tel. 844 97 12, www.herberge-rorschach.ch

Salem .... **Plz D-88682 Tel. +49 7553**
Gasthof Adler (€€), Schwedenstr. 17, Tel. 07554 323, www.adler-beuren.de
Gasthof Schwanen (€€), Schlossbezirk 1, Tel. 283, www.schlosshotel-schwanen.de
Salmannsweiler Hof (€€), Salmannsweiler Weg 5, Tel. 921 20, www.salmannsweiler-hof.de

St. Gallen .... **Plz CH-9000 Tel. +41 71**
Hotel Am Spisertor (€€€), Moosbruggstraße 1, Tel. 228 82 83, www.spisertor.ch
Hotel Dom (€€€), Webergasse 22, Tel. 227 71 71, www.hoteldom.ch
Hotel Sporting (€€€), Straubenzellstr. 19, 9014, Tel. 272 30 30, www.hotel-sporting.ch
Hotel Weißes Kreuz (€€€), Engelgasse 9, Tel. 223 28 43, www.hri.ch/de/9000/Weisses_Kreuz
JH St. Gallen (€€), Jüchstr. 25, Tel. 245 47 77, www.youthhostel.ch/st.gallen

Schaffhausen .... **Plz CH-8200 Tel. +41 52**
Back-Packer Federnhut (€€€€), Moserstraße 10, Tel. 625 22 94, http://federnhut.ch
Hotel Kronenhof (€€€), Kirchhofplatz. 7, Tel. 635 75 75, www.kronenhof.ch
Hotel Park Villa (€€€), Parkstraße 18, Tel. 635 60 60, www.parkvilla.ch

Stein am Rhein: Hinter der Brücke liegt das Hotel Rheinfels.

Hotel Rheinfall (€€€), Zentralstraße 60, 8212 Neuhausen am Rheinfall, Tel. 672 88 23, www.hotel-rheinfall.ch
Hotel Zak Schaffhausen (€€ - €€€), Webergasse 47, Tel. 625 42 60, www.zak-hotel.ch
Sorell Hotel Rueden (€€€), Oberstadt 20, Tel. 632 36 36, sorellhotels.com/de/rueden/schaffhausen

Singen am Hohentwiel .... Plz D-78224 Tel. ++49 7731
Best Western Hotel Lamm (€€€), Alemannenstr. 42, Tel. 40 20, www.hotellamm.com
Hotel Hohentwiel (€€€), Hohentwiel 1, Tel. 99 070, www.hotel-hohentwiel.de
Hotel Victoria (€€ - €€€), Hegaustr. 40, Tel. 78 97 30, www.hotelvictoria-singen.de

Speicher .... Plz CH-9042 Tel. +41 71
Ferien- und Gruppenhotel Am Schönenbühl (€€€), Am Schönenbühl, Tel. 344 10 09, www.amschoenbuehl.ch
Idyllhotel Appenzellerhof (€€€), Hauptstr. 6, Tel. 343 71 10, www.appenzellerhof.ch
Krone Speicher (€€€), Hauptstr. 34, Tel. 343 67 00, www.krone-speicher.ch

Steckborn.. Plz CH-8266 Tel. +41 52
Hotel-Restaurant Frohsinn (€€€), Seestr. 62, Tel. 761 11 61, www.frohsinn-steckborn.ch
See & Park Hotel Feldbach (€€€), Feldbach 10, Tel. 762 21 21, www.hotel-feldbach.ch

Stein am Rhein .... Plz CH-8260 Tel. +41 52
B&B Stein am Rhein (€€€) Bollstieg 22, Tel 741 45 44, www.bnb.ch/de/bnb/569
Hotel Adler (€€€), Rathausplatz 2, Tel. 742 61 61, www.adlersteinamrhein.ch
Hotel Chlosterhof Stein am Rhein (€€€), Oehningerstr. 2, Tel. 742 42 42, www.chlosterhof.ch
Hotel Schiff (€€€) Schiffländi 10, Tel. 741 22 73, www.hotel-restaurant-schiff.ch
Hotel Rheinfels (€€€), Rhygasse 8, Tel. 741 21 44, www.rheinfels.ch
Jugendherberge (€€), Hemishoferstr. 87, Tel 741 12 55, www.youthhostel.ch/de/hostels/stein-am-rhein
Camping & Landgasthof Wagenhausen (€), Hauptstr. 82, CH-8259 Wagenhausen, Tel. 741 42 71, www.campingwagenhausen.ch

Tettnang .... **Plz D-88069 Tel. +49 7543**
Brauerei Gasthof zur Krone (€€€), Bärenplatz 7, Tel. 07542 74 52, www.krone-tettnang.de
Ferienhof Egger (€€ - €€€), Gitzensteig 2, Tel. 8428, www.ferienhof-egger.de
Gasthof Traube (€€ - €€€), Storchenstr. 1, Tel. 73 07, www.traube-tettnang.de
Gutshof Camping Badhütten GmbH (€), Badhütten 1/2, Tel. 963 30, www.gutshof-camping.de/de/camping.html

Trogen .... **Plz CH-9043 Tel. +41 71**
Gasthaus Hirschen (€€€), Unterdorf 1, Tel. 344 14 12, www.hirschen-trogen.ch
Gasthaus Schäfli (€€€), Landsgemeindeplatz 9, Tel. 344 13 15, schaefli.trogen@bluewin.ch
Hotel Krone (€€€), Landsgemeindeplatz 3, Tel. 344 14 12, www.kronetrogen.ch
Landgasthaus Hörnli (€€€), Eugst 2, Tel. 344 23 68, www.hoernlitrogen.ch

Überlingen .... **Plz D-88662 Tel. +49 7551**
Hotel Alpenblick Garni (€€), Nussdorfer Str. 35, Tel. 920 40, www.alpenblickhotel.de
Hotel Villa Rosengarten (€€€), Bahnhofstr. 12, Tel. 928 20, www.hotelvillarosengarten.de
Hotel Ochsen (€€€), Münsterstr. 48, Tel. 91 99 60, www.hotel-ochsen-ueberlingen.de
Hotel Seegarten (€€€), Seepromenade 7, Tel. 91 88 90, www.seegarten-ueberlingen.com
Hotel Sonne (€€), Münsterstr. 27, Tel. 97 27 18, www.ueberlingensonne.de

Uhldingen .... **Plz CH-8592 Tel. +41 71**
Gästehaus Heitzmann (€€), Unterer Waldweg 1, Tel. 63 37, www.gaestehaus-heitzmann.de
Hotel Seehof (€€€), Seefelder Str. 8, Tel. 92 930, http://hotel-seehof.de
Landhotel Fischerhaus (€€€), Seefelden 3, Tel. 85 63, www.fischerhaus-seefelden.de

Uttwil .... **Plz D-88662 Tel. +49 71**
Pension und Steakhaus Frohsinn (€€€), Romanshornerstraße 3, Tel. 463 44 84, www.steakhouse-frohsinn.ch

Waltalingen .... **Plz CH-8570 Tel. +41 52**
Restaurant Schloss Schwandegg (€€€), Tel. 745 18 27, www.schloss-schwandegg.com

Weinfelden .... **Plz CH-8570 Tel. +41 71**
Pension Susanna (€€ - €€€), Gontershofenstr. 11, Tel. 642 48 69, www.pension-susanna.ch
Wirtschaft zum Eigenhof (€€ - €€€), Frauenfelderstr. 29, Tel. 622 55 27, www.eigenhof.ch

Zuzwil .... **Plz CH-9524 Tel. +41 71**
Gasthof Rössli (€€€), Ausserdorfstr. 2A, Tel. 944 11 33, www.roessli-zuzwil.ch
Hotel Gasthaus Grünegg (€€€), Unterdorfstr. 2, Tel. 944 13 33, www.gruenegg-zuzwil.ch

Bischofszell: Imposanter Eingang in die Altstadt.

Allensbach (D)
Stadt am Gnadensee, barocke Nikolauskirche, Schloss Freudental, Bodmansche Barockschloss, Schloss Hegne
www.allensbach.de

Arbon (CH)
Ort am Bodensee im Kanton Thurgau, Altstadt mit mittelalterlichen und barocken Gebäuden, Neustadt mit Jugendstilgebäuden, Arboner Schloss, 3 km langer Seeuferweg
www.arbon.ch

Bischofszell (CH)
Stadt im Kanton Thurgau, historische Altstadt mit Stadtpalästen, barockem Rathaus, Schloss, Stiftskirche, barocke Gärten, „krumme" Thurbrücke
www.bischofszell.ch

Bodman-Ludwigshafen (D)
Doppelort in der Westbucht des Überlinger Sees. Bisongehege, Ruine Altbodman und Schloss Frauenberg oberhalb von Bodman
www.bodman-ludwigshafen.de

Bodnegg (D)
Oberschwäbische Gemeinde, barocke Pfarrkirche St. Ulrich und Magnus, Marien- und Wendelinskapelle in Oberwagenbach
www.bodnegg.de

Dornbirn (A)
Größte Stadt im Rheintal, Rote Haus, Marktplatz mit Stadtpfarrkirche und Lugerhaus, moderne Architektur Ende des 20. Jhs., Rappenlochschlucht und Alploch
www.dornbirn.at

Ermatingen (CH)
Schweizer Fischerdorf am Untersee, ehemaliges Schloss Wolfsberg, Schloss Arenenberg mit Napoleon-Museum bei Salenstein, Gasthaus Adler, schöne Riegelhäuser
www.ermatingen.ch

Frauenfeld (CH)
Thurgauer Kantonshauptstadt an der Murg, historische Altstadt mit Gesandschaftshäusern, Schloss Frauenfeld (Histor. Museum Thurgau), Stadtkirche, Schloss Wellenberg, Kartause Ittingen (Warth bei Frauenfeld)
www.frauenfeld.ch

Gaienhofen (D)
Gemeinde auf der Halbinsel Höri, an der Öffnung des Untersees, Hermann-Hesse-Höri-Museum, Otto-Dix-Haus in Hemmenhofen
www.gaienhofen.de

Gottlieben (CH)
Gemeinde an der Mündung des Seerheins in den Untersee, Schloss Gottlieben am Seerhein, Gasthof Drachenburg, Riegelhäuser
www.gottlieben.ch

Hagnau am Bodensee (D)
Badisches Erholungs-, Winzer- und Fischerdorf bei Meersburg, sechs ehem. Klosterhöfe (u.a. Salmannsweiler Hof), Hagnauer Trachten
www.hagnau.de

Hard (A)
Vorarlberger Ferienort zwischen den Mündungen von Rhein und Bregenzer Ach, Naturschutzgebiet Schleienlöcher, Textildruckmuseum Mittelweiherburg
www.hard.at

Heiden AR (CH)
Kurort im Appenzeller Vorderland, Kirchturm Heiden (Turmzimmer), Alte Mühle Wolfhalden (biblische Wandmalereien von 1780)
www.heiden.ch

Heiligenberg (D)
Luftkurort im Linzgau, Renaissanceschloss Heiligenberg, Schweizerhaus
www.heiligenberg.de

Höchst (A)
Seenahe Gemeinde am Alten Rhein, Pfarrkirche St. Johann (81 m hoher Kirchturm)
www.hoechst.at

Hohenems (A)
Stadt im Rheintal, Ruine Alt-Ems, Burg Neu-Ems (Schloss Glopper, 15. Jh.), Renaissancepalast Hohenems, Altes Rathaus, Jüdischer Friedhof von 1617, Jüdisches Viertel mit Synagoge, Mikwe, Schulhaus, Armen- und Altenhaus
www.hohenems.at

Immenstaad am Bodensee (D)
Erholungsort westlich von Friedrichshafen, St. Jodokus, Schwörerhaus (Fachwerkhaus), Schloss Hersberg, Rom. Kirche Frenkenbach
www.immenstaad.de

Kreuzlingen (CH)
Stadt am Seerhein-Ausfluss, insgesamt zehn Burgen und Schlösser, Heimatmuseum Haus Rosenegg, Puppenmuseum Jeannine im Schlossgut Girsberg, Seemuseum bei der Seeburg.
www.kreuzlingen.ch

Langenargen (D)
Erholungsort an der Argenmündung, Schloss Montfort, Hängebrücke über die Argen, historische Hafenkräne, Uferpromenade
www.langenargen.de

Marthalen (CH)
Dorf im Zürcher Weinland mit schönen Riegelhäusern, eines der besterhaltenen Ortsbilder der Nordostschweiz, Wohnmuseum im Gaunerhaus.
www.marthalen.ch

Radolfzell (D)
Stadt an den Westbuchten von Zeller See und Gnadensee. Historische Altstadt, Münster, Stadtmuseum
www.radolfzell.de

Rheinau (CH)
Dorf in einer Rheindoppelschleife, Klosterinsel Rheinau, Oberstadt mit Keltenwall, Reste der Stadtmauer, Bergkirche und historische Wohngebäude, Unterstadt mit spätgotischen Herrenhäusern, Salmenquartier mit Barockbauten und gedeckter Zollbrücke
www.rheinau.ch

Im Salemer Schlosspark.

Rheineck (CH)
Gemeinde am Alten Rhein, Altstadt mit vielen Fachwerk- und Jugendstilhäusern
www.rheineck.ch

Rorschach (CH)
Hafenstadt am Fuße der Appenzeller Berge, Badhütte Rorschach, historisches Kornhaus (Museum), Schloss Wartensee und Schloss Wartegg in Rorschacherberg
www.rorschach.ch

Salem (D)
Großgemeinde im Linzgau, Affenberg Salem in Mendlishausen, Schloss Salem (mit mehreren Museen)
www.salem.de

Singen am Hohentwiel (D)
Stadt im Hegau, Festung Hohentwiel, Kunst im öffentlichen Raum, Museum Art & Cars
www.in-singen.de

Steckborn (CH)
Kleinstadt am Untersee, Altstadtkern mit Rathaus, Gasthaus Schwanen und Turmhof (Museum)
www.steckborn tourismus.ch

Stein am Rhein (CH)
Kleinstadt in der Westbucht des Untersees (Kanton Schaffhausen), Burg Hohenklingen, historische Altstadt mit schöner Fassadenmalerei, Türmen und Toren.
www.stein-am-rhein.ch

Stockach (D)
Stadt nahe der Westbucht des Überlinger Sees; historische Altstadt, bezeichnet sich als „Tor zum Bodensee"
www.stockach.de

Tettnang (D)
„Hopfenstadt" und Residenzstadt der Grafen von Montfort, drei Schlösser: Neues Schloss, Altes Schloss (Rathaus) und Torschloss
www.tettnang.de

Trogen AR (CH)
Gemeinde im Appenzeller Mittelland. Sehenswertes Ortsbild mit Holzgiebelbauten und Steinpalästen der Trogener Dynastie Zellweger am Dorfplatz sowie schöne Bauern-, Heimarbeiter- und Fabrikantenhäuser
www.trogen.ch

Überlingen (D)
Stadt am Überlinger See. Historische Altstadt mit vier Wehrtürmen, Münster St. Nikolaus, Rathaus, Handels- und Kornhaus, Patrizierhäuser, Zeughaus, Reichlin-von-Meldegg-Haus (Städtisches Museum), Salmannsweiler Hof, Gletschermühle bei Brünnensbach
www.ueberlingen.de

Das Aufkircher Tor in Überlingen.

Uhldingen-Mühlhofen (D)
Erholungsort am Überlinger See. Pfahlbaumuseum in Unteruhldingen, Wallfahrtskirche Birnau, Schloss Maurach
www.uhldingen-muehlhofen.de

Wasserburg (D)
Luftkurort auf einer Halbinsel mit St. Georg, Renaissanceschloss, Museum im Malhaus.
www.wasserburg-bodensee.de

IMPRESSUM

Wanderführer mit 75 Touren
Bodensee

Covergestaltung: Britta Wilken
Gesamtherstellung: EDITIONNOVA GmbH, Rheinbreitbach
Text: KOMPASS-Karten und Raphaela Moczynski (Touren 1, 2, 9, 40, 43, 44, 48-51, 53, 62, 64–75)
Fotos (soweit nicht anders angegeben): KOMPASS-Karten und Raphaela Moczynski
Foto S. 3, 115: XtravaganT/www.fotolia.de; S. 23/2: Siegbert Pinger/www.pixelio.de; S. 23/3:Sven Richter/www.pixelio.de; S. 24-25 Stefan Arendt/ www.fotolia.de; S. 41: Ruth Rudolph/www.pixelio.de; S. 53 unten: Wolfgang Jürgens/www.pixelio.de; S. 69: M. Schoenfeld/www.fotolia.de; S. 74 oben, S. 106: Siegbert Pinger/www.pixelio.de; S. 82: Katharina Wieland Müller/www.pixelio.de; S. 84/90unten, 254: Gerhard Giebener/www.pixelio.de; S. 96, S. 111: Ralf/www.pixelio.de; S. 100 unten: Thomas Wiesendahl/www.pixelio.de; S. 130 unten: Dr. Klaus-Uwe Gerhardt/www.pixelio.de; S. 134: Sven Richter/www.pixelio.de; S. 155 unten: Alfons J. Kopf/www.pixelio.de; S. 184, 191, 194 oben: Joujou/www.pixelio.de; S. 194 unten: Roberta M/www.pixelio.de; S. 199: Erwin Furger/www.pixelio.de; S. 203 berggeist007/ww.pixelio.de; S. 252: Dietmar Walser/inatura Dornbirn; S. 253: Dornier-Museum Friedrichshafen; S. 262:
Umschlagvorderseite: Blick auf den Bodensee (Foto: iStockphoto/Flavio Vallenari); Wanderlogo (Foto: iStockphoto/Victor)

Kartengrundlage für Gebietsübersichtskarte S. 12-13, U4:
© MairDumont, D-73751 Ostfildern 4

Haftungsausschluss
Alle Angaben und Routenbeschreibungen wurden nach bestem Wissen gemäß unserer derzeitigen Informationslage gemacht. Die Wanderungen wurden sehr sorgfältig ausgewählt und beschrieben, Schwierigkeiten werden im Text kurz angegeben. Es können jedoch Änderungen an Wegen und im aktuellen Naturzustand eintreten. Wanderer und alle Kartenbenützer müssen darauf achten, dass aufgrund ständiger Veränderungen die Wegzustände bezüglich Begehbarkeit sich nicht mit den Angaben in der Karte decken müssen. Bei der großen Fülle des bearbeiteten Materials sind daher vereinzelte Fehler und Unstimmigkeiten nicht vermeidbar. Die Verwendung dieses Führers erfolgt ausschließlich auf eigenes Risiko und auf eigene Gefahr, somit eigenverantwortlich. Eine Haftung für etwaige Unfälle oder Schäden jeder Art wird daher nicht übernommen. Für Berichtigungen und Verbesserungsvorschläge ist die Redaktion stets dankbar.